땅딛고 싸우기

이 도서의 국립중앙도서관 출판예정도서목록(CIP)은 서지정보유통지원시스템 홈페이지
(http://seoji.nl.go.kr)와 국가자료공동목록시스템(http://www.nl.go.kr/kolisnet)에서 이용하
실 수 있습니다.(CIP제어번호: CIP2014026469)

땅딛고 싸우기

: 케이블방송 설치수리 노동자에 대한 기록

박장준, 차재민 지음

북,콤마

차례

당신이 손에 든 휴대폰은 물건이 아니다

김동원(공공미디어연구소 연구팀장)

'황금알을 낳는 거위'가 될 것이라 했다. 24시간 채널이 20개 넘게 생기고 선진국에 뒤쳐진 뉴미디어가 새로운 세상을 보여줄 것이라 장담했다. 3년 후 장밋빛 미래는 어디에도 없었고 문 닫는 회사들만 늘어갔다. 그래도 미련은 버릴 수 없었던가. 위성으로 디지털 방송을 볼 수 있단다. 100여 개 넘는 새로운 채널이 또 생길 것이니 콘텐츠를 준비하란다. 위성은 저 우주로 쏘아 올렸지만, 누구도 몇 년 동안 그 위성의 신호는 받지 못했다. 그다음엔 이동 중에도 볼 수 있는 TV를 만든다고 했다. 새로운 수요가 넘쳐날 것이란다. 거실 TV를 벗어난 또다른 시장이 열릴 것이라 호언했다. 몇 년 후 사업자로 선정되었던 기업은 위성 발사 비용도 못 건졌다며 차라리 위성이 떨어지기를 바랐다. 하지만 지나온 판에 연연하면 꾼이 아니듯 뉴미디어라는 도박은 끝을 몰랐다. 이번엔 정부가 벌여놓은 판에서 본전도 못 찾은 큰손들이 다른 판을 깔았다. 인터넷으로 연결된 방송이란다. 방송인지 통신인지 구분을 못 짓던 정부는 법까지 따로 만들었다. 인터넷 세상 속 꿈의 방송이 될 것이라 했다.

정부는 매번 새로운 일자리가 몇 만 개 만들어지고 콘텐츠가 더 많이 필요하니 창의적인 인력을 육성해야 한다고 목소리를 높였다. 학자들은 숱한 외국 사례를 뒤져 새로운 시장의 모습을 그려냈고, 사업자들은 수백 장의 사업계획서를 써냈다. 그러나 누구도 묻지 않고, 누구도 말하려 하지 않았다. 황금알을 낳는 거위가 죽었을 때 그 거위를 키우던 사람들은 어디로 갔는지, 창의 인력이라 치켜세우며 만들었던 아카데미의 그 많던 수료생들은 어디로 갔는지 말이다. 초고속 인터넷과 고화질 방송이 거실의 TV까지 가려면 어떤 사람들이 필요했는지, 수백 장의 사업계획서에 숫자로 적어놓은 인력은 어떤 사람들인지 아무도 묻지 않았다. 방송 채널은 넘쳐났고 어디에서나 TV를 볼 수 있었으며, 숱한 부가 서비스가 나열되었다. 하지만 어디에도 사람은 없었다.

실패라고 할 수는 없었다. 기대에 부푼 청사진은 날아갔어도 시장은 열렸기 때문이다. 정부와 학자들이 그렸던 그림은 지워졌고 오직 수익만이 중요했다. 가격을 내렸기에 더 많은 가입자를 확보하는 것만이 살아남는 길이었다. 케이블인지, 위성인지, 인터넷 망인지는 중요하지 않았다. 방송에 인터넷, 전화, 휴대폰까지 묶어서 팔았다. 한쪽이 신기술이라며 기존의 가입자를 넘보면 다른 쪽은 그건 불법이라며 정부에게 달려갔다. 정부는 '공정 경쟁'을 외치며 시장 점유율을 계산했다. 자신들은 '중립적이며 객관적'이라는 학자들을 불렀다. 그들은 또다시 자신들만 읽을 수 있는 외국의 사례와 복잡한 수식으로 법률의

한줄 한줄을 바꿔놓았다. 그리고 마지막엔 꼭 '공정 경쟁 확보 방안'이라는 꼬리표를 붙였다. 그 와중에 사업자들은 가입자 확보에 그렇게 열을 내면서도 오직 거래처만 만났다. 어떤 콘텐츠를 사올지, 어떤 채널을 넣을지 방송 시장판에서 그들은 협상을 했고, 때로는 협박을 했다. 언제부터인가 플랫폼이란 말을 꺼내기 시작했다. 콘텐츠를 얹어줄 가판이란다. 더 큰 가판을 가지려는 싸움은 끝을 몰랐다. 그러나 가입자들은 사업자를 볼 수 없었다. LG, SK, 무슨 케이블 같은 로고와 이름만 보였다.

알 수 없는 일이었다. 그렇게 가입자를 두고 이전투구를 하면서도 사업자는 정작 가입자들을 만나지도 않았다. 가입자는 요금과 가구 수의 숫자로만 읽혔고, 숫자가 달라질 땐 협력 업체를 부르면 끝이었다. 정부가 앞장서 디지털 전환을 요구할 때도, 이들은 협력 업체만을 불렀고 실적 목표를 던져줬다. 가입자 확보와 디지털 전환은 액셀의 시트와 전화 몇 통이면 해결됐다. 디지털 셋톱박스와 검은 선로는 가입자들에게 제 발로 걸어가는 듯했다. 정부도 흐뭇했다. 매년 수십 장의 실태조사보고서를 꼬박꼬박 받았고 셀 수 없이 많은 표와 그래프를 만들었다. 학자들은 성과를 계산했고 평가를 내렸으며, 때로는 사업자들에게 호통을 치기도 했다. 그러나 누구도 묻지 않고, 누구도 말하려 하지 않았다. 가입자 경쟁을 말하면서도 누가 가입자들을 만나는지, 디지털 전환을 독촉하면서도 누가 장비를 교체하는지 말이다. 신기술의 불법성을 말할 때도, 부가 서비스의 경쟁력을 말할 때도 그랬다. 학자들은 결합 상품의 효용을 계산하고 수조 원의 시장가치를 계산해냈다. 하지만 어디에도 사람은 없었다.

어쨌든 채널은 늘어났고 화질도 괜찮았으며 서비스도 많아졌다. 방송을 신청하니 인터넷에 전화까지 신청하면 더 싼 값에 해준단다. 가끔씩 유료 채널도 공짜로 보여준다. 이사 갈 때면 하루라도 TV 없이는 못 사는 사람처럼 오늘 당장 설치해달라 전화한다. 다른 집의 무슨 무슨 TV가 좋아 보여 바꾸겠다고 전화하니 '약정'이란 게 있어서 못 바꾼단다. 내가 호갱님이냐며 한바탕 난리를 쳤더니 다른 업체에서 문자가 왔다. 현금을 더 줄 테니 당장 신청하라는 희소식이다. 새로 신청을 하니 기사 1명이 집으로 왔다. 인터넷 모뎀에 셋톱박스에 뭔지 모를 단말기까지 한 무더기를 들고 온다. 설치가 끝나니 이런저런 설명을 해주며 한마디를 남기고 떠난다. "해피콜이라고 전화 오면 얘기 잘 해주세요." 어려운 일 아니다. 한 번 보고 말 사람이고 얼굴도 기억이 나지 않는다. 그냥 좋게 말하면 된다.

그렇다. 기억이 나지 않는다. 회색 작업복과 둥글게 말린 케이블 선만이 기억난다. 매월 요금은 문자로 오고, 채널 변경 확인은 홈페이지에서 하란다. 무엇인가 고장 나 전화를 하면 누구인지 알 수 없는 목소리만을 듣고, 또 다시 기억할 필요 없는 누군가가 다녀간다. 하긴 기억할 것은 요금밖에 없다. 누구인지 묻지도 않고, 아무도 말을 건네지 않는다. 옆집에서 물어본다. "그 집은 테레비 뭐 봐요?" "그냥 케이블이요." 여기에도 사람은 없었다.

20년 남짓 누구도 묻지 않고, 누구도 말하려 하지 않은 사람들이 모습을 드러내기 시작했다. 정부가 호언장담했던 일자리 수 1/n이었던 사람들, 사업계획서의 수많은 표 중 한 칸에 들어갔던 사람들, 가입자

변동 추이 그래프의 꺾인 점을 만들었던 사람들, 디지털 전환율 1퍼센트를 높이기 위해 움직였던 사람들, 공정 경쟁 확보 방안으로 바뀐 법률 한 줄에 생계가 걸린 사람들, 해피콜을 부탁하며 기억 속에 사라졌던 사람들, 가입 해지로 한바탕 싸웠던 바로 그 사람들 말이다. 자랑스러워서가 아니다. 사기꾼 같은 회사를 고발한다며 목숨을 끊었고, 100명이 넘는 이들이 하루아침에 해고를 당했으며, 어처구니없는 임금 삭감을 감수하라 했기 때문이다.

그런데도 누구도 묻지 않고, 누구도 말하지 않았기에 이들은 누구의 책임도 아니란다. 정부 부처는 다른 부처의 일이라며 고개를 돌리고, 작업 지시를 내린 회사는 자기들이 사장이 아니라며 귀를 막는다. 학자들은 회사 매각 후 전망을 내놓으며 오지 않을 '공정 경쟁'만을 외치고, 언론은 수많은 파업과 사고 중 하나라며 입을 닫는다. 그럼에도 이들은 자신들이 있었다고, 사람이 여기 있다고 알리려 한다. 최신 유행의 스마트폰, 인터넷, IPTV를 팔던 고객센터의 직원은 손으로 쓴 유서를 남기고 떠나서야 거기에 자신이 있었다고 알릴 수 있었다. 자신이 팔았던 그 인터넷으로 사람들에게 유서가 읽혔다. 거실 TV의 화면에서 방송이 나오게 만들었던 이들은 서울 중심가의 커다란 화면 위에 올라갔다. 당신이 편안한 소파에 기대어 보는 바로 그 TV 화면 뒤에 사람이 있다고 알리려는 듯 말이다.

지금 당신은 이 글을 무엇으로 보고 있는가? 책상 위 PC인가, 스마트폰인가? 아직도 그것이 물건으로만 보이는가? 당신이 쓰는 인터넷, 당신이 손에 든 휴대폰은 절대로 물건이 아니다. 사람이다. 묻지 않아

11

도, 알고 싶지 않다 해도 그것은 사람이 만든 것이다. 그래도 여전히 부인하고 싶다면, 아래 영상을 보길 바란다. 당신이 보일 것이다.

〈El Empleo(The Employment)〉 Santiago Bou Grasso
(youtube.com/watch?v=cxUuU1jwMgM)

2014

연대의 힘
: 노숙·고공 농성

NO SIGNAL

나는 기자가
아니었다

기자는 묻고 듣고 쓰는 사람이다. 사람을 찾고, 그들에게 사실과 의견을 묻고, 판단해야 한다. 그런데 꽤 오랜 기간 제대로 묻지도 듣지도 못했다. 만날 수 있는 사람, 만나야 할 사람들은 언제든 있었지만 말조차 걸지 못했다. 엿보고, 엿듣기만 했다. 씨앤앰 사태 반년 동안 나는 적어도 기자가 아니었다.

그러나 판단할 수 있었다. 사모펀드의 최대 목적은 '매각 차익'이라는 상식을 알고 있고, 서울 한복판 대리석 위에서 반년 동안 노숙을 하는 해고자들의 모습을 봤기 때문에, 해고자와 비해고자 그리고 정규직과 비정규직이 함께 파업을 하는 현장 한복판에 서 있었던 덕에 판단은 어렵지 않았다. 돌이켜보면 씨앤앰 사태는 '불편부당'과 '불가근불가원' 원칙을 지킨 유일한 현장이었다.

사실 씨앤앰 사람들을 만나고 기록하는 내내 불안했다. 그들은 누가 보더라도 힘들고 슬퍼 보였다. 노동조합 간부들은 '우리는 단단해

15

지고 있다'고 말했지만 사실 취재하는 동안 '이곳이 바로 벼랑 끝이구나' 하는 생각을 자주 하곤 했다. 눈물 나는 사연이 많았다. 볼펜(취재 기자)도, 카메라(사진 기자)도, 기자가 없는 날에도 집회를 하고 구호를 외치는 모습을 보면서 남 몰래 눈물을 훔친 적도 많았다.

그래서 언제부턴가 해결하고 싶었다. 아니, 물꼬를 트고 싶었다. 물론 일개 기자가 할 수 있는 일은 기사를 많이 쓰는 것뿐이었다. 거의 똑같은 내용을 수십 번 반복해 썼다. '똑같은 말이라도 매일 해야 할 때가 있다'고 생각했다. 2014년 5월에 시작해 그해 12월 말 끝난 씨앤앰 사태를 취재하며 수십 건의 기사를 썼지만 절반 정도는 거의 같은 내용이다.

파업, 노숙, 점거, 단식, 고공 농성… 사건은 이어졌지만 기자는 많지 않았다. 그래서 욕심을 더 버렸다. 마이너 매체의 기자가 할 수 있는 일은 매일 그들을 '기록'하고, 작은 사실 조각을 '발견'하고, 〈미디어스〉보다 더 큰 매체의 기자들에게 전달하는 일이라고 생각했다. 단독 기사를 쓸 수 있는 아이템을 욕심내지도 않았다. 기자들에게 '기사를 좀 더 써달라'고 부탁했다.

씨앤앰 사태는 많은 사람을 바꿔놓았다. 일개 기자가 바뀐 것과는 비교할 수 없다. 그들은 땅을 딛고 싸웠다. 차가운 대리석 위에서 노숙하고, 전광판 위에 올라 싸웠다. 정규직은 간접고용 비정규직, 해고자와 같은 곳에 있었다. 또 그들은 누구보다 세월호 가족들과 가까이 있었다. 웬만한 현장에는 그들이 있었다. 투쟁 조끼는 낡을 대로 낡아 글자가 지워질 정도였다. 2014년, 이 사람들을 기록할 수 있어서 영광이었다.

모든 해고에는
사연이 있다

　모든 해고에는 사연이 있다. 씨앤앰의 경우 그 사연이 다른 현장보다 복잡했다. 현장에 있는 한 노동자는 내게 '원청도 하청도 해결 못하겠다고 해서 대주주에게 면담을 요청하려고 왔다'고 말했다. 씨앤앰은 가입자 240만여 명을 보유한 케이블방송 업계 3위 사업자다.

　사모펀드 운용사인 MBK파트너스는 2007년 맥쿼리 코리아 오퍼튜니티즈와 손을 잡고 '국민유선방송투자(KCI)'라는 회사를 설립해 씨앤앰 지분을 매입함으로써 최대 주주로 올라섰다. 당시 방송위원회(현 방송통신위원회와 미래창조과학부)는 MBK의 '국적' 논란에도 국민유선방송투자가 씨앤앰의 최대 주주가 되는 것을 승인했다. 사모펀드의 특성상 MBK는 재매각 차익을 얻는 게 목적이었다. 그런데 2009년 IPTV 등장으로 케이블TV는 경쟁에서 밀려났다. 시장 상황을 냉정하게 보지 못한 투자였고 오판이었다.

　씨앤앰은 유령 가입자를 만들어 가입자 수를 뻥튀기하고 하청을 쥐어쨌지만 매번 매각에 실패했다. 그러다가 다시 기회가 왔다. 케이블 방송사업자는 전체 케이블 가입자의 3분의 1을 넘지 못한다는 규제가 있었는데 정부가 2014년 1월 이를 '전체 유료 방송 가입자의 3분의 1'로 완화했다. 씨앤앰을 살 수 있는 사람이 늘어났다. 1, 2위 사업자인 CJ헬로비전과 티브로드가 씨앤앰을 살 수 있는 길이 열렸다. 이때 다시 '씨앤앰이 새 주인을 찾는다'는 이야기가 돌았다.

문제는 가격이었다. MBK파트너스는 씨앤앰을 인수하던 시기에 대만의 케이블 업체를 사들였다가 2014년 8월 인수 7년 만에 재매각함으로써 1조 원에 가까운 돈을 차익으로 챙길 수 있었다. 그런데 씨앤앰은 이게 불가능했다. 씨앤앰 원·하청에는 모두 노동조합이 있다. 사모펀드에게 '싸우는 노동조합'은 매각가 하락의 주범이다.

MBK파트너스는 펀드 투자자를 위해 이익을 남겨야 했다. 이 바닥에서는 한 번 실패한 사모펀드사에게 다시 기회를 주지 않는다. 제아무리 잘나가는 회사라고 해도 한 번 실패하면 그날로 끝이다. MBK는 그동안 수많은 실적을 내왔고 투자자에게 차익을 쥐어줬다. 앞서 말했듯이 씨앤앰 사태가 진행 중일 때도 MBK는 대만의 케이블 업체를 되팔아 1조 원에 가까운 차익을 얻었다.

그들이 돌아선 것은 규제 완화 시점이었다. 씨앤앰의 2013년 실적은 영업이익 1349억 원, 당기순이익 755억 원(종속기업 연결 기준)으로 나쁘지 않았다. 2012년에 비해 순이익은 130억 원이나 늘었다. 상황은 나쁘지 않았지만 씨앤앰은 하도급 업체들이 본사를 불공정거래 혐의로 고소할 만큼 더 쥐어짰다.

해고는 이 지점에서 이뤄졌다. 아무리 파리 목숨이라고 하지만 보통 큰 잘못이 없는 한 고용 승계는 관행이었다. 그런데 일부 하도급 업체는 전원 고용 승계할 수는 없다고 못 박았고, 일대일 면접을 통해 사람을 추리겠다고 밝혔다. 6월부터 총 109명의 노동자가 일자리를 잃었다. 모두 노동조합 소속이었다. 게다가 협력사(하도급 업체)들은 임금을 20퍼센트나 깎자는 안을 제시했다. 노동조합에게는 싸우는 것 외에 별다른 선택지가 없었던 것 같다. 7월 노동자들은 서울파이낸스센터 주변에서 노숙 농성을 시작했다. 하도급 업체는 원청 탓을 하고 원청은 주주 탓을 하는 상황에서 의사 결정권을 쥐고 있는 대주주만이 문제를 풀 수 있다는 판단이었다.

원청, 주주의 지시 없이 이런 일이 일어날 리 없었다. 'MBK파트너스가 매각가를 유지할 목적으로 일부 하도급 업체와 노동자를 정리해 고정비용을 줄이려는 것 아니냐'라는 의심을 하기에 충분했다. 씨앤앰은 주주사에 주간 단위로 영업 실적을 보고했고, 주주사는 셋톱박스 교체에까지 관여하는 터였다. 하도급 업체에 내려 보내는 도급비는 무엇보다 중요한 경영 상황이었다.

노동조합은 8월 말 파업을 끝내고 현장에 복귀하려 했지만 사태는 해결되기는커녕 꼬여만 갔다. 하도급 업체 사장들은 노조에 '원청이 파업 포기 각서를 요구했다. 각서를 쓰지 않으면 우리도 망할 판'이라며 항복문서, 백기 투항을 요구했다. 국회의 중재로 겨우 다시 일을 할 수 있게 됐지만 해고자들은 현장에 돌아가지 못한 채 노숙 농성을 이어갔다.

씨앤앰 5년 '잔혹사'

: 채권 지배 결과, 노동자는 잘렸고 가입자는 24만 원짜리 상품이 됐다

노동자들은 7월부터 대주주 MBK파트너스가 입주한 서울파이낸스센터 주변에서 노숙 농성을 벌였다. 단순한 노사관계, 원·하청 간의 '갑을' 문제로 보이지만 그렇지 않다. 씨앤앰 관계자는 "사실상 장영보 사장은 아무것도 결정하지 못한다. 주주단이 결정할 문제"라고 말했다.

사모펀드 MBK파트너스와 맥쿼리 코리아 오퍼튜니티즈는 2007년 8월 컨소시엄을 구성하고 국민유선방송투자라는 회사를 만들어 복수종합유선방송사업자(MSO) 씨앤앰을 사들였다. 인수 대금은 2조 750억 원이었다. 이들은 자기 자본을 3500억 원만 들이고 나머지 1조 7000억 원가량을 금융권에서 빌렸다. 가입자가 매달 현금을 내는 까닭에 '차입 인수'가 가능했다. 정부 인허가 사업에 사모펀드가 들어올 수 있는지에 대한 논란이 일었고 재무 건전성이 문제됐음에도, 2008년 초 정부는 이 회사가 씨앤앰의 최대 주주가 되는 것을 승인했다. 국민유선방송투자가 보유한 씨앤앰 지분은 2013년 말 기준 93.81퍼센트다.

그동안 사모펀드와 채권이 지배하면서 국내 3위의 씨앤앰은 망가졌다. 단적인 예로 2013년 씨앤앰은 당기순이익 620억 3632만 원을 기록했지만, 국민유선방송투자는 1261억 6209만 원 당기순손실(씨앤앰 등 종속회사 연결 기준)이었다. 2013년 말 기준 국민유선방송투자의 차입금은 총 2조 767억 8148만 원(단기차입금 55억 원 포함)이다. 이 회사는 신한은행 등에게 연 이자율 6.06~7퍼센트를 약속하고 2조

1000억여 원을 빌렸다. 2013년 이자 비용만 1546억 4041만 원을 썼다.

최대 주주가 진 빚은 씨앤앰의 모든 것을 바꿨다. 씨앤앰은 사모펀드와 채권단의 이른바 '현금 빨대'가 됐다. 김동원 공공미디어연구소 연구팀장이 2014년 9월 15일 국회에서 열린 '투기자본 씨앤앰과 방송 플랫폼 공공성 위기' 토론회에서 발표한 내용을 보면, 2009~2013년 5년 동안 씨앤앰 영업이익의 53.2퍼센트인 2557억 원을 이자 비용으로 썼고, 당기순이익의 81.6퍼센트인 1344억 원을 배당으로 지급했다. 씨앤앰은 '대주주와 빚쟁이에게 지배된 회사'가 됐다.

특히 2012년 대주주와 씨앤앰 경영진이 2조 원 안팎의 빚을 저금리로 '리파이낸싱' 하면서 씨앤앰은 더 망가졌다. 20여 개 금융기관이 참여한 채권단은 씨앤앰에 리파이낸싱 하는 조건으로 1) 순차입금 대비 상각 전 영업이익의 비율을 2배 이하로 유지하고, 2) 사전 동의 없이는 부채·보증·담보를 하지 않으며, 3) 5억 원 이상 자산을 매각할 때는 전액을 조기 상환에 사용할 것을 제시했다. 김동원 연구팀장의 말대로 "사실상 재산권의 모든 행사가 통제되는 처지에 놓였고 채권 지배에 종속된 방송사업자"가 됐다.

사모펀드 입장에서는 매각가를 높이려면 가입자를 늘리고, 디지털 전환을 서둘러야 했다. 성과는 있었다. 2014년 7월 말 기준 씨앤앰은 17개 종합유선방송사업자를 거느리며 업계 3위 자리를 유지했다. 가입자는 242만 5889명(대수 기준)이었다. 이 중 디지털 가입자는 157만 2438명으로 디지털 전환 비율은 64.8퍼센트다(2007년 11.2퍼센트). 업계 1위인 CJ헬로비전(56.2퍼센트)보다 높다. 이는 케이블방송 규제 기관인 방송통신위원회와 미래창조과학부가 씨앤앰 자본에 개입하지 않는 유일한 근거가 됐다.

그런데 '매각가'는 올라가지 않았다. "채무 관계는 다른 경쟁 업체들에 비해 기술 및 서비스에 대한 투자보다 주로 협력 업체 노동자들을 통한 디지털 전환과 신규 가입자 확보 등 영업 전략에 치중하는 결과를 낳았다. 그러나 선도적 기술과 서비스 개발 없는 저가 영업력만으로는 매출 증대를 이루기 어렵다. 결국 리파이낸싱의 중요 조건이었던 '순차입금 대비 연간 영업이익률 유지'를 어렵게 했다." 이때 씨앤앰은 '홈쇼핑 송출 수수료=영업이익' 상태였다.

비용 절감 압박은 밑바닥에서부터 시작됐다. 한 씨앤앰 간접고용 노동자는 '케이블에서 16년 넘게 일했지만 월급은 한 푼도 오르지 않았고 오히려 내려갔다'고 말했다. 2009년 IPTV 등장으로 경쟁은 더 심해졌고 '자뻑'(자기 돈으로 상품 가입)과 '유령 가입자' 만들기는 일상이 됐다. 은수미 새정치민주연합 의원 쪽에 따르면, 씨앤앰 가입자 중 10퍼센트가 넘는 28만 명은 존재하지 않는 유령 가입자다. 씨앤앰은 가입자당 가치가 100만 원이라고 계산하는데 그렇다면 총 2800억 원을 뻥튀기해 홍보한 꼴이다.

피해는 고스란히 하청과 노동자의 몫이었다. 김동원 팀장은 씨앤앰이 설치 단가와 수수료를 일방적으로 조정했고(5년 간 동결), 유지·보수 비용을 50퍼센트 삭감했으며, 설치·철거 검수를 통해 협력 업체의 단가를 이중으로 차감해 지급했다고 지적했다. 씨앤앰은 2014년 6월 하도급 업체를 일부 정리하면서 노동자 112명을 집단 해고했다. "(MBK파트너스와 맥쿼리가) 자산 가치 하락의 방어책으로 '순종적인 씨앤앰과 협력 업체 노동자' 구성에 몰두하고 있다고밖에 판단할 수 없다."

가입자도 피해자다. 단기 이익이 목표인 자본과 채권이 방송 플랫폼을 지배하면서 동일 상품의 가격을 차등화해 가입자들이 피해를 입었고, 시청자의 미디어 선택권은 제약됐고, 개인 정보는 무단으로 활용되는 등 소비자로서 최소한의 권리를 보장받지 못한 '공공성의 위기'가 왔다. "씨앤앰 사태가 예사롭지 않은 것은 단순한 노동 착취가 아니라 시청자들까지 채권 채무 관계에 포섭돼 가치로 평가되는, 봉쇄된 한국 방송 산업의 미래를 보여주기 때문이다."

'원죄'는 사모펀드의 방송 진출을 용인한 정부에 있다. 김동원 팀장은 "방송통신위원회의 유료 방송 플랫폼 관련 목표는 공정거래와 디지털 전환 두 가지뿐"이라고 꼬집었다. "애초 차입금 문제를 제대로 다루지 않았다. 이제 와 정부는 '노사문제'라고 말하고, 씨앤앰 경영진은 '우리가 할 수 있는 건 아무것도 없다'고 하며, 채권단은 '경영진과 얘기하라'고 하고 있다. 씨앤앰 사태의 책임은 상당 부분 감독 기관에 있다. 미래창조과학부와 방송통신위원회가 결자해지 차원에서 사태를 풀어야 한다."

이대순 투기자본감시센터 공동 대표도 이렇게 꼬집었다. "여론 형성 등 국민에게 정보를 전달하는 중추 역할을 하는 방송 플랫폼을 '금융 수익 자체가 최대 목적'인 사모펀드, 투기자본에 넘겨준 것 자체가 가장 큰 실책이다."

자뻑을
아십니까?

5월 19일

씨앤앰 사태가 시작한 때는 5월이었다. 묵혀 있던 문제가 터졌을 때가 바로 이때다. '저가 경쟁'이 치열한 방송·통신 업계의 '쥐어짜기'는 심각하다. 가입자에게 현금을 쥐어주고 심지어 위약금을 대납하면서 가입자를 유치해야 하는 게 지금 방송판이다. 동네 전봇대에는 하루가 멀다 하고 현수막과 전단이 붙고, 사업자들은 현금과 상품권으로 '갈아타라'고 부채질한다. 회사가 할당한 건수를 못 채우면 퇴근하지 못하는 직원도 많다. 설치기사가 됐든 AS기사가 됐든 누구나 영업을 해야 한다. 그래서 가족과 지인 이름을 빌려서 자기 돈으로 가입하는 이른바 '자뻑'을 한다.

공정거래위원회가 5월 14일, 15일 씨앤앰을 현장 조사한 것도 이 때문이었다. 2013년 9월 씨앤앰의 하도급 업체들이 '원청 씨앤앰이 현장 개통과 AS가 아닌 신규 가입자 유치를 강제로 할당하고 있다'며 공정거래위원회에 신고를 했었다. 씨앤앰은 하도급 계약서에 영업 업무

24

를 명시한 만큼 문제가 없다고 밝혔다. 하지만 현장의 기사들은 '원청의 영업 압박에 건수를 못 채우면 퇴근도 못 하는 상황'이라고 전했다.

씨앤앰의 해명에는 업계의 현실이 잘 녹아 있다. 씨앤앰의 홍보팀 관계자는 이렇게 말했다. "공정거래위원회가 이틀 동안 현장 조사를 한 것은 맞다. (그러나) 협력 업체들이 본연의 업무 외 영업을 했다는 것은 과한 주장이다. 계약서에는 영업 계획을 수립해 가입자를 모집하고 해지를 방어하는 업무가 있다. 협력 업체에 물량을 강제 할당했다는 건 잘못된 주장이다." 결국 다 계약서에 있는 내용이라는 게 씨앤앰의 주장이었다.

업계는 하도급 업체와 직원이 '과한 영업'을 하게끔 돼 있다. 씨앤앰이 하도급 업체에 지급하는 영업 비용은 도급 총액 중 25퍼센트 수준인데, 업체는 이와 별개로 실적에 따라 인센티브를 받는다. 하도급 업체의 매출 중 최소 30퍼센트는 본사 영업과 관련돼 있는 것으로 추정할 수 있다. 쉽게 말해 본사가 내려주는 영업 건수를 채우지 못하면 업체는 생존할 수 없다. 문제는 이러한 영업 압박이 건당 수수료를 받는 노동자에게 고스란히 전달된다는 것이다.

현장에서 들은 이야기는 이랬다. 희망연대노조 케이블방송 비정규직지부 관계자는 "영업을 못 하면 사무실에 들어오지도 말고, 퇴근하지도 말라는 게 씨앤앰의 현실이다. 본사는 업체에 월 1000~1200건 정도를 할당하고, 기사들은 직종에 따라 10~50건을 할당받는다"고 말했다. "1시간에 한 번 오는 (설치 지시) 전화를 전봇대에서 받는 상황"은 이렇게 만들어졌다.

"AS기사는 월 10~30건 정도를 하면 200만 원을 맞출 수 있다. 그런데 설치기사는 기름 값이 많이 들어가고, 이걸 보전하려면 월 30~50건을 해야 한다. 기사에 따라 차이가 있지만 영업 비용이 월급에서 차지하는 비중은 10~50퍼센트 정도다. 설치기사는 건당 단가가 낮기 때문에 영업을 하지 않으면 임금이 반 토막 날 정도다. 본사는 방문 판매 조직으로 영업 경쟁을 시키면서 영업 단가를 더 낮추고 있다."

공익인권법재단 공감의 윤지영 변호사는 이렇게 지적했다. "씨앤앰과 업체는 도급의 외양을 쓰고 있지만 영업 건당 성과급 형태의 임금체계와 근로 조건은 사실상 씨앤앰 본사가 다 결정한다고 볼 수 있다. 여기에 하도급 업체는 영업 압박을 전가하기 위해 노동자를 개인사업자인 것처럼 특수 고용하면서 근로 조건은 더 나빠지는 구조다." 하도급 거래가 불공정할수록 애먼 노동자만 피해를 본다는 이야기다.

건당 수수료를 받는 노동자들의 처지는 대부분 비슷했다. 삼성전자서비스 간접고용 노동자의 월급이 월 수십만 원에서 수백만 원까지 들쭉날쭉한 이유는 '건당 수수료' 때문이었다. SK브로드밴드의 인터넷과 IPTV를 설치하는 노동자의 임금 명세서에는 급여 항목과 사업소득 항목이 따로 있다. 반은 노동자, 반은 사장님인 셈이다. 씨앤앰 등에서 일하는 케이블 기사도 마찬가지였다. 가짜 사장님이 비용을 들여 쥐어짠 이익은 원청이 챙긴다. 가난한 사장이 늘고 있다.

월급 20퍼센트 삭감? 파업을 시작하다

6월 10일

아슬아슬하게 지붕과 전봇대를 오르는 사람을 보는 건 어렵지 않다. 우리집 TV와 인터넷을 설치하고 수리하고 철거하는 엔지니어 이야기다. 에어컨을 설치하거나 가스를 충전해주는 삼성전자서비스 엔지니어도 마찬가지다. 이들의 공통점은 '혼자'이며 '간접고용'이라는 점이다. 대기업은 비용을 줄이려고 하도급 업체를 통해 엔지니어를 고용하고, 업체는 이들을 혼자 내보낸다. 낙상 사고가 일어나는 것도 '비용 절감' 탓이다.

2013년 들어 방송·통신 업계 엔지니어들이 노동조합을 만들기 시작했다. 민주사회를 위한 변호사모임(민변)의 강문대 변호사는 간접고용 노동자의 이런 움직임을 '노동의 임계점'에 비유했다. 통계에 잡히지 않는 개인사업자, '반은 노동자이지만 반은 사장'인 이들이 노동조합을 만드는 것은 한국 사회의 '외주화'와 '쥐어짜기'가 그만큼 심각한 상황임을 뜻한다. 원청의 말을 잘 듣지 않는 하청 업체, 노동조합이 있는 업체는 바꿔버리면 끝인 업계에서 일하는 간접고용 노동자는 이를테면 '파리 목숨'이다. 이들이 노동조합을 만들어 파업을 하는 것은 한국에서 '위험한' 일이다.

케이블 업계는 임계점에 도달한 지 오래였다. '자뻑' 영업까지 했지만 원청이 하청에 내려주는 도급비는 그대로였고, 심지어 월급을 깎자는 제안까지 할 상황이 됐다. 노동조합은 파업을 선택할 수밖에 없게 됐다. 업계 2, 3위인 티브로드와 씨앤앰의 노동자 1200여 명이 파업에 돌입했다. 구호는 간단했다. 생활임금 쟁취, 다단계 하도급 금지, 공생 협력, 고용 보장, 지역 방송 공공성 쟁취. 노동조합은 사실상 키를 쥐고 있는 원청이 교섭에 나오라고 촉구했다.

'빠듯한 케이블 바닥의 문제, 원청만 막을 수 있다'

　한국에서 하청 노동자들이 파업을 하는 것은 사실상 도박이다. 원청 입장에서는 하청 업체를 교체하면 그만이고, 인센티브를 올려 노동자를 '순치'하면 된다. 보너스를 받지 않아도 되니 일을 덜 시켜달라는 노동자, 노동조합은 거의 없다. 티브로드, 씨앤앰의 하도급 업체 노동자들이 동시에 파업에 돌입한 것은 이런 점에서 놀라웠다. 그들은 서로를 '쌍둥이 노조'라 불렀다. 사건이 터진 건 티브로드였다. '공격적' 직장폐쇄도, 노숙 농성도 티브로드에서 먼저 있었다. 7월 3일 이종탁 희망연대노동조합 공동위원장을 만나 케이블 '바닥'에서 일어나는 일을 들어봤다.

　종합유선방송사업자 티브로드의 간접고용 노동자들은 7월 1일 서울 광화문 티브로드 사무실 주변에서 노숙 농성을 시작했다. 6월 15일 협력사협의회는 희망연대노조 케이블방송 비정규직 티브로드지부가 파업을 시작한 지 일주일도 채 안 된 상황에서 직장폐쇄를 결정했다.

이틀 뒤 아침 조합원이 많은 13개 업체는 실제 문을 닫았다. 돌아갈 곳 없는 노동자들은 노숙 농성을 시작했다.

5월 교섭은 꼬일 대로 꼬였었다. 협력사들은 '임금 동결'을 제시했다. 전면 파업 이후인 6월 25일 협력사협의회가 자신들이 요청한 교섭 자리에서 노조에 '백기 투항' 각서를 요구했다. '두 달만 월급 안 주면 노조가 깨질 것'이라는 이야기도 나왔다. 노조는 이날 임금 인상률 등 요구 수준을 낮췄으나 7월 2일 돌아온 대답은 '노동조합 활동 관련 비용을 낮추자'는 얘기였다.

교섭이 결렬된 배경에는 '원청' 티브로드가 있었다. 2013년 티브로드 원·하청, 노동조합, 국회는 이른바 '사회적 합의'를 이뤄냈다. 티브로드는 하청에게 상생지원금을 주기로 했지만 2014년 돌연 이 지원금을 단가와 수수료에 포함시켰다. '실적만큼 상생하겠다'는 이야기였다. 그리고 49개 센터보다 많은 200여 개 '유통점'을 본격적으로 굴려 하도급 간에 경쟁을 붙였다. '실적 압박-노조 깨기' 목적으로 보였다.

이종탁 위원장은 인터뷰에서 "티브로드는 2013년 노사 관계 측면에서 밀렸는데 이번에는 밀릴 수 없다고 판단한 것으로 보이며, 이게 직장폐쇄 등으로 본격적으로 나타났다고 생각한다"고 말했다. 2014년 원·하청 간 계약이 더욱 불공정하게 바뀌자 '이래도 죽고 저래도 죽는 상황에 놓인 협력사들이 결국 원청의 지시에 따를 수밖에 없었을 것'이라는 말이다. "직장폐쇄로 오히려 쟁의의 대상이 분명해졌다. 임금, 산업 안전 보건 문제, 노조 활동 같은 핵심 쟁점은 결국 하청 업체가 해결할 수 없음을 증명했다. 비 오는 날 가파른 A형 아파트 옥상에서 작업하지 않아야 하고, 하더라도 몸에 밧줄이라도 묶어야 하지만 이 문제는 협력사가 감당할 수 있는 문제가 아니다. 원청만 해결할 수 있는 문제다."

- 우선 왜 파업에 나서게 됐는지 배경을 듣고 싶다.

- 2013년 38일간 파업을 진행했고 마무리 교섭까지는 68일 걸렸다. 그때 합의한 게 있다. 두 가지 변화가 있었다. 원청 티브로드가 상생지원금을 주고, 센터의 경영 기반을 보장하는 차원에서 수수료를 더 지급하겠다는 것이었다. 그런데 2014년 들어 티브로드는 상생지원금을 단가에 포함시키고, 영업 실적을 포인트 제도로 전환하겠다고 밝혔다. 노조는 '약속 파기'라고 맞섰지만 센터 사장들은 '영업을 많이 하면 되지 않느냐'며 원청과 합의했다. 이러한 상황에서 교섭이 될 리 없다.

- 장사가 잘되는 센터는 반겼을 것 같다.

- 티브로드는 애초 2월에 정책을 전환한다고 했다가 노조가 반대하니까 5월까지 시행을 유보했다. 센터는 의견이 갈렸다. 포인트는 두 가지다. 첫째, 설치와 AS를 하는 기술센터와 달리 영업을 위주로 하는 고객센터는 실질적으로 이득이 되는 부분이 있다. 수수료에 상생지원금이 포함돼 올라가면 이득이기 때문이다. 고객센터는 아직 비조합원이 더 많다. 둘째, 영업 포인트제의 핵심은 일정 점수 이상이 되면 등급에 따른 지원금의 격차가 아주 커진다는 것이다. 영업을 잘하는 센터는 기존보다 도급비를 많이 받게 되는 경우

가 생긴다. 개인사업자가 많은 지역, 영업 환경이 좋은 곳은 포인트제를 수용하기 마련이다. 반면 부산 낙동 고객센터, 안양 남부 고객센터, 기남 고객센터는 이미 센터장이 바뀌었다. 전주 고객센터는 폐업했다.

• 위수탁 계약서도 바뀐 것으로 알고 있다. 어떤 내용이 달라졌나.

• 원청은 5월까지 정책 변경을 유보하면서 하청과 계약 내용을 바꿨다. 4월에 위수탁 계약을 체결했는데 '언제라도 계약을 해지할 수 있다'는 내용이 들어갔다. 결국 원청의 눈 밖에 나면 센터는 그만둬야 한다는 이야기다. 원청이 '바지 사장'의 목에 칼을 들이댔다고 보면 된다. 이게 협력사가 노조에 '성과를 더 내라, 그렇지 않으면 자신들은 해줄 게 없다'라는 입장을 제시한 배경이다.

• 또 다른 하도급 업체인 '유통점'을 활성화했다고 알고 있다. 유통점의 정체가 뭔가.

• 원래 유통점은 과거에도 있었다. '긴급 고객 대응'이 목적이었다. 각 지역 고객센터와 기술센터가 해결하지 못하는 상황일 때 투입됐다. 이 경우 센터와 유통점이 수익을 나눴다. 그런데 2014년 들어 티브로드는 유통점에 기사의 ID를 부여하는 등 영업과 설치에 대한 권한을 줬다. 이 과정에서 기술센터의 설치 업무가 줄기 시작했다. 고객센터도 타격을 받았다. 원청이 유통점 활성화 정책을 쓴 건데 이제는 유통점이 센터보다 수가 더 많아졌다. 전국에 걸쳐 센터는 49개인데 유통점은 200개가 넘는다.

- 이를테면 유통점을 변종 SSM으로 보면 되나.

- 여기가 서울시 중구다. 센터는 프랜차이즈 편의점으로 볼 수 있다. 그런데 프랜차이즈에서 물건을 공급받는 작은 구멍가게가 여기저기 생겨 포위한 것이다. 홈페이지와 개인 블로그를 통해 영업하고 자신들이 케이블TV를 설치한 뒤 본사가 준 ID로 등록하면 그건 유통점의 이익이 된다. 가입자는 티브로드에 전화했지만 사실 설치는 두 단계 밑에 있는 하청 업체, 즉 개인사업자가 한 것이다. 여기서 잘못된 영업, 설치 문제가 발생한다. 사실 집에 KT 인터넷을 설치한 사람은 거기에 IPTV를 추가해서 보거나 인터넷을 해지하고 티브로드의 결합 상품에 가입하면 된다. 그런데 실적이 중요한 유통점은 KT 인터넷에 티브로드 케이블TV를 설치하고 온다.

- 유통점 활성화 정책은 노동조합이 있는 센터를 무력화하는 효과가 있을 것 같다.

- 영업 실적을 개선하고 노동조합을 깨려는 두 가지 의도로 보인다. 2014년 들어와서 케이블의 영업 실적은 바닥을 치고 있다. 애초 원청이 협력 업체를 통해 간접 고용하면서 자신들의 사용자 책임을 면피 했다면 지금은 원청이 나서서 방문 판매를 활성화하고 있다. 씨앤앰도 티브로드의 정책을 따라하면서 현장에서 난리가 났다. SK브로드밴드와 LG유플러스도 비슷한 정책을 펴고 있다.

- 하도급 업체는 결국 직장폐쇄를 선택할 수밖에 없는 구조 아닌가.

• 앞서 말한 대로 원청은 위수탁계약을 변경하면서 계약 해지 사유를 넓혔다. '3개월 동안 정상적인 업무 수행을 못 하면 즉시 계약을 해지할 수 있다'는 조항을 넣었다. 5월 임금 단체협상 조정에 들어갔을 때 노조는 준법투쟁을 했다. 그러자 6월 1일 곧바로 '정상 업무를 수행해야 한다, 아니면 계약을 해지하거나 불이익이 갈 수 있다'라는 내용의 공문이 내려왔다. 또 원청은 '유통점에게 업무를 줄 수밖에 없고 그 비용을 센터가 책임져야 한다'라는 얘기까지 전달했다고 한다. 협력 업체 입장에서는 노동조합이 파업을 하면 관리 비용에 유통점 비용까지 드는 셈이다. 협력사협의회 교섭 대표의 말대로 '이래도 죽고 저래도 죽는다면 덜 쓰고 죽는다'는 게 협력사의 처지다. 이게 직장폐쇄를 할 수밖에 없었던 이유라고 본다.

• '이래도 죽고 저래도 죽는다'는 이야기는 직장폐쇄 문제가 원청에 달렸음을 보여주는데.

• 일반적인 노사 관계, 노동조합 관련법을 보면 '공격적' 직장폐쇄는 못 하도록 돼 있다. 그런데 그 해석이 사용자에 관대하다. 회사가 손해가 발생하면 액수를 크게 따지지 않고 할 수 있는 게 직장폐쇄다. 노동조합의 쟁의권에 대항하는 사 측의 저항권은 굉장히 쉽게 사용할 수 있고, 이번 직장폐쇄는 이제 협력사도 마음대로 직장폐쇄를 할 수 있음을 보여줬다. 그런데 문제는 이 지점이다. 원청이 협력 업체의 노사 관계를 해결하는 게 아니라 오히려 방해하고 압박하는 역할로 등장했을 때. 협력사가 정상적인 방법으로 교섭을 할 수 있겠는가. 원청이 짧은 기간 발생한 문제조차도 참지 못하고, 자신들의 문제로 인식하지 않고 계약 위반으로 몰아가고, 일은 유통점에 맡

기면서 그 비용은 협력사가 대라고 하면, 협력사의 노사는 정상적인 방법으로 노사 관계를 풀기 어려워진다. 이번 사태에서 이 모습이 적나라하게 나타난 것 아닌가 싶다. 우리 사회에서 노조의 쟁의권, 특히 간접고용 비정규직의 쟁의권은 쉽게 제한된다. 위수탁 관계에서 우월적 지위에 있는 원청이 이렇게 움직인다면 협력사의 노사는 출구를 찾을 수 없다. 그래서 노동조합은 원청을 찾아갈 수밖에 없다.

• 출구는 원청 티브로드만 열 수 있다는 이야기인가.

• 이번 직장폐쇄는 노사 관계 측면에서 쟁의 대상을 분명히 해줬다. 협력사에 고맙다고 했다. 하청 업체의 사용자가 자기 나름대로 문제를 풀 수 있는 영역을 확보하지 못한 상황이다. 결국 협력사는 직장폐쇄를 선택하면서 '우린 책임 없다'라는 입장이다. 원·하청이 직접적으로 연관된 노사 관계에서 원청의 태도가 어떤 파장을 미치는지 잘 보여주고 있다. 근본적인 해법은 둘 중 하나다. 직장폐쇄 요건을 강력하게 제한하든지, 원청이 업무 위수탁 문제를 가지고 우월적 지위를 남용하지 못하도록 하든지.

• 물밑에서는 원청을 만나지 않는가. 티브로드의 입장은 뭔지 언론에는 밝히지 않았다.

• '지난해 많이 해줬다. 올해는 노조가 양보하라'는 입장이다. 이번 삼성전자서비스 교섭이 타결되면서 하나의 가이드라인이 생긴 것 같다. 삼성 문제는 원청이 책임 있게 교섭에 나왔다는 점에서 긍정적이다. 그런데 티브로드

의 경우 노동조합 활동 등에서 이미 2014년 삼성전자서비스의 타결 수준을 뛰어넘었다. 우리는 건당 수수료 체계를 2013년 없앴고, 월급을 45만 원 올렸다. 이 점에서 티브로드의 명분은 바로 '삼성'이다. 오늘(2일) 협력사협의회가 수정안을 제시했다. 임금은 동결하고, 영업비는 일부 삭감하고, 복지기금은 줄 수 없다는 내용이다. 그리고 노조 활동에 대한 지원을 2013년의 3분의 2 수준으로 축소하자는 것이다. 사 측은 '그래도 삼성보다 높다'고 주장했다.

- 월급만 보면 티브로드가 삼성전자서비스보다 많을 것 같진 않은데.

- 삼성전자서비스지회는 교섭에서 기본급 120만 원을 만들었지만 '건당 수수료' 부분을 남겼다. 일종의 성과급이다. 기존의 업무 시스템이 바뀌지 않고 성과급이 남아 있다면 '주는 대로 다 일을 하라'는 얘기다. 장시간 노동이라는 문제가 발생한다. 이게 남아 있으면 '저녁이 있는 삶'은 없다. 적정 노동을 하려고 하면 임금이 하락하게 된다. 그래서 2013년 희망연대노조는 건당 수수료는 절대 못 받겠다고 했다. 지금 티브로드 간접고용 노동자의 임금은 통상급, 비통상 수당, 상여금으로 구성돼 있다. 기본급은 145만 원이고 건당 수수료는 없다. 물론 영업을 위주로 하는 고객센터에는 영업 수당이라는 성과급이 일부 남아 있기는 하다. 그래도 우리는 총 노동시간을 규제했다. 물론 2013년 교섭으로 영업을 잘하는 직원은 임금이 깎이기도 했다. 그런데 우리는 임금이 조금 깎이더라도 적정 노동을 하면서 인간답게 살겠다는 것을 원칙으로 정했다.

• 노동조합이 2013년 좋은 성과를 냈다고 해도 간접고용 노동자의 처우가 넉넉하다는 이야기는 못 들었다.

• 케이블 바닥은 5년째 수수료가 동결이다. 2013년 월급이 45만 원 올랐다고 하지만 최고 수준은 230만 원 정도다. 한 달 생활하기도 빠듯하다. 그보다 다른 부분이 고민이다. 간접고용 노동자의 가장 큰 상대적 박탈감은 경조사비와 명절, 휴가비다. 명절 휴가를 따냈지만 들고 갈 게 없다. 휴가를 땄지만 가져갈 돈이 없다. 이런 욕구가 있어서 노조가 요구했다. 결국 비용 문제다.

• 주요 쟁점에 대한 노동조합의 요구는 뭔가.

• 우선 원칙적으로 유통점을 폐지하는 게 노조의 입장이다. 이건 다단계 하도급의 문제로 어떤 방식으로든 해결해야 한다. 업무 개선 문제도 있다. 일을 내려주는 곳은 회사 콜센터인데 고객 민원을 받는 건 기사다. 1시간에 3건이 갑자기 날아온다고 치자. 가입자는 시간이 늦어지면 기사에게 전화한다. 콜센터가 받아서 업무를 재조정하든 협력사가 조정하든 해야 한다. 산업 안전 보건 문제도 심각하다. 비 오는 날 A형 지붕에서 일을 하지 않아야 하고, 전봇대에 올라가지 않아야 한다는 게 노조의 요구안 중 하나다.

• 기사가 안전 장비 없이 혼자 아파트 옥상에 올라가는 모습을 봤다. 문제가 심각해 보이더라.

• 최소한 몸에 밧줄이라도 묶고, 잡아줄 사람이라도 1명 더 있어야 한다.

그런데 이게 다 비용이다. 협력사가 감당할 수 있는 문제가 아니다. 열심히 일을 시켰으면 보상책이 있어야 한다. 이것 또한 협력사가 해결할 수 없다. 원청이 단가 수수료를 대폭 올리지 않는 이상 협력사가 정리할 수 있는 문제는 없다.

• 원청 티브로드가 근본적으로 해결해야 하는 문제로 보인다. 그런데 태광도 삼성처럼 무노조 경영이다.

• 핵심 쟁점은 결국 원청 문제다. 티브로드는 경영이 어렵지 않다. 2013년만 해도 순이익이 1700억 원이다. 우리는 이것의 40퍼센트는 간접고용 노동자가 벌어다줬다고 생각한다. 원청이 적어도 복리 후생과 협력사와의 상생을 책임져야 하는 것 아닌가. 그런데 하도급 업체는 계속 어렵고 힘든 구조로 만들고 있다. 노조가 무엇을 요구하더라도 비용 문제가 들어가면 협력사는 원청의 허락을 받아야 하는 구조다. 간접고용, 하청 노동자가 협력사한테 얻는 건 전무하다. 특히 태광그룹은 다단계 하도급을 통해 얻는 이익을 버리지 못하고 있을뿐더러 총수 일가의 반노조 의식이 강하다. 태광그룹은 노조를 깨뜨린 역사가 있다. 태광 경영진은 노조는 걸림돌이고, 노조를 방치하면 확산된다고 판단하는 것 같다. 우리가 넘어야 할 산이다.

• 2013년 희망연대노조 중심으로 간접고용 문제가 이슈가 됐다. 이 문제를 어떻게 풀어야 하나.

• 1998년 IMF 사태 이후 지금까지 노동시장 계층화, 노동시장 분할 이런

얘기를 많이 해왔다. 그런데 이건 수면 위에 있는 전통적 제조업에서 나온 이야기다. 지금 한국 사회의 산업 구조를 말할 때 서비스업을 빼놓을 수 없다. 대기업은 대부분 핵심 사업으로 제조업을 하지만 동시에 서비스 부문을 안고 있다. 그동안 사회적으로 주목받지 못한 게 서비스 노동자, 기업과 고객을 이어주는 노동이다. 티브로드, 삼성전자서비스 노동자의 투쟁은 서비스 노동자가 번지르르한 원청의 옷을 입고 있지만 실제는 그렇지 않다는 것을 보여준다. 한국 사회가 새롭게 접한 노동, 하도급에 대한 이야기다. 비전통적이지만 우리 생활에 밀착해 있는 이 노동에 대해 다른 방식으로 접근해야 한다고 생각한다. 케이블도 그렇고 통신 업계, 그리고 고객의 집으로 찾아가는 모든 업종의 노동자가 이렇게 살고 있다. 지금 이 문제를 해결하지 못하면 제도화도 불가능할 것이다. 불법파견이다, 특수고용이다, 위장 도급이다 하는 식으로 접근할 수도 있겠지만 제조업의 개념으로 서비스업을 정리하는 것은 상당히 어렵다. 서비스업에 대한 제도화가 필요하다는 것, 이게 티브로드 투쟁이 갖는 의미다.

• 마지막으로 협력사 측이 '월급 두 달만 안 주면 노조 무너진다'라는 이야기를 했다고 들었다. 파업이 장기화될 것 같은데 버틸 수 있나.

• 2012년 같으면 아마 1건 더 일해서 돈을 더 많이 받자고 했을 것이다. 그런데 2013년 결성하자마자 원청한테도 이긴 노동조합이다. 두 달 월급 안 주면 무너진다? 쉽게 될 일이 아니다. 1년 동안 적정하게 일하고 적정하게 벌면서 행복하게 사는 게 어떤 것인지 느낀 노동자들이다. 회사가 그렇게 생각하는 것은 정말 오판이다. 회사야 2013년에 졌으니까 신경질이 나겠지만

결국 명분은 노동조합에 있다. 우리는 대기업 노조도 아니고, 연봉을 1억 원씩 달라는 것도 아니다. 물론 당장 집에 돈을 갖다 줘야 하는 가장도 있다. 그런데 이 업계 특성상 이번 달에 일한 것을 다음 달에 받는다. 6월에는 5월에 일한 것을 월급으로 받았다. 6월에도 보름 정도 일을 했으니 이번 달 월급도 어느 정도 나올 것이다. 두 달은 충분히 버틴다.

대량 해고…
노숙을 시작하다

7월 8일

2014년 여름 씨앤앰의 간접고용 노동자 수십 명이 직장을 잃었다. 2013년 원청 씨앤앰은 조합원에 대한 고용 승계를 위수탁 조건에 넣기로 노사 간 기본 협약을 맺었으나, 업체를 바꾸는 과정에서 전원 고용 승계가 이뤄지지 않은 탓이었다. 협력사들은 '일대일 면접을 통한 선별 고용 승계'를 주장했고, 노동조합에 소속된 노동자들은 인터뷰를 집단 거부했다. 결국 노동자 74명이 계약 만료로 거리로 내몰렸다.

7월 8일 희망연대노동조합 씨앤앰지부와 케이블방송 비정규직지부는 대주주 MBK파트너스가 입주해 있는 서울 광화문 서울파이낸스센터 앞에서 기자회견을 열었다. 해고자 74명은 이날 이 장소에서 무기한 노숙 농성을 시작한다고 밝혔다. 희망연대노조에 따르면, 고용 승계 약속을 지키지 않은 것은 '원청의 지시'였는지를 묻는 노동조합에 하도급 업체 대표들은 답할 수 없다고만 말했다. 씨앤앰도 협약을 파기한 주체가 누구인지 설명하지 않았다.

2007년 MBK파트너스와 맥쿼리는 씨앤앰을 2조 750억 원에 인수했으나 대부분 '빚'이었다. 여태 순익 대부분이 대주주의 빚을 갚는 데 쓰이는 실정이었다. 노동조합은 대주주인 두 회사가 씨앤앰의 매각가를 높일 목적으로 하도급 업체를 정리하고 있다고 봤다. 실제 씨앤앰 인수설은 2012년부터 꾸준히 흘러나왔다.

이종탁 위원장은 기자회견에서 "당기순이익이 700억 원이 넘는 회사가 은행 빚을 못 갚아 흑자 부도가 날 상황에 처했다고 하는데 매년 영업이익의 대부분을 대주주에게 넘기고, 이제는 노동자의 일터를 매각가 높이는 수단으로 쓰고 있다"고 비판했다. 홍성준 투기자본감시센터 사무처장은 씨앤앰의 대량 해고를 '투기자본의 먹튀'라고 잘라 말했다. "미국 자본으로 분류되는 MBK파트너스와 호주의 투기자본 맥쿼리가 방송사를 장악하도록 한 것 자체에 불법성이 있다. 이들은 매각가를 높여 '먹튀'를 하려 하지만 노동조합의 저항이 있어서 수익 극대화를 이루기 힘들기 때문에 재매각은 힘들 것이다."

노동조합은 "(고용을 승계하지 않는 것은) 명백히 2013년 기본 협약을 파기하고 원·하청 위수탁 계약을 휴지 조각으로 만드는 행위"라고 비판했다. "씨앤앰이 노사 합의를 파기하며 노동조합과의 전면전에 나선 것은 사모펀드인 대주주 MBK와 맥쿼리의 먹튀 본능 때문"이고 "씨앤앰을 매각해 투자금을 회수하려다가 이것이 여의치 않게 되자 노동조합을 파괴하는 방식으로 매각가를 높이겠다고 나섰다"는 것이 노동조합의 주장이었다.

씨앤앰 정규직 노동자들도 원청의 입장 변화를 촉구하며 이날 업무를 거부했다. 기자회견에는 씨앤앰의 직접고용 정규직, 간접고용 비정규직 노동자 등 1000명에 가까운 노동자들이 참석했다. 노조는 8일 저녁 7시 서울파이낸스센터 앞에서 노숙 농성에 돌입하는 행사를 열 계획을 밝혔다. 이종탁 위원장은 "일터를 잃고 갈 곳 없는 노동자들이 마지막 남은 몸뚱어리로 저항해야 하는 상황이다. 해고를 철회할 때까지 노숙 농성을 진행하겠다"고 말했다.

씨앤앰은 대주주와 관계없는, 협력 업체의 노사문제라는 입장이었다. 홍명호 씨앤앰 홍보팀장의 말이다. "노조원들의 주장일 뿐이다. 지난 6월 말 계약 만료된 협력 업체가 세 곳 있었는데 교체하는 과정에서 조합원들이 '100퍼센트 고용 승계를 하지 않으면 인터뷰를 하지 않는다'고 해 이 상황이 벌어졌다. 협력 업체들 사이에 '고용 승계에 대해 최대한 협조한다'라는 조항을 두고 해석 문제가 있는 것 같다."

씨앤앰 전략부문장인 성낙섭 전무는 전화 통화에서 또 이렇게 말했다. "씨앤앰은 새로운 업체에 '채용시 기존 업체 인력을 최대한 뽑아달라'는 내용의 공문을 보냈고, 이 업체들도 기존 업체에 공문을 보내 면접 시간을 협조해줄 것을 요청했다. 하지만 노동조합에 가입한 사람들이 집단적으로 면접을 거부했다. 협력사들은 전원 고용 승계는 어렵지만 최대한 해보겠다는 입장으로 면접 기간을 연장했지만 노조원들이 면접에 참석하지 않았다."

가장 악질적 방법, 직장을 폐쇄하다

7월 9일

갑자기 직장이 문을 닫으면 어떤 마음이 들까. 노동조합에게 '파업할 권리'가 있다면 사용자에게는 '직장폐쇄'가 있다. 물론 합법 파업의 조건이 엄격한 것처럼 직장폐쇄도 마찬가지다. 그런데 씨앤앰은 달랐다. 씨앤앰 하도급 업체 노동자 600여 명은 6월 노사 교섭이 최종 결렬되자 경고 파업, 순환 파업 등을 벌이다 현장에 복귀해 준법투쟁을 시작하려 했다. 그런데 현장에 복귀할 수 없었다. 협력사협의회 소속 하도급 업체 열세 곳 이상이 8일 오후 직장폐쇄를 결정했다. 이튿날인 9일 오전 9시 동시다발로 직장폐쇄를 단행했다. 업체 세 곳이 '전원 고용 승계'를 하지 않아 7월 1일자로 계약 만료되어 해고된 노동자 74명이 씨앤앰의 대주주인 MBK파트너스의 사무실 주변에서 노숙 농성에 돌입한다고 밝힌 직후 일어난 일이다. 모두 노동조합이 있는 업체들이다. 원청 씨앤앰의 홍보팀은 9일 아침 "아침에야 이야기를 전해 들었고 갑작스럽게 이루어져서 방법을 논의 중"이라고 밝혔다.

난데없는 직장폐쇄를 두고 '무노동 무임금'으로 비용을 줄이려는 씨앤앰과 노조를 없애 매각가를 높이려는 대주주의 합작품이라는 분석이 나왔다. 케이블 업계에 따르면, 씨앤앰은 교섭이 결렬된 뒤 최소 60억 원의 대체 인력 비용을 책정한 것으로 알려졌다. 직장폐쇄로 '무노동 무임금'을 만드는 게 씨앤앰에게 유리했다. 매각을 추진하는 대주주의 입장에서는 '이참에 노조를 없애자'고 판단했다는 것이 업계의 공통된 분석이었다. 씨앤앰을 넘기기 전 '노조 리스크'를 없앨 목적으로 직장폐쇄를 단행했다는 얘기였다.

9일 서울파이낸스센터 뒤편 농성장에서 김영수 케이블방송 비정규직지부 지부장을 만났다. 그는 직장폐쇄에 대해 이렇게 말했다. "대주주 MBK파트너스와 맥쿼리는 가입자 늘리기로 몸집을 불려 매각가를 높이려 했다가 실패하자, 이제 노조를 없애려는 것으로 본다. 영업실적이 좋지 못한 씨앤앰의 입장에서는 책임을 노조로 돌리는 게 가장 쉽겠지만, 노조 입장에서는 이번 직장폐쇄로 상대가 분명해졌다. 직장폐쇄로 이제 '생존' 문제가 됐다. 갑작스럽게 직장폐쇄 공지를 받은 조합원들은 한때 술렁였지만 '직장폐쇄는 원청과 대주주의 지시가 없었다면 일어나지 않았을 것'이라는 공감대가 생겼다. 일차적으로 74명 해고와 직장폐쇄 문제를 해결하는 데 집중할 계획이다. 매각을 위해서라도 가입자와 노동자의 문제, 방송 공공성 문제를 안고 해결해야 한다."

정규직 노동자 '직장폐쇄 반대, 파업 돌입' 선언하다

씨앤앰 하도급 업체들도 공격적 직장폐쇄를 단행했다. 간접고용 비정규직 노동자들은 졸지에 돌아갈 직장이 없어졌다. 원청 씨앤앰은 그동안 협력 업체의 노사문제라고 선을 긋고 사용자성을 부정해왔다. 그런데 9일 오후 씨앤앰 정규직 노동조합(희망연대노조 씨앤앰지부)이 임금 및 단체협약 교섭 결렬과 하도급 업체 직장폐쇄 문제를 이유로 전면 파업에 돌입한다고 밝혔다. 씨앤앰의 처지에서는 포섭할 상대가 없어진 셈이었다.

이종탁 위원장은 이날 낮 서울 보신각에서 열린 '씨앤앰 직장폐쇄 규탄' 집회에서 이렇게 밝혔다. "8일 저녁 열린 공동투쟁대책본부에서 씨앤앰 정규직 노동자들의 전면 파업을 결정했다. 직장폐쇄 철회를 요구하는 대신 노동조합 교섭안을 사 측이 전면 수용할 것을 요구하기로 결정했다. 케이블 원청이 노동자에게 전면전을 선포한다면 노동조합의 입장에서는 씨앤앰의 대주주인 MBK파트너스와 맥쿼리를 몰아내는 투쟁에 나설 수밖에 없다. 지역 시민사회 단체들과 씨앤앰 불매운동을 벌이겠다. 또 씨앤앰, 티브로드 등 원청에 간접고용 노동자들의 직접고용 정규직화를 요구할 계획이다."

씨앤앰, 티브로드 협력사협의회는 노동조합에 '삼성전자서비스 협력 업체 노사 수준의 단체협약'을 요구한 것으로 확인됐다. 그러나 이는 2013년 체결한 단체협약에서 후퇴한 내용이라 노동조합 입장에서는 절대 수용할 수 없는 안이었다. 씨앤앰, 티브로드 협력사들은 이를 '최종안'으로 던졌고, 이제 원청의 개입이 없다면 문제를 풀 수 없는 상황이 됐다.

이남신 한국비정규노동센터 소장의 말이다. "지불 능력이 충분한 원청은 그동안 외주화한 자기 식구를 울타리로 거둬들여 좋은 일자리를 만들어야 한다. 사 측이 '삼성' 교섭을 기준으로 삼는 것은 교섭 논리에 전혀 맞지 않다. 박근혜 대통령마저도 대선 후보 시절 공공 부문의 상시 지속 업무 노동자를 1명도 빠짐없이 정규직화하기로 공약했는데, 씨앤앰과 티브로드는 법적 사용자의 책임을 계속 회피하기만 한다. 직장폐쇄로 원청의 사용자성이 드러난 만큼 지금 이 간접고용 비정규직 노동자의 싸움은 한국 사회를 바꾸는 투쟁이다."

씨앤앰은 '직장폐쇄는 협력사의 노사문제'라는 입장을 다시 밝혔다. 그러면서도 노동조합이 전향적인 안을 내놓아야 한다고 했다. 씨앤앰의 성낙섭 전무는 이날 오후 전화 통화에서 "우리가 컨트롤할 수 있는 영역이 아니다. 우리는 영업, 설치, AS 업무를 위탁한 입장으로 협력사를 직접 핸들링 할 수는 없다"고 말했다. 홍명호 홍보팀장은 "직장폐쇄 문제로 오전에 협력사에 '업무에 차질이 없고 상호간 피해가 없도록 최대한 노력해달라'라는 취지의 공문을 보냈다. (정규직) 노조 요구안이 지나치게 높다. 우리는 제시한 내용 이상을 고려할 수 있는 경영 환경이 아니다"고 말했다. 씨앤앰은 이번 교섭에서 '3퍼센트 인상' 안을 제시한 것으로 전해졌다. 씨앤앰은 하청 업체의 교섭이 결렬되자 60억 원의 '파업 비용'을 마련해 대체 인력을 준비해왔다. 홍명호 팀장은 '대체 인력 규모'를 묻는 기자의 질문에 "전면 파업에 대비해 200여 명 준비하고 있다"고 말했다.

업계 3위 씨앤앰이
망가지기 시작했다
7월 11일

MBK파트너스와 맥쿼리는 씨앤앰의 덩치를 키운 다음 재매각해 이윤을 남길 생각이었다. 그런데 오판이었다. 2009년 IPTV 출범으로 케이블의 '지역 독점' 구조는 깨졌고, 케이블 가입자는 IPTV로 빠져나갔다.

케이블TV 가입자는 2007년 9월 1407만 9388명에서 2014년 5월 1484만 4616명으로 성장이 멈췄다. 이 기간 씨앤앰은 15개사에서 17개사로 덩치를 키우고 가입자를 206만 5369명에서 245만 7284명으로 늘렸다. 하지만 5대 사업자(티브로드, CJ헬로비전, 씨앤앰, CMB, 현대HCN)의 점유율이 65퍼센트에서 86퍼센트로 높아진 것에 비해 씨앤앰의 실적은 좋지 않았다. 반면 CJ헬로비전은 14개사에서 22개사로, 가입자는 234만 9413명에서 406만 9096명으로 늘었다.

IPTV가 급격하게 성장하고, 5대 복수종합유선종합사업자 간 인수 합병 경쟁이 심해지면서 매각으로 이윤을 남기려는 씨앤앰 대주주의

48

전략은 틀어졌다. 케이블TV 업계의 장기 전망도 밝지 않았다. 한 씨앤앰 관계자는 "이제는 (위약금 현금 지원 같은) 경쟁이 치열해져 과거에 가입한 고객 2명이 떨어져 나가면 3명을 가입시켜야 만회가 될 정도이지만, 지금 씨앤앰은 오히려 가입자가 줄고 있는 상황이다. 그렇다고 미래를 위해 투자한 것도 없다"고 말했다.

2013년 말 기준 씨앤앰의 자산은 1조 957억 원인데 이 중 부채가 8087억 원이었다. 부채 중 장기차입금만 5759억 원이다. 회사의 절반 이상이 빚인 셈. 씨앤앰 관계자는 '이익의 상당수를 차입금 빚을 갚는 데 쓰고 있다'고 말했다. 연결감사보고서를 보면 씨앤앰은 2013년 430억 원을 이자 지급에 썼다. 당기순이익인 755억 원을 포함한 미처분 이익잉여금 920억 원 중 596억 원을 배당금으로 썼다. 이익 대부분과 쌓아둔 곳간을 주주에게 넘긴 꼴이었다.

씨앤앰 투자자들은 여러 차례 매각에 실패한 것으로 알려졌다. 과거에는 SK와 롯데도 접촉한 것으로 알려졌다. 씨앤앰 관계자는 "2014년 1월 방송법 시행령이 개정돼 점유율 규제가 완화되면서 티브로드가 인수 의사가 있었지만 결과적으로 잘 안 된 것으로 알고 있다"고 말했다. 케이블 업계의 침체로 동종 업계 사업자마저 등을 돌린 상황에서 씨앤앰과 대주주가 선택할 수 있는 방법은 두 가지다. 손해를 감수하고 '제값'에 팔거나, 가격 인하 요소인 노동조합을 깨끗하게 정리하거나.

씨앤앰 관계자는 '우리는 티브로드 같은 기업이 아니다'고 항변했지만 실상은 정반대였다. 티브로드 협력사 노사는 14일부터 나흘 동안 집중 교섭을 벌이기로 했으나, 씨앤앰은 계획이 없었다. 티브로드가 임금 동결을 제시했다면 씨앤앰은 20퍼센트 삭감안을 제시했다. 2013년보다 후퇴한 임금 및 단체협약안을 보면 회사가 파업을 유도했다는 분석에 설득력이 실렸다. 그새 원청은 제3의 업체와 초단기 계약을 맺고, 방문 판매 조직과 일당 20만 원의 대체 인력을 수백 명 투입했다.

대주주가 적극적으로 경영에 개입하지는 않지만 결국 키는 이들이 쥐고 있다는 게 씨앤앰 안팎의 분석이었다. 한 씨앤앰 관계자의 말이다. "노동조합과 트러블이 있는 것은 (매각을 추진하는) 주주 입장에서도 좋지 않은데 이 트러블을 계속 가져갈지 주주가 결정을 해줬으면 좋겠다. 빚을 갚느라 경영이 어려워져 도급비와 임금 인상이 노조가 원하는 대로 안 되는 측면이 있다. 노동조합이 하는 이야기는 대부분 사실이다."

씨앤앰과 대주주는 '노조를 지우는' 쪽으로 가고 있었다. 준법투쟁 과정에서 직장폐쇄가 단행된 것은 원청이나 주주의 방치나 개입 없이는 사실상 불가능했다. 민변 노동위원회에서 활동하고 있는 이용우 변호사는 10일 MBK파트너스 앞 기자회견에서 "직장폐쇄는 예외적이고 엄격한 조건에서 해야 하지만 (씨앤앰은) 준법투쟁 과정에서 단행했고, 이것은 부당노동행위이자 형사처벌 대상"이라고 지적했다.

결국 고용 승계 합의를 파기한 뒤 74명을 계약 만료로 해고하고, 직장폐쇄로 노동조합을 압박하는 목적은 '매각가 높이기'로 보였다. 대주주의 빚을 갚다 만신창이가 된 씨앤앰이 결국 노동자 600여 명을 벼랑 끝에 세웠다.

씨앤앰은 왜
'접대'했을까
7월 16일

씨앤앰 정규직 노조가 움직이니 상황이 조금씩 달라졌다. 쏟아지는 '정보'의 수위도 세졌다. 급기야 씨앤앰이 미래창조과학부 고위 공무원에게 룸살롱과 골프 향응을 제공했다는 씨앤앰의 대정부 접대비 자료가 유출됐다. 씨앤앰은 미래창조과학부 관료들을 만난 것은 사실이나 로비 목적의 접대는 아니라고 해명했지만, 정보는 구체적이었고 파장은 생각보다 컸다.

자료는 국회에서 나왔다. 은수미 의원은 국회 정론관에서 기자회견을 열고 씨앤앰의 접대비 지출 자료(접대비품의서 및 지출결의서)를 공개했다. 이를 보면 씨앤앰은 3월과 5월 미래창조과학부 관료에게 골프와 룸살롱 접대를 제공했다. 은수미 의원은 기자회견에서 "경영 위기를 이유로 수십 명의 하청 노동자를 해고한 씨앤앰이 음지에서 미래창조과학부 공무원을 상대로 골프, 룸살롱 접대를 해왔다"고 지적했다.

3월 29일 성낙섭 씨앤앰 전무는 김정수 한국케이블TV방송협회 사무총장(방송통신위원회 서기관 출신), 박윤현 미래창조과학부 방송정책진흥국장(방송진흥기획관, 2급)과 함께 경기도 포천시 화현면 지현리에 있는 베어크리트 골프장에서 골프를 쳤다. 품의서에는 이 자리의 목적이 '방송 산업 발전에 대한 최신 동향 및 타 사업자 8VSB 허용시 발생되는 문제점 공유 등 대응 방안을 논의'하는 간담회로 돼 있다. 성전무가 법인카드로 계산했는데 결제 금액은 87만 7000원이다. '업무상 접대비'로 돼 있다.

5월 8일에는 서울 강남구 신사동 소재 룸살롱에서 접대가 이뤄졌다. '방송 정책 제도 관련 각종 현안에 대한 대응 방안을 논의'하기 위한 간담회로 장영보 씨앤앰 대표가 직접 참석했다. 이때는 성낙섭 전무, 김정수 사무총장, 이 모 미래창조과학부 뉴미디어정책과장이 동석했다. 씨앤앰은 비용 117만 원을 법인카드로 계산했다. 지출결의서상 항목은 '회의비'로 돼 있었다.

씨앤앰은 이러한 간담회가 있었던 사실은 인정했으나 접대는 아니라고 해명했다. 성전무는 홍보팀을 통해 "지인과 급하게 날짜를 잡아 운동을 하기로 하고 한 사람씩 더 데려오자고 했는데 마침 지인과 같이 온 사람이 박윤현 국장이었다"고 해명했다. 룸살롱 접대에 대해서는 "룸살롱이 아니고 술을 파는 카페에 간 것이다. 특히 미래창조과학부 과장은 1차 식사를 마치고 직접 운전해 귀가했고, 남은 셋이 한 자리인데 품의서에는 당일 모임 참석자들을 모두 기재한 것"이라고 주장했다.

자료는 계속 쏟아졌다. 일회성 접대가 아니었다. 3월 골프 접대를 받은 박윤현 국장은 2012년에도 그랬던 것으로 드러났다. 2012년 6월 9일 당시 중앙전파관리소장이던 그는 경기도 안성시에 있는 골프장에서 씨앤앰의 접대를 받았다. 이날 씨앤앰이 법인카드로 결제한 금액은 71만 2240원이다. 박국장은 2011년 2월부터 2012년 10월까지 중앙전파관리소장을 지냈다. 씨앤앰의 해명과 달리 중앙전파관리소장 이후 방송 관련 부처로 돌아갈 박국장은 씨앤앰의 지속적인 로비 대상이었던 셈이다.

박국장에 대한 로비가 2건이나 드러나자 은수미 의원실은 접대가 '우연'이 아닐뿐더러, 씨앤앰이 이러한 접대 사실을 문서로 남겨둔 것은 매각 전 미래창조과학부 등 정부 관료에게 보험을 든 것이라는 의혹을 제기했다. "씨앤앰은 최근 미래창조과학부 등 여러 관련 부처 공무원들에게 로비성 접대를 하면서 왜 소속, 직책, 성명을 표시해서 증거를 남겨놓았는지 답해야 한다. 향후 매각 과정에서 걸림돌이 생겼을 때 도움을 받기 위한 자기 보험은 아닌지 의심스럽다."

기업 관계자들은 씨앤앰의 경우처럼 일상적인 접대를 구체적 자료로 남겨둔 것은 일반적이지 않다고 했다. 회사마다 품의를 올리는 금액 기준도 다르지만 품의서에 참석자 이름 등을 구체적으로 적는 것은 관행이 아니라는 이야기다. 한 대기업 관계자의 말이다. "큰 행사야 당연히 품의서를 올리지만 문제가 된 씨앤앰 건은 일상적인 접대, 비공개 간담회, 이런 경우 보통 사전이나 사후에 보고한다. 씨앤앰의 경우 매각이라는 특수한 조건이 있어서 그런 것 아닌가 싶다."

씨앤앰을 해지해주세요

7월 29일

파업, 노숙, 직장폐쇄, 접대 자료 유출에도 씨앤앰 사태는 해결될 조짐이 보이지 않았다. 오히려 장기화할 모양새였다. 새정치민주연합 을지로위원회의 압박도 소용없었다. 씨앤앰은 하도급 업체의 문제에 개입하지 않기로 한 입장을 고수했다. 시민사회는 마지막 압박 수단을 꺼내들었다. '해지 운동'이다. 아무리 노동조합을 지지하는 사람들이라도 그 회사가 망하기를 바라지는 않는다. 노동조합도 마찬가지다. 회사가 문을 닫으면 돌아갈 직장이 없어지기 때문이다. 해지 운동은 씨앤앰 상황이 '벼랑 끝'이라는 또 다른 증거였다.

국회는 답답해했다. 원청이 나서야 한다는 점에서 하도급 업체 노사의 입장은 같았다. 여기에 국회까지 나섰지만 씨앤앰은 별다른 입장을 내놓지 않았다. 을지로위원회 관계자는 "논의를 하던 와중에 갑자기 강경한 입장으로 돌아섰다"고 전했다. 희망연대노조 관계자는 "씨앤앰이 노동조합과 국회에 사실상 전면전을 선포했다"고 말했다.

이런 상황에서 지역 시민사회 단체들이 가입 해지 운동으로 씨앤앰 대주주와 경영진을 압박하기에 나섰다. 단체들은 서울 마포구, 서대문구, 노원구를 시작으로 지역 가입자에게 해지신청서를 받을 계획을 밝혔다. 김일웅 노동당 서울시당 위원장은 "가입자 권리의 출발점은 현장 노동자의 권리가 지켜지는 것이라는 취지에서 시작한 행동"이라고 말했다.

선택하기 어려운 전술이었다. 회사가 경영이 어렵다며 임금 삭감을 요구하는 상황에서 가입 해지 운동은 오히려 사태 해결에 독이 될 수도 있었다. 시민사회 입장에서는 씨앤앰을 압박하는 마지막 수단이었다.

왜 갑자기 돌아섰을까
7월 30일

씨앤앰은 국회와 노동조합, 하도급 업체에 상반된 정보를 흘렸다. 미래창조과학부 관료 접대 자료가 등장한 직후 씨앤앰은 국회에 '하도급 업체 직장폐쇄와 간접고용 노동자 처우 문제를 해결해보겠다'는 의사를 전달했으나, 돌연 입장을 번복했다. 노동조합에게는 '하청 업체 비정규직에게 해줄 것이 없다' 윽박질렀다.

추가 폭로 가능성에 떨었을 씨앤앰이 왜 생각을 바꿨을까. 추정할 수 있는 이유는 대주주 MBK파트너스와 맥쿼리의 개입뿐이었다. IPTV와의 경쟁에서 밀리고 있는 씨앤앰을 되팔아 차익을 남기려면 '임금 20퍼센트 삭감'을 못 받겠다는 하도급 업체와 노동조합은 없어지는 편이 낫다.

노동조합은 이제 주주와 씨앤앰이 '노조 깨기'에 나섰으니 장기전이 됐다고 평가했다. 원·하청 위수탁 기간이 끝나면서 계약 만료된 해고자도 추가로 생기고 있었다. 씨앤앰은 나서지 않았다. 노동자들은 적금을 깨고 1000만 원짜리 마이너스 통장을 개설해 목돈을 마련했고, 노동조합은 채권을 발행하며 장기전을 준비하기 시작했다.

서울파이낸스센터 뒤편 노숙 농성장에서 만난 김영수 지부장은 "원청이 갑자기 입장을 바꾼 것은 정황상 대주주의 입김이 있었음을 뜻한다. 매각을 추진하는 대주주의 입장에서는 하도급 업체 문제는 리스크가 아니라고 판단한 것 같다"고 말했다. 그는 입장을 번복한 원청이 임금 20퍼센트 삭감 등 이전과 같은 안을 제시했다고 전했다.

6월 말 계약 만료로 대규모 해고 사태가 발생했고, 7월 8일 노숙 농성에 돌입한 탓에 노동조합의 요구는 단순했다. 크게 세 가지. 고용 안정(업체 변경시 고용 승계), 최소한의 임금 인상, 케이블 가입자 권리 보장이었다. 특히 마지막은 고가 상품의 공격적 영업을 줄여 가입자가 피해를 보지 않도록 하고, 분할 매각 등으로 업체와 서비스가 바뀔 수 있는 지역 가입자를 위한 공적 요구였다.

씨앤앰은 이때 서울 중랑구에서 '착한 콘서트'를 주최할 정도로 사회 공헌 활동에 열을 올리고 있었지만 하도급 업체에 대해서는 '해줄게 없다'는 입장을 고수했다. 김영수 지부장의 말이다. "과도하지 않은 기본적인 요구를 하는데도 논의할 생각조차 없이 오히려 노동조합이 수용할 수 없는 것만 요구하고 있다. (직장폐쇄로) 막다른 곳에 노동조합을 몰아넣고 장기전을 하자는 형국이다. 노숙 농성이 길어지면서 거리에서 먹고 자니까 아무래도 조합원들의 건강 상태가 좋지 않다." 희망연대노조에 따르면 21일 새벽 6시 반께 권 모 조합원은 호흡 곤란 증세로 쓰러져 병원에 후송됐다. 김지부장은 "사정상 혼자 살고 있는 조합원인데 열심히 농성에 참여해오다가 그날 갑자기 심장이 뛰지 않았다. 동료들이 심폐소생술을 했다"고 당시 상황을 전했다.

권씨의 심장은 5분 정도 멈췄다가 현장에 도착한 의료진이 전기 충격을 가하자 다시 뛰었다고 했다. 김지부장은 "왼손을 잘 움직이지 못하고 오른손은 손가락만 움직일 정도다. 상태가 많이 호전돼 이제 사람을 알아본다. 하지만 아직 움직이지 못해 정밀 검사를 받을 수 있는 상황은 아니다"고 전했다. 권씨가 다시 눈을 떴을 때 처음으로 한 말은 '조합원들은 어떻게 됐느냐'였다.

김영수 지부장은 "싸움이 길어지면서 여성 조합원과 40대 이상 조합원의 건강이 걱정된다"고 말했다. "조합원들이 스스로 가용한 선에서 목돈을 마련하고, 대출을 받고, 마이너스통장을 만들며 장기전을 준비하고 있다. 어떻게든 끝까지 갈 것이다." 희망연대노조는 최저생계비를 지원할 목적으로 채권을 발행했다.

틀림없이 씨앤앰은 노동조합을 지우고 있는 것으로 보였다. 대주주가 진 빚이 간접고용 비정규직 노동자 600여 명에게 넘어갔다. 김영수 지부장은 "사회적이고 정치적인 연대가 필요하다"고 말했다.

파업 전 이미
'대체 인력' 계획이 있었다

<u>8월 6일</u>

파업을 예상했을까. 씨앤앰은 이미 계획을 세워놓고 있었다. 씨앤앰이 5월 30일~7월 20일 총 8000명의 대체 인력을 운영했다는 자료가 등장했다. 이 기간 씨앤앰은 대체 인력에 일당 20만 원을 지급했다. 총 비용은 15억 7000만 원. 특히 씨앤앰은 하도급 업체의 노동조합 가입률도 사전에 조사했다. 씨앤앰이 사전에 하도급 업체 노동조합의 파업을 준비했다고 볼 수 있는 대목이었다.

은수미 의원실이 공개한 씨앤앰 내부 자료 중 '파트너사 CP 관련 인력 운영 현황'을 보면, 씨앤앰은 5월 31일~6월 8일 공사 업무 대체 인력 131명과 방문 판매 인력 81명 등 총 212명의 대체 인력을 투입했다. 이후 일주일 단위로 1203명, 1831명, 1252명, 611명, 1325명, 1566명을 투입했다. 하루 평균 157명으로 총 8000명. 비용은 총 15억 6943만 원이었다. 하도급 업체들은 대체 인력 투입 현황을 설치, AS, 철거 등 업무별로 나눠 씨앤앰에 보고했다.

각 하도급 업체의 노동조합 가입률도 사전에 파악했다. 내부 자료 '지역별 인력 Grouping 현황(인력 추정)'을 보면 씨앤앰은 24개 하도급 업체에 소속된 노동자 787명의 고용 형태와 주요 업무를 파악한 것은 물론 업체별 노동조합 가입률과 조합원 주요 업무도 파악했다. 이밖에도 같은 자료에는 업체별 pool 전담 업체와 예비 인력 소속사가 명시돼 있었다.

씨앤앰이 대체 인력을 투입하기 시작한 5월 말 희망연대노조 케이블방송 비정규직지부는 노사 교섭이 결렬된 이후 '적정 노동' 중이었다. 노동조합은 6월 10일 파업에 돌입했다가 곧 현장에 복귀해 부분 파업을 진행했다. 6월 말 일부 하도급 업체들이 업체가 바뀌는 과정에서 '일대일 면접, 선별 고용 승계'를 고수해 74명이 계약 만료로 해고됐다(7월 말 25명 추가 해고, 8월 말 140여 명 계약 만료). 원청 씨앤앰의 대체 인력 투입 계획이 '노동조합 무력화'와 관련 있는 것 아니냐는 의혹이 나올 법한 문건이었다.

'파업 철회 각서를 받아와야 일 준다'

9월 2일

하도급 업체들은 9월까지 계약 만료를 이유로 노동자 103명을 해고했다. 해고자는 쌓여갔고, 서울파이낸스센터 앞 노숙 농성도 두 달을 꽉 채웠다. 그런데 해결 조짐이 보이지 않았다. 8월 29일 씨앤앰 비해고자들은 현장에 '복귀'했다. 사실 어떤 직장인이든 월급이 한 달만 밀려도 삶이 뒤틀린다. 비해고자들의 복귀는 현실적인 선택이었다.

그런데 곧장 '복수'를 당했다. 씨앤앰은 하도급 업체 노동자들에게 '파업에 참여하지 않겠다'는 각서를 받아오라 했고, 업체에게 이를 보증하라고 요구했다. 제보를 통해 듣게 된 녹음 파일의 내용은 충격적이었다. 한 씨앤앰 하도급 업체 사장은 현장에 복귀한 직원들에게 다음과 같이 말했다. "(노조의 현장 복귀 이후) 나도 씨앤앰 본사에서 이틀 동안 욕먹고 있었다. (조합원들에게 일을 주지 않는 것은) 내 의지가 아니라 씨앤앰의 의지야. (씨앤앰은) 파업권 철회해서 CP 인력(파업 대체 인력) 빠졌을 때 아무 문제 없어야 하는 거야. 씨앤앰은 '(조합원에게 일을 주면) 그러면 ○○○이 보증을 서라' '그 인원이 파업에 나가게 되면 50명 이상을 또 꾸려 들어와야 한다' '또 그러면 ○○○도 자르겠다'고 한다."

이 업체 사장은 "씨앤앰은 확고해. 그래서 있던 일도 빼가겠다고 협박하잖아" 하며 씨앤앰이 조합원에게 다시 파업을 하지 않겠다는 각서를 받을 것을 요구했다고 전했다. 또 다른 업체의 사장은 업무 복귀 이틀째인 8월 30일 직원과의 통화에서 "본사에서 전화 왔는데 어제 (조합원에게) 일 시킨 것 가지고 노발대발하고 있어. 주던 일마저 회수해버리겠다고. 다음 주 월요일(1일)부터 AS니 뭐니 하지 말고 있는 그대로 우리 하게끔 너희가 빠져줘라. (씨앤앰이) 그나마 주던 것도 뺏어버린다"고 말했다.

이 사실이 알려지자 국회가 씨앤앰 본사를 찾았다. 배지의 힘은 셌다. 노동자와 시민사회 단체에게는 문을 걸어 잠근 씨앤앰은 국회의원에게는 문을 열었다. 물론 노동자들이 바깥에 서 있었다. 우원식 새정치민주연합 의원(을지로위원회 위원장), 은수미 의원(국회 환경노동위원회), 송민선 서울강남고용노동지청장은 서울 삼성동 씨앤앰 본사에서 조석봉 전무, 한상봉 상무 등을 만나 파업 대체 인력, 직장폐쇄, 112명 대량 해고 문제를 해결하라고 주문했다. 이 자리에서 의원들은 시종일관 질타를 쏟아냈다. 씨앤앰 임원들은 해명하는 데 집중했다. 고용노동부는 가만히 듣고만 있었다. 그러던 씨앤앰이 갑자기 '반성문'을 썼다. 의원들이 국정조사 이야기를 꺼냈기 때문인 것으로 보였다. 씨앤앰은 '추석 전에 해결하겠다'고 약속했다.

'이 싸움에서 지면 케이블 노동자도, 방송도 다 무너진다'

연재의 힘 : 수도 · 고 유 악 성

씨앤앰 간접고용 노동자들은 대량 해고에 한 달 넘게 노숙 농성을 하고 있을 때였다. 홍성준 투기자본감시센터 사무처장을 8월 4일 인터뷰했다. "씨앤앰은 사모펀드의 전형적인 행태를 적나라하게 보여준다. 대다수 기업이 인수 합병을 하지만 사모펀드, 투기자본의 인수 합병이 다른 것은 투자 없이 단기간 수익을 위해 법질서와 관행을 무시한다는 것이다." 그는 씨앤앰의 반(反)노동자 경영을 대표 사례로 들었다.

"투기자본은 고용과 시설 투자가 아닌 가입자 수만을 늘려 기업 가치를 높인 뒤 먹튀를 하는데, 이렇게 되면 노동자, 시청자의 권리뿐 아니라 공공의 영역이 파괴된다." 그는 씨앤앰 직접고용 정규직, 간접고용 비정규직이 함께 하는 이번 싸움은 전체 케이블·통신 업계 노동, 원·하청 문제이고 특히 공공재를 장악하려는 투기자본을 막는 상징적 싸움이라고 강조했다.

• 씨앤앰이 하도급 업체의 직장폐쇄와 대량 해고 사태를 방관하고 있다. 이 배경에는 투기자본 MBK파트너스와 맥쿼리가 있다는 것이 노동조합의 주장이다. 씨앤앰 사태를 어떻게 봐야 하나.

• 이 사태를 이해하려면 일단 투기자본이 무엇인지 알아야 한다. 투기자본은 '단기간에 고수익을 내고 도망가는 자본'이라고 할 수 있다. 이 말은 학술용어는 아니지만 사회적으로 특정한 행태를 보이는 자본을 일컫는 표현이다. 이러한 행태를 적나라하게 보이는 것이 사모펀드, 헤지펀드, 투자은행이다. 물론 일반 산업자본도 투자 경향을 띄긴 한다. 산업자본의 금융화, 금융 세계화라고도 하는데 기업을 주식시장에 공개하고 나면 주식 가치를 높이려 노동 유연화와 인수 합병 등을 진행한다. 이건희 삼성 회장이나 골드만 삭스나 비슷하다. 물론 삼성은 휴대폰 등에 투자하지만 투기자본은 아예 그런 개념이 없다.

• 자본의 속성상 누구나 구조 조정을 하기 위해 치밀하게 전략을 세우고 실행한다. 씨앤앰 사태도 비슷한 것 아닌가. 투기자본이 다른 자본과 다른 점은 뭔가.

• 가장 큰 것은 '반노동자 경영'을 한다는 거다. 단기간에 수익을 올려야 하기 때문에 기존 법질서와 관행을 무시하게 된다. 두 번째는 투기 대상이 우량 기업이라는 점이다. 그런데 사회 일각에서는, 심지어 주류 진보에서도 사모펀드를 활성화해야 한다고 말한다. 모피아의 논리와 같다. 구조 조정을 활성화해 부실기업을 퇴출하기 위해서라고 말한다. 새빨간 거짓말이다. 투기

'이 싸움에서 지면 케이블 노동자도, 방송도 다 무너진다'

자본은 우량 기업을 거래한다. 우량 기업의 생산성을 훼손한다. 이들은 부실기업을 회생시키지 않는다. 단기간에 현금 유동성 위기가 온 우량 기업을 '작전'으로 먹는다. 마지막으로 공공성 높은 기업, 은행이나 방송 등을 장악한다는 것이다. 이 영역을 장악하면 단순히 그 시장의 문제를 넘어서서 정부가 인허가 사업으로 유지하는 공공재가 무너지는 문제가 생긴다. 시민들의 경제 활동과 밀접한 분야라 문제는 더 심각해진다.

• 케이블방송은 이미 사기업의 소유다. 투기자본이라서 더 심각한 문제가 있다면.

• 사기업이 케이블방송을 소유하고 있다는 사실에 흥분할 필요는 없다. 케이블방송이 공공재라는 건 누구나 인정하기 때문이다. 지상파를 직접 수신하는 사람은 없고, 모두 유료 방송을 통해 본다. 문제는 씨앤앰이 수도권 1위 사업자라는 것이다. 투기자본은 가입자 수를 높이기 위해 무한 경쟁을 벌인다. 이게 회사의 자산이기 때문이다. 이것이 매각가를 결정하기 때문에 여기에만 집중하게 되는데, 그러다 보면 방송 서비스의 질이 떨어질 수밖에 없다. 투기자본의 일반적 폐해에다가 방송 장악으로 인한 문제까지 더하면 더 큰 문제가 생기는 거다.

• 정부도 이 문제를 모를 리 없다. 그런데 허가해줬다.

• 맥쿼리와 MBK, 두 회사가 만든 국민유선방송투자라는 회사가 있다. 사실상 실체가 없는 유령 회사다. 처음 씨앤앰 문제를 접했을 때 주목했던 것

은 '불법성'이었다. 국민유선방송투자가 전기통신사업자법, 방송법이 외국인 지분율을 제한한 것을 속이고 있다고 판단했다. 외국인은 방송을 장악할 수 없다. 당시 정부도 이 상황을 어느 정도 인식했고, 정부 내의 이견도 있었다. 그럼에도 사모펀드가 씨앤앰을 인수하도록 허가했다. 더 큰 문제는 사모펀드의 씨앤앰 인수 방식이 차입 매수라는 것이다. 자금의 70퍼센트를 차입해서 인수했다. 이 자금을 돌려줘야 한다. 당연히 과도한 이자 비용 문제가 생기고, 시설 투자와 고용을 등한시하게 된다. 더 심각한 문제는 고배당을 상습적으로 했다는 것이다. 이것이 전형적인 투기자본의 행태다. 차입 매수를 해서 흑자를 적자로 만든다. 사모펀드, 투기자본으로 인한 폐해가 최대 100개라고 가정하면 씨앤앰 사태에서는 이 100개 모두 발견된다.

• 씨앤앰은 하도급 업체의 직장폐쇄 문제를 해결하지 않고 있다. 업계에서는 노동조합을 정리해 매각가를 높이려는 것으로 본다.

• 매각가, 즉 회사의 가격을 높이는 방법 중 고정비용을 줄이는 게 가장 좋다. 정리 해고로 정규직 노동자의 수를 줄이는 것이다. 투기자본이 경영 위기가 아니더라도 정리 해고를 열심히 하는 이유다. 정리 해고를 할수록 주가는 상승한다. 그래서 집요하게 정리 해고를 한다. 정리 해고를 하고 외주화할수록 주가는 올라가게 돼 있다. 기업의 가치가 올라가는 것이다. 이렇게 되면 투자 비용을 회수하고도 가져갈 이익이 더 생기게 된다. 특히 원·하청 문제가 심각한 케이블방송 씨앤앰 사태는 투기자본의 폐해와 직접적인 연관관계가 있다.

• 씨앤앰 정규직 노동조합, 간접고용 노동자들을 만나보면 '차라리 빨리 정리하고 떠나라'라는 의견이 다수다.

• 2010년 파업이 끝난 뒤 정규직 노동자들은 노동조합을 인정받았다. 그리고 실질임금도 올라갔다. 그러고 나서 별문제가 없었다. 그런데 2013년, 2014년 들어서 문제가 생겼다. 대주주 입장에서는 케이블방송 점유율 규제가 풀려서 '먹튀'를 할 때가 온 것이다. 먹튀에 반대하는 노동조합을 저항 못하도록 밟아야 했고, 그래서 노사 관계가 이렇게 됐다고 생각한다.

• 이 문제를 어떻게 해결해야 하나.

• 대주주가 어떤 전략으로 매각할지와 관계없이 중요한 것은 노동조합이 저항해야 한다는 것이다. 노조가 저항할수록 매각 비용이 늘어난다. 거기에 사회적으로 투기자본에 대한 비난까지 더해지면 누가 거래를 하겠는가. 사모펀드 입장에서는 노동조합을 완전 무력화하는 방법과 매수하는 방법 두 가지가 있다. 후자는 위로금을 주고, 주식을 주면서 '먹튀의 공범'으로 만드는 것이다. 그런데 씨앤앰 노조는 여기에 저항하고 있다고 본다. 투기자본은 먹튀 단계에 왔고, 노조는 저항의 길을 택했다. 원 · 하청 모든 노동자들이 고용 승계, 동일 노동 동일 임금 같은 대의를 드는 순간 어떤 자본도 만만히 대할 수는 없다.

• 씨앤앰 경영진은 미래창조과학부 접대 자료가 폭로된 직후 전향적인 입장을 보였다가 다시 갑자기 입장을 바꿨다. 노조와의 협상이 불가하다는 입

66

장이다. 대주주가 움직인 것으로 보이는데.

• 대주주가 문제다. 지금 씨앤앰의 경영진은 매각 성공 보수를 받고 떠날 사람들이다. 투기자본이 장악한 회사의 경영진은 협상력이 없다. 먹이를 던져주면서 짖으라면 짖는, 영혼이 없는 노무 관리 기술자일 뿐이다. 그래서 노동조합은 원청이 아니라 대주주와 협상을 해야 한다. 우리가 분석해야 하는 것은 왜 '지금'인가라는 점이다. 내부적으로 자금 압박 문제가 있을 수 있다. 원금 상환 문제도 있을 수 있다. 빚을 갚으려면 현금화를 해야 한다. 배당을 하든가, 분할 매각을 추진하든가, 현금화가 필요하다. MBK와 맥쿼리가 왜 지금을 전면 매각의 시기로 생각하고 있는지 그 의도를 파악하는 게 중요하다. 노조 깨기 등 모든 전략은 거기에서 나온다.

• 해결 방법이 있을까.

• 개별 노조 차원에서 할 수 있는 것은 별로 없다. 최소한 산별 노조 차원에서 움직여야 한다. 그런데 한국에서 총파업은 가능성이 없다. 결국 국회와 정부를 압박해서 움직이게 해야 한다. 국회에는 미래창조과학방송통신위원회가 있고, 정부에는 미래창조과학부가 있다. 여기서 주도적으로 이 문제를 풀어야 한다. 일반론적으로 이야기하면 법과 제도로 먹튀를 막지 못하면 이런 일은 반복된다.

• 이 싸움의 의미는 무엇이라 생각하나.

• 노동조합이 임금이나 고용 문제만 이야기한다면 사회적 연대는 필요 없을 거다. 그런데 지금 노동조합은 방송 공공성과 투기자본의 문제, 원·하청의 문제를 이야기하고 있다. 노동자계급 내에서도 대표성을 가지고 싸우고 있는 셈이다. 이 싸움이 중요한 이유는 첫째, 유료 방송 시장은 나날이 확장하고 있는데 직접고용 정규직 노동자의 수는 굉장히 적다는 것이다. 둘째, 방송 시장이야말로 투기자본이 노려볼 만한 시장이다. 만약 씨앤앰 노동자들이 이번에 이긴다면 앞으로 투기자본이 이 시장에 들어오지 못할 것이다.

케이블 사태 풀겠다던 미래창조과학부,
킥오프 회의만 했다

<u>9월 12일</u>

　　대량 해고 사태를 해결할 키는 원청 씨앤앰과 최대 투자자인 MBK 파트너스와 맥쿼리가 쥐고 있었고, 이 사업자들을 흔들 수 있는 곳은 규제 기관인 정부였다. 노숙 농성이 두 달이 넘었지만 정부는 움직일 생각이 없었다. 주무 부처인 미래창조과학부와 방송통신위원회, 고용노동부는 사실상 손을 놨다. 7월 최양희 장관이 인사 청문회에서 관계 기관이 합심해 방송·통신 업계의 다단계 하도급 문제를 풀겠다고 공언한 이후 미래창조과학부는 태스크포스팀까지 구성했다. 하지만 킥오프 회의만 한 차례 진행했을 뿐이다. 이 사실을 확인한 순간 맥이 빠졌다.

　　정부의 '해명'을 납득할 수 없었다. 주무 부처인 미래창조과학부 뉴미디어정책과의 이영미 과장은 통화에서 '최양희 장관 발언 이후 티브로드와 씨앤앰 사태에 어떤 방법으로 개입하고 있느냐'라는 질문에 "노사문제이기 때문에 (미래창조과학부가) 주도적으로 나서기보다는 고용노동부가 꾸린 TF 회의에 한 번 참석한 적이 있다"고 말했다. "앞장서서 하기보다 고용노동부와 협의하면서 양 사업자의 협력 업체 상황을 확인하고 있다. 우리가 사업자를 관리하기는 하지만 이 차원에서 접근하기는 어려운 문제로 생각한다."

최양희 장관이 7월 국회 인사 청문회에서 밝힌 입장과는 정반대인 답변이었다. 최장관은 청문회에서 티브로드 하도급 업체의 공격적 직장폐쇄, 씨앤앰 간접고용 비정규직 대량 해고 문제에 대해 "한국 방송·통신 기업의 다단계 하도급 문제는 매우 심각하다. 정부나 관련 기관들이 합심해 전략과 정책을 펴야 한다고 본다"고 말했다. 주무 부처인 미래창조과학부가 나서서 문제를 풀겠다는 이야기였다. 그런데 이영미 과장은 "장관 말씀은 '우리가 주도하겠다'는 것은 아니라고 안다"고 말했다.

방송통신위원회도 조사에 나서지 않았다. 참여연대는 7월 방송통신위원회와 미래창조과학부, 공정거래위원회에 "원청 티브로드와 씨앤앰이 하도급 업체 직장폐쇄와 노동조합의 파업을 전후로 제3의 업체와 방문 판매 조직을 활용해 불공정거래를 하고 있고, 가입자를 기만하는 불법 영업을 하고 있다"고 신고했다. 그래도 방송통신위원회는 두 달 가까이 조사에 착수하지 않았다. 현장 점검만 했을 뿐이다.

고용노동부도 마찬가지였다. 노사관계지원과 관계자는 "노사 간 대화와 교섭을 주선, 지도하고 있다. 티브로드도 어제(11일)부터 1박 2일 집중 교섭 중이고, 씨앤앰 직장폐쇄 문제는 어제 잘 해결됐고 다음 주 중 집중 교섭을 앞두고 있다"고 말했다. 하지만 '사실상 타결 수준을 결정하는 원청에 어떻게 개입하고 있느냐'는 질문에 "예전과 달리 원청이 자신은 교섭 당사자가 아니라는 입장을 고수하고 있다. (하청의 노사) 교섭이 중단되지 않도록 하는 게 고용노동부의 역할"이라고 말했다.

케이블 노동자들의 '기념하고 싶지 않은 100일'

9월 17일

파업은 100일을 맞았다. 원청도 주주도 정부도 나 몰라라 하는 사이에 일어난 일이었다. 광화문 주변에서 이어지는 노숙 농성도 두 달을 훌쩍 넘겼다. 이 무렵 씨앤앰, 티브로드 간접고용 노동자들은 청와대를 찾아갔다. 그리고 그 앞에 모여 기자회견을 열었다.

당시 티브로드 하도급 업체 노사는 집중 교섭을 벌이고 임금 및 산업 안전 부분을 일부 합의한 상황이었다. 그런데 징계위원회 노사 동수 구성, 사회복지기금 규모, 노동자 생계비 지원(교섭 타결 위로금) 여부 등 쟁점에서는 이견을 좁히지 못했다. 하도급 업체는 '생계비 지원' 요구에 대해 '비조합원 차별이라는 문제가 발생한다'며 이를 거부했다. 씨앤앰의 경우 교섭 쟁점은 여전히 '해고자 109명 복직'이었다.

케이블 바닥에서 임금, 해고, 산업 안전 등 하도급 업체의 문제는 사실상 원청만이 해결할 수 있는 문제다. 하지만 그동안 티브로드와 씨앤앰은 직장폐쇄와 파업 대체 인력과 관련해 하도급 업체와는 긴밀히 소통하면서도 노동조합과 국회에 '노사문제 불개입' 원칙을 내세웠다. 100일을 넘은 케이블 사태는 '원청이 하청 노동조합을 고사시키는 과정'으로 보였다. 티브로드와 씨앤앰은 파업 전부터 대체 인력을 활용해 업무 공백을 메웠고, 하도급 업체 노동조합의 파업 효과는 사실상 사라졌다. 노조법상 사용자가 아닌 원청이 대체 인력을 투입하면서 대체 인력 투입 금지 조항은 무력화됐다.

노동자 수백 명은 서울 청운동 주민센터 맞은편에 모여 정부가 수수방관해 사태가 악화됐으니 청와대가 직접 나서라고 촉구했다. 희망연대노동조합 케이블방송 비정규직지부와 티브로드지부는 "공정거래위원회, 미래창조과학부, 고용노동부, 방송통신위원회에 적극적인 개입을 요청했지만 수시 근로 감독을 제외한 어떠한 정부 부처의 움직임도 없었다"고 전했다.

"비정규직 노동자들이 100일간 파업하는 동안 122명(티브로드 해고자 13명 포함)이 업체 변경 과정에서 고용이 승계되지 않아 실업자로 길거리에 나앉게 됐을 때, 정부는 어디에 있었는지, 문제 해결을 위해 어떠한 노력을 했는지 묻지 않을 수 없다."

이종탁 위원장의 말이다. "기념하고 싶지 않은 100일이다. 노동자들이 100일 동안 파업을 했다는 것은 이 기간 동안 일터에 가지 않고 자기 요구를 하며 길거리에 있었다는 이야기이고, 다르게 보면 100일 동안 원청도 협력사도 정부도 아무도 이 문제를 해결할 의지가 없었다는 것, 파업에 응답한 정부와 원청이 없었다는 것을 뜻한다. 최양희 미래창조과학부 장관은 인사 청문회에서 케이블 하도급 문제를 해결하겠다고 했고, 최경환 부총리는 간접고용 문제를 풀겠다고 했지만, 청와대와 정부는 그동안 노동자들의 이야기를 단 한 번도 듣지 않았다.

정부가 이대로 노동자를 외면하면 세월호 못지않은 분노로 세월호 못지않게 저항할 수밖에 없다."

김영수 지부장은 "이익과 매각밖에 모르는 먹튀 자본이 비정규직과 노동조합을 와해하려고 파업·농성 장기화를 조장하고 있고, 해결 기미가 보이지 않는다. 3개월 동안 급여 없이 살고 있다. 생활이 가능하지 않다. 국민이 모두 신용 불량자가 돼 길거리에 나앉고 밥을 얻어먹어야 하는 것인가"라며 청와대의 개입을 촉구했다.

그날 그곳에 기자는 없었다

9월 18일

"기자님, 혹시 오늘 12시에 ○○○으로 와줄 수 있으세요?"

언제부턴가 이런 전화가 걸려올 때면 덜컥 겁부터 먹는다. "무슨 일이 있느냐?" 묻지만 "전화로는 말씀드리기 곤란하다"라는 대답이 들려올 때면 특히 더 그렇다. 몇 번이고 이런 전화를 받아본 경험이 있는 터라 분명 사건이 일어날 것을 예상하기 때문이다. 씨앤앰을 취재하면서 여러 차례 "그냥 와줄 수 있느냐"고 묻는 전화를 받았다. 그때마다 일러준 장소로 갔다.

9월 18일이었다. 서울파이낸스센터 20층에 있는 MBK파트너스 사무실 앞이었다. 서울파이낸스센터는 '금융자본의 심장'으로 불리는 곳이다. MBK는 수도권 지역 최대 케이블 방송사업자인 씨앤앰의 최대 투자자로 김병주(Michael Byungju Kim) 씨가 2005년 만든 사모편드 운용사다.

그날 씨앤앰 노동자 67명은 MBK파트너스 사무실 앞에서 '진짜 사장'에게 면담을 요청했다가 단 4시간 만에 쫓겨났다. 경찰은 노동자들을 건조물 침입 및 업무방해 혐의로 끌어냈다. 상황은 급박했다. 엘리베이터와 계단을 번갈아 이용해 몰래 올라간 그곳에는 구호와 땀 냄새가 가득했다. 그들은 두 달 넘게 노숙을 하던 때였다. 찾아갈 곳도 물러날 곳도 더 이상 없었다.

씨앤앰은 '법적 사장'인 하도급 업체에 책임을 돌렸고, 업체는 '진짜 사장'인 씨앤앰의 도움 없이는 월급을 삭감할 수밖에 없다고 하는 상황이었다. 이런 상황에서 수십 명이 계약 만료로 해고됐다. 말이 정규직이지 하도급 업체 계약 때마다 벌벌 떠는 간접고용 노동자들이다. 두 달 넘게 월급을 못 받고 있었던 터라 벌금 낼 돈조차 마땅치 않았지만 그들은 기꺼이 '연행'됐다.

경찰이 작전을 시작하기 전 저 아래 풍경을 내려다봤다. 노숙 농성장에는 사람들이 있었다. 꼭 '개미'만 하게 작아 보였다. 20층에 올라와보니 그 이유를 알 것 같았다. 한 노동자는 "여기 들어와보니까 바깥소리가 하나도 안 들린다. 왜 석 달 동안 바깥에 있었을까"라고 말했다. 정말 소리 하나 들리지 않았다. 노동자들이 20층에 올라와서야 구호가 들리기 시작했다. 경찰은 MBK파트너스에 연락을 취했고, 씨앤앰 임원은 부리나케 달려왔다. 협상은 다시 시작됐다.

경찰은 오후 4시 40분께 스크럼을 짠 노동자들을 1명씩 떼어내기 시작했고 1시간에 걸쳐 67명을 강제 연행했다. 일부 노동자들은 경찰에 사지가 붙들려 내려왔다. 노동자들은 경찰차에 올라타며 "MBK, 씨앤앰이 해결하라", "부당 해고 즉각 해결하라"고 외쳤다. 조합원들이 연행되는 모습을 보던 이종탁 위원장은 "조합원들의 분노가 여기까지 왔다. (해고자 109명은) 누군가는 책임져야 할 문제이지만 그렇게 하겠다고 나서는 사람이 없다"고 말했다. 김영수 지부장은 "쫓겨날 각오를 하고 올라갔다. 끝까지 싸우겠다"고 말했다.

'점거'는 언론에 사연을 알리기 위한 목적이었다. 현장에는 물이 한 병 있었는데 노동자들이 기자들에게 그것을 건넸다. 서울 한복판을 점거했는데 기자의 수는 생각보다 적었다. 사실 씨앤앰을 취재하는 기자는 유독 적었다. 씨앤앰은 방송 업계에서 '힘 있는' 사업자이기도 하고, 언론은 웬만해선 동종 업계 문제는 다루지 않았다. 노동을 이야기하는 언론은 별로 없었다.

이날 20층에는 볼펜 둘, 카메라 셋이 있었다. 6월부터 씨앤앰 사태를 쭉 취재했던 터였지만 문득 부끄러웠다. 노동조합 이야기는 '똑같은 상황이다, 답답하다'라는 평을 듣는 걸 핑계 삼아 기사를 쓰지 않았다. 금융자본의 중심이라고 할 수 있는 서울파이낸스센터를 점거했는데도 현장을 찾은 언론은 매일노동뉴스, 경향신문, 노동과세계, 뉴시스, 시사인, 미디어오늘 그리고 미디어스 정도였다. 현장에서 가장 가까운 곳에 있는 서울신문은 다음 날 이 소식을 원고지 1.6매 분량으로 단신 처리했다.

몇 달 동안 월급 한 푼 못 받고 거리에서 먹고 자던 해고자, 마지막 남은 물 한 병을 건네는 비정규직 노동자, 원청도 하청도 해결 못 한다고 해서 결국 대주주 사무실을 찾아왔지만 4시간 만에 쫓겨난 간접고용 노동자들의 이야기는 결국 1단짜리 단신이 됐다. 100일이 넘은 파업, 두 달이 넘은 노숙 농성, 그리고 서울 한복판 점거까지… 노동자들은 기자를 불렀고, 기다렸다. 이토록 알리려고 하는데 전달해야 할 사람은 너무 적었다. 언론이 제아무리 뉴스를 취사선택하고 기자가 출입처에 얽매인다고 하지만, 서울 한복판에 일어난 '점거'를 단신으로 다루는 것은 언론의 역할을 방기하는 것이라고 생각했다. 여기, 이 사람들은 자신의 사연을 알리기 위해 이렇게까지 하는데….

이날 부끄럽지만 기자수첩을 썼다. '내가 현장에 과하게 몰입한 건가, 아니면 기자 당신들이 과하게 현장을 피해 다니는 건가' 질문했다. 그리고 결심했다. 다른 기자들이 씨앤앰 기사를 쓰려고 할 때 어렵지 않게 '각주'가 되는 기사를 써야 하겠다고…. 진심으로 힘이 닿는 대로 이들의 싸움을 기록하기 시작했다.

노동자는 석 달째 노숙 중인데⋯
씨앤앰 임원 '배 덜 고파서 하는 소리'

<u>9월 26일</u>

위에서 내려다본 노동자들은 개미 같았다. 밖에서 아무리 외쳐봤자 구호는 들리지도 않았다. 노숙 농성이 석 달 넘게 이어지는 상황에서도 씨앤앰은 여전히 자신과 관련 없는 하청 업체 직원들이 생떼를 쓰고 있다고 생각하는 듯했다. 시민 단체의 항의 방문에도 문을 열어주지 않았다. 이런 와중에 씨앤앰 경영진은 노동자들의 노숙 농성과 시민 단체의 방문을 비난하는 목적으로 추정되는 글을 썼다.

고진웅 씨앤앰 부사장은 페이스북에 "만나려면 약속을 하고 찾아와야지 약속도 안 하고 찾아와서 무작정 만나달라고 하면 만나줘야 할까? 요즘 앞뒤 안 가리고 지 생각만 하는 사람들이 너무 많다"고 썼다. 이 글이 작성된 시점은 22일 '케이블비정규노동자 문제 해결을 촉구하는 서울지역 시민사회단체 모임'이 항의 방문한 다다음 날인 24일 밤이었다. 글의 내용으로 봤을 때 시민 단체들을 비난하는 것으로 보였다.

'약속을 않고 무작정 찾아왔다'는 고부사장의 주장과 달리 시민 단체 모임은 8월 이후 총 세 차례 면담을 요청했다. 그러나 씨앤앰은 회신하지 않았다. 이에 시민 단체들은 8월 11일, 8월 20일, 9월 22일 총 세 차례 항의 방문을 진행했다. 시민 단체 모임은 7월 가입 해지 운동을 벌였고, 2000명이 넘는 가입자들의 서명 용지를 전달하기도 했다. 하지만 씨앤앰은 문을 걸어 잠갔고, 용역 업체 직원을 동원해 시민 단체와 노동자들의 출입을 제지했다.

고진웅 부사장은 26일 오전에도 "아직 배가 덜 고파서 하는 소리들이 많다"고 썼다. 시민 단체 모임과 희망연대노동조합은 이 글을 해고 이후 노숙 농성 중인 노동자를 겨냥한 것으로 봤다. 노동조합 관계자는 "부사장의 글은 씨앤앰 경영진이 간접고용 비정규직 노동조합에 대해 갖는 솔직한 입장을 여과 없이 보여준 것이라고 생각한다"고 말했다.

뜻밖에 들려온 희소식

10월 22일

서울지방노동위원회는 21일 '일대일 면접, 선별 고용 승계'를 거부한 뒤 계약 만료로 해고된 케이블TV 기사 9명이 제기한 부당 해고 구제 신청에서 '회사의 고용 승계 거부는 부당 해고'라며 원직 복직시키고 해고 기간의 임금을 지급하라고 결정했다. 이들은 하도급 업체 '원케이블' 소속으로 서울 노원구에서 씨앤앰의 케이블TV와 인터넷 등을 설치하는 기사들로 모두 희망연대노동조합 조합원이다.

원케이블은 2013년 10월 노동자들을 1차 해고했다가 그해 12월 원청 씨앤앰의 중재로 원직에 복직시켰다. 당시 원케이블과 노동자들은 '원직 복직' 협의문을 작성했다. 하지만 원케이블은 2014년 들어 이들을 재하도급 업체 소속으로 넘겼고, 6월 하도급 업체 계약은 끝났다. 원케이블은 당시 노동자들에게 '일대일 면접, 선별 고용 승계' 입장을 밝혔고, 이를 거부한 노동자들은 계약 만료로 2차 해고됐다. 원케이블이 같은 업체 소속의 비조합원을 전원 직접고용 정규직으로 고용 승계한 점을 보면 사실상 '조합원 선별 해고'로 볼 수 있었다. 이에 노동자들은 즉시 서울지방노동위원회에 부당 해고 구제 신청을 냈다.

김영수 지부장은 전화 통화에서 이렇게 말했다. "(해고자들은) 복직 이후에도 정직원이 아닌 '건 바이 건(건당 수수료)'으로 수당을 받아온 설치기사다. 그전에도 원케이블이 자의적으로 정한 재하도급 업체에서 일해왔다. 서울지방노동위원회의 판단은 직원들도 모르게 소사장을 만들어 그 밑에 노동자를 세운 뒤 일방적으로 계약을 해지한 것은 불법이라는 의미다. 원케이블은 자기 업체 소속이 아닌 점을 입증하려고 했지만, 원케이블이 제출한 서류에는 사실과 다른 점이 있어 서울지방노동위원회가 받아들이지 않았다."

사모펀드 MBK파트너스 김병주의
'씨앤앰 먹튀'는 성공할까?
11월 6일

MBK파트너스는 씨앤앰 먹튀에 성공할까? 사모펀드는 보통 '매수할 기업의 자산을 담보로 금융기관으로부터 매수 자금을 조달해'(LBO: leverage buyout) 기업을 인수하고, 3~5년 동안 구조 조정을 동반한 경영 효율화를 시행하거나 매출을 극대화해 이를 되판다. 문제는 정부가 이를 허락했다는 점이다. 씨앤앰은 태생이 외국인 사모펀드를 운용하는 자본이 방송사를 소유한 유일한 사례다. 문제는 여기서 시작했다.

매각설이 다시 흘러나왔다. MBK와 맥쿼리는 씨앤앰을 팔아야 하는 상황이다. MBK파트너스가 운용하는 펀드 'MBK1호'의 만기는 2016년인데 이 펀드에 씨앤앰이 포함돼 있다. 머니투데이는 9월 30일 인수 합병 업계를 인용하며 "(씨앤앰 대주주 MBK와 맥쿼리가) 골드만삭스를 통해 이 MSO 매각을 연내 시작하기로 하고 실무를 진행 중이다. 골드만삭스는 현재 씨앤앰 매각에 필요한 티저 레터(투자 안내서)를 준비하고 있으며 늦어도 12월 초에 이를 잠재 원매자 20여 곳에 배포할 계획"이라고 보도했다. 금융에 정통한 관계자는 "살 사람이 정해진 뒤 레터를 돌리는 게 관행"이라고 설명했다. 업계에서는 '2위 티브로드가 씨앤앰을 사들여 1위 CJ헬로비전을 제칠 것'이라는 소문이 파다하게 퍼졌다.

문제는 씨앤앰이 망가져 2008년에 비해 가격이 낮아졌다는 사실이다. 애초 MBK와 맥쿼리는 인수 대금 2조 750억 원 중 70퍼센트인 1조 6000억 원을 은행에서 빌렸는데, 합작회사인 국민유선방송투자는 2009~2013년 5년 동안 이자로만 4280억 544만 원을 썼다. 매각 대금에 이자 비용까지 고려하면 최소 2조 6000억 원 이상에 되팔아야 손해를 안 보는 처지가 됐다.

MBK와 맥쿼리가 본전을 찾을 가능성은 낮다. 높은 디지털 전환율에 비해 매출과 영업이익 증가폭은 낮다. 불법 영업 행위로 매출을 올린 정황도 많다. 2014년 국정감사에서 씨앤앰 협력 업체 70곳 중 40곳이 '미등록' 사업자이고, 씨앤앰이 방송사업자 중 두 번째로 방송 광고 시간을 많이 위반했으며, 매출이 0원인 허위 가입자가 17만 5000명이라는 사실이 드러났다.

본전도 힘들어 보이는 가장 큰 이유는 케이블 업계의 미래가 비관적이기 때문이다. 케이블 방송사업자는 이동통신사의 결합 상품에 밀리고 있다. 케이블 업계는 '7개 MSO+25개 개별SO'(총 103개)에서 '5개 MSO+10개 개별SO'(총 91개)로 변했다. 인수 합병은 위기 지연 수단이 된 지 오래됐다.

노숙 농성은 120여 일이 넘었지만 씨앤앰은 MBK의 눈치를 보고, MBK는 꿈쩍 않고 있었다. 씨앤앰 핵심 관계자는 "MBK가 '국정감사가 끝나면 해결하겠다'고 했다가 최근 '연말'로 말을 바꿨다"고 전했다. 매각 조건과 내용에 따라 현안을 정리하겠다는 이야기였다. 매각 조건은 대상자에 따라 크게 달라진다. 주목할 점은 '티브로드'다. 씨앤앰 핵심 관계자는 이때 "티브로드로 정해졌다고 봐도 무방하다"고 말했다. 티브로드를 소유한 태광그룹은 삼성과 함께 대표적인 반노조 기업으로 최근까지 간접고용 비정규직 노동조합(희망연대노동조합)과 갈등이 있었다. 당시 티브로드는 '하도급 업체의 노사문제'라며 석 달 넘도록 사태를 방치했다.

씨앤앰의 직접고용 정규직 노동조합과 간접고용 비정규직 노동조합 모두 희망연대노동조합이다. 희망연대노동조합 관계자는 "티브로드가 MBK에 '노조 깨기' 또는 '순치'를 주문할 가능성이 크다"고 말했다. 전망이 어두운 동종 업계 기업의 거래 조건은 '향후 구조 조정을 위한 조건을 마련해달라'는 것일 가능성이 컸다. MBK가 '12월 이후'를 언급한 것은 이 맥락에서 이해할 수 있었다.

김병주 MBK파트너스 회장에게 '노조 탄압·해고 사업장' 씨앤앰은 골칫거리 중 하나일 수 있다. 김회장은 미국계 사모펀드 칼라일그룹에 있을 때 한미은행을 사들인 뒤 씨티은행에 되팔아 3년 만에 7000억 원의 차익을 챙긴 '한국 M&A계의 큰손'이다. 특히 그는 박태준 전 포스코 회장의 사위인데, 오명을 남기는 안 되는 금융권의 큰손 중 한 명이다.

'아무도 모르는' 투자자의 수익을 보장해야 하는 김병주 회장은 노동조합을 순치하거나 공격적 구조 조정을 진행할 가능성이 컸다. 티브로드의 반노조 성향을 고려하면 후자를 선택할 확률이 컸다. 김병주 회장이 노조 무력화에 성공해 구조 조정이 가능한 상태로 씨앤앰을 넘긴다면, 티브로드는 그만큼 값을 쳐줄 수 있다. MBK와 맥쿼리가 먹튀 하려면 이 방법밖에 없다.

2008년처럼 씨앤앰 매각을 시장에만 맡기면 MBK와 맥쿼리의 작전은 성공할 것으로 보인다. 그런데 케이블 방송사업자는 주무 부처인 미래창조과학부로부터 인허가를 받아야 사업을 할 수 있다. 미래창조과학부는 주기적으로 케이블 방송사업자에 대한 재허가 심사를 진행할뿐더러 최대 주주가 바뀌면 적격성을 심사할 권한이 있다. MBK의 '씨앤앰 먹튀'는 미래창조과학부를 최종 설득해야 가능하다. 미래창조과학부가 키다.

왜 전화를 안 했나요

<u>11월 12일</u>

그날은 전화가 없었다. 사실 전날 노동조합이 기자들을 불러 모았다가 '계획이 취소됐다'고 했던 차였다. 그래서 아침에 날아온 '고공 농성 돌입' 소식에 더 놀랐다. 희망연대노동조합 케이블방송 비정규직 지부 소속으로 7월 씨앤앰의 하도급 업체 시그마(고양 일산 지역)에서 해고된 강성덕 씨와 JC비전(서울 용산 지역) 노동자로 지부 정책부장을 맡고 있던 임정균 씨는 이날 새벽 4시 50분께 프레스센터와 서울파이낸스센터 사이에 위치한 20미터 높이의 전광판에 올라 고공 농성을 시작했다. 강성덕 씨의 나이는 서른다섯, 임정균 씨는 서른여덟이었다.

현장에 도착하니 두 사람이 있었다. 프레스센터 18층에 있는 전국언론노동조합 사무실에 올라가서 보니 그곳에는 난간조차 없었다. 위험해 보였다. 특히 둘은 시너를 들고 올라갔다. 현장은 급박했다. 동료들은 모이고 있었고, 경찰도 바쁘게 움직였다. 노동조합 관계자는 "두

조합원들이 '경찰이 진압하면 뛰어 내리겠다'고 말한 상황이고, (전광판) 위쪽은 비가 와서 미끄러운 상태라 굉장히 위험하다"고 말했다. 이종탁 위원장은 이날 오전 전광판 앞에서 열린 집회에서 "두 조합원은 문제가 해결될 때까지 내려오지 않겠고 했다. 파업도 했고, 넉 달 넘게 노숙 농성까지 했는데 도대체 노동자들이 어떻게 해야 하느냐"고 호소했다.

노동자인 게 두렵고 노동조합 하기 무서운 이곳

월급이 며칠만 밀리면 알아서 눈칫밥을 먹는다. 가끔 가족에게 도움을 구하기도 하고, 예전에 돈을 빌려준 사람들에게 '갚을 수 있느냐' 부탁하기도 하지만 뜻대로 안 된다. 그나마 안정적으로 그럭저럭 먹고 살 수 있는 '기본급'을 받는 직접고용 정규직의 일상이 이러한데 간접고용 비정규직의 고단함은 오죽하겠는가. 누군가에게 밥벌이는 지겹고 피곤한 일이겠지만 대다수 사람들의 노동은 고달프다.

내가 노동자라는 사실, 가장이 될 거라는 미래가 두려웠다. 이 사회의 가장 끄트머리에 있는 '노동'을 취재하면서 든 생각이다. 씨앤앰의 도급 업체 노동자 2명이 대주주인 MBK파트너스의 사무실이 입주한 서울파이낸스센터 앞 전광판에 올라갔다. 높이 20미터, 난간 없는, 그야말로 벼랑 끝이었다. 이들의 한 손에는 현수막이 있었고, 다른 한 손에는 시너를 담은 통이 들려 있었다.

강성덕 그리고 임정균. 두 사람을 여러 번 봤다. 강성덕 씨는 기자도 이해하기 어려운 내용을 다루는 사모펀드 관련 토론회에서 가장 열심히 질문할 정도로 노동조합 활동에 적극적인 사람이었다. 페이스북으로 매일 투쟁 현장 소식을 알리기도 했다. 노동조합 정책부장인 임정균 씨는 '피만 끓었던' 기자에게 사모펀드 MBK파트너스와 씨앤앰, 그리고 하도급 업체의 관계를 친절하게 설명해준 노조 간부다.

임정균 씨는 해고자가 아니다. 세 아이의 아버지인 그는 전날 밤 아내와 아이들에게 장문의 편지를 썼다. 노동조합 활동을 이해해줘서 고맙다고 했고, 또 혼자 이런 결정을 내려 미안하다고 했다. "내가 사랑하는 사람이 가족도 있지만 어느새 해고 대오들도 내 가족같이 된 것 같다. 이들의 힘든 하루하루와 아픔이 막 전해져와서 하루하루가 너무 아프다. 이런 선택을 한 나를 이해해주라"고 썼다.

그는 "술을 마셔도 잠이 안 온다"고 했다. "난 따뜻한 방에서 자고 있는데 우리의 해고 동지들이 점점 추워지는 길바닥에서 자고 있다고 생각하니 매일매일 하루가 지옥"이기 때문이다. "시간이 길어지면서 우리 해고 동지들을 처음처럼 생각 안 하고 있는 건가 하는 생각이 들었다"며 "해고 대오들 생각하면 미안하고 죄송해서 정말 미쳐버릴 것 같다"고 했다. 그는 잠을 안 자고 전광판에 올라갔다.

올라가야 할 이유가 있어서가 아니라, 올라가지 않을 방법이 없었을 것이다. 사모펀드를 운용하는 MBK파트너스는 투자자에게 수익을 나눠줘야 하고 어떻게든 매각가를 높여야 한다. 만만한 대상은 노동자였다. '일부 하도급 업체 정리, 임금 20퍼센트 삭감' 계획은 MBK파트너스 기획이 분명했다. 사양산업인 케이블에서 먹튀를 하려면 임금 같은 고정비용을 줄이고 노동조합 리스크를 없애는 방법뿐이었다.

연대의 힘 : 노동·고용 안정

게다가 씨앤앰은 주간 실적을 대주주에게 보고하고 셋톱박스 변경까지 대주주한테 허락받는 사모펀드의 '빨대'다. 씨앤앰 경영진은 허수아비다. 씨앤앰이 국회의 압박에 잠깐 머리를 숙이며 '해결하겠다'고 했다가 하루아침에 말을 뒤집은 배경엔 아무리 생각해도 매각을 추진하는 MBK파트너스의 판단이 있었다. 노동자 109명이 넉 달 넘게 MBK 앞 길바닥에서 노숙 농성을 하는 데에는 그럴 만한 이유가 있는 셈이었다.

12일 아침 7시께 문자가 왔다. "케비지부(희망연대노동조합 케이블방송 비정규직지부) 조합원 둘, 고공 농성 돌입했습니다. (새벽 4시 50분) 프레스센터 전광판. 취재 부탁드립니다." 편집장에게 출근을 그쪽으로 하겠다고 보고한 뒤 현장을 찾았다. 전광판 위 두 사람을 확인했고 울고 있는 동료들을 만났다. 그리고 두 사람이 내려다보이는 전국언론노동조합 사무실에서 기사를 썼다.

우리 사회의 간접고용 비정규직 문제는 임계점을 넘은 지 오래다. 무노조 삼성과 반노조 티브로드에도 간접고용 비정규직 노동조합이 생겼다. SK브로드밴드, LG유플러스 간접고용 노동자들도 2014년 노동조합을 만들고, 을지로 SK텔레콤 건물과 여의도 LG 쌍둥이빌딩 앞에서 농성을 시작했다. 이들은 업체가 바뀔 때마다 신입 사원이 되고, 하루아침에 목이 날아가는 파리 목숨이었다. 그야말로 '더 이상 참을 수 없는 상황'이었다.

씨앤앰, 티브로드, 삼성전자서비스, SK브로드밴드, LG유플러스 문제는 결국 원청만 풀 수 있다. 하지만 이 문제에 대한 원청의 대답은

'하도급 업체의 노사문제'라는 것뿐이다. 원청 재벌은 답이 하나뿐이라는 사실을 알면서도 피하고, 뒤로는 '노조를 정리하라'고 지시한다. 광고주의 눈치를 보는 언론은 보도를 제대로 하지 않고 광고주와 혼연일체가 돼 '하청 노조 때문에 원청이 떨고 있다'라는 궤변을 늘어놓는다.

평범한 노동자, 가장을 취재하는 일은 앞으로 더 힘들고 곤란해질 것이다. 그래서 더 무섭고 두려웠다. SK브로드밴드 인천 부평행복센터에서 일하는 한 노동자는 10월 6일 파업 첫날, 아내에게 "항상 미안하다. 사랑한다"라는 쪽지와 함께 생활비 5만 원을 남기고 파업에 참여했다. 회사가 노동조합에 가입한 노동자에게는 일을 주지 않았으므로 돈이 없었다. 평범한 가장의 심정이 어땠을지 짐작조차 할 수 없었다.

노동자로 인정받기도 어려운 사회에서 노동조합을 하는 일은 무서운 일이다. 누구나 당연하게 여기는 '기본급'이 아예 없는 노동자는 더 그럴 것이다. 삼성전자서비스 엔지니어들이 기본급을 받기까지 2명의 죽음, 수십 일 동안의 노숙 투쟁이 있었다. 정체 모를 투자자와 사모펀드의 먹튀를 위해 버림받은 노동자 109명이 직장으로 돌아가기까지 어떤 사건이 더 일어날까? 상상하기 싫었다.

이 무렵 나는 5만 원짜리 '희망채권'을 샀다. 안정적인 기본급을 받는 내게도 5만 원은 적지 않은 액수다. 그런데 그 돈은 한 달 생활비로 5만 원을 건네는 간접고용 노동자, 서울 한복판에서 130일 가까이 컵라면과 김밥을 먹으며 노숙하는 노동자에게 훨씬 소중했다. 노동자인 것이 두렵고, 노동조합을 하기 무서운 이곳에서는 특히 그랬다. 다음 날도 고공 농성장으로 출근해 기사를 써야 하겠다고 생각했다. 언젠가 5만 원을 돌려받으려면.

고공 농성 씨앤앰 노동자가
아내에게 보내는 편지

12일 새벽 4시 50분. 씨앤앰의 간접고용 비정규직 노동자 둘은 높이 20미터, 너비 3~5미터인 난간 없는 전광판을 농성장으로 삼았다. 전광판 위에 있는 임정균 씨는 해고 상태는 아니지만 해고 노동자들과 함께 농성을 해왔다. 세 아이의 아버지이기도 한 그는 고공 농성을 시작하기 전인 11일 밤 아내에게 '그곳에 오를 수밖에 없는 이유'를 편지로 남겼다.

사랑하는 당신에게

내가 노조에 가입한 지 어느덧 2년이란 시간이 지나고 있는 것 같구나. 처음과는 다르게 조금씩 변해가고 있는 내 모습을 지켜봐줘서 고마워…. 많이 힘들었을 텐데 내가 하고 싶은 것을 할 수 있게끔 옆에서 묵묵히 응원해주고 힘든 일, 괴로운 일 있을 때면 같이 울어주고 즐거워하고 괴로워해주는 당신이 있었기에 힘을 낼 수 있었어.

지금 내가 하려는 것을 말하지 못한 거 정말 미안해. 나중에 알게 되면 정말 많이 놀라고 힘들 거라는 거 알아. 하지만 내가 지금 할 수 있는 일이 이것 말고는 없다는 생각에 결정하고 하는 거라 이 못난 남편 이해해줘… 오빤 아직도 강하고 강하잖아….

사실 많이 두렵다. 처음 해보는 거라… 많이 떨리기도 하다. 하지만 해고 대오들 생각하면 정말 미쳐버릴 것 같아. 미안하고 죄송해서. 그 사람들과 얘기하면서 느낀 건데 회사에 대한 원망보다도 사랑하는 사람한테 배신당한 것 같대… 젊은 시절 회사를 위해 누구보다 잘하고 열심히 하려고 노력도 하고 했는데… 이제는 별로 필요 없어서 버려진 것 같다고 많이들 아파해.

무슨 회사가 이럴까? 어떤 회사 사람들이 이런 생각을 할까? 109명이란 사람들을 해고해놓고 5개월 넘게 노숙하는 사람들을 향해 '배가 덜 고픈 것 같다'고 말하는 회사는 무슨 생각을 하는 걸까? 아, 답답하고 욕이 나온다.

요즘 더욱 더 심해진 것 같아. 해고 대오 사람들과 만나면 내가 죄인이 된 것 같아. 해고 대오 사람들 앞에서 잘하고 있다고, 여러분 존경한다고, 멋지게 얘기하고 희망도 주고 싶고 이길 수 있다고 확신도 줘야 하는데, 그냥 해고 대오들 앞에 서서 말을 하면 목이 메고 눈물이 먼저 나….

내가 사랑하는 사람이 가족도 있지만 어느새 해고 대오들도 내 가족 같이 된 것 같아. 이들의 힘든 하루하루와 아픔이 막 전해져와서 하루하루가 너무 아프다. 이런 선택을 한 나를 이해해줘.

난 따뜻한 방에서 자고 있는데 우리의 해고 동지들이 점점 추워지는 길바닥에서 자고 있다고 생각하니 매일매일 하루가 지옥이다. 아이들 앞에서는 재미있는 아빠, 좋은 아빠, 당신 옆에서는 든든한 배우자, 회사에서는 일 잘하는 직원이 돼야만 했는데, 그런데 내 마음 속 한구석은 계속 망가지고 있었나 봐. '내가 이렇게 즐겁고 행복해도 되나' 하고.

내가 정말 시간이 길어지면서 우리 해고 동지들을 처음처럼 생각 안하고 있는 건가 하는 생각이 들었어. 며칠이 될지, 얼마나 있을지 지금은 알 수 없어. 몸 상하지 않고 건강하게 내려올지, 아님 어찌될지도 모르겠다. 술을 먹어도 잠이 안 와….

너와 애들은 옆에서 자고 있는데… 이쁜 우리 똥강아지에게 너무 미안하고, 매일 "아빠, 일쩍 들어와"라고 말하는 아이들에게 당분간 못 들어온다고 차마 말을 할 수 없더라. 당신에게 말하면 너무 놀랄 것 같기도 하고 그래서 혼자 결정하게 된 것 다시 한 번 미안해. 그냥 애들이 아빠 왜 안 들어오냐고 하면 '좋은 회사 만들기 위해 당분간 못 들어온다'고 잘 말해줘.

미안해. 항상 부탁만 해서… 이제껏 나랑 살면서 좋은 거 맛난 거 맘 편하게 해주고 싶었는데 몸도 고생, 마음도 고생만 시킨 못난 남편이라 점점 할 말이 없다.

하지만 말이야. 누구보다 너를 사랑하는 건 알지? 그건 그 누구보다 더 잘할 수 있다. 한 번만 더 나를 믿어주고 내려오게 되면 크게 말해줄게. '사랑해'라고….

2014년 11월 11일 못난 남편이

'누나가 소주 한잔 살게,
빨리 내려와라'

11월 13일

지쳐 있는 사람들에게 고공 농성은 마지막 희망이었다. 강성덕, 임
정균 두 사람은 '109명 해고자 문제가 해결될 때까지 내려오지 않겠
다'고 했다. 할 수 있는 마지막 수단이었다. 두 사람이 온몸에 밧줄을
묶고 전광판에 섰을 때, 우는 사람이 많았다. 미안해하면서도 고마워
했다.

그러나 출구는 없어 보였다. 국회의 압박에도 씨앤앰은 끄덕하지
않았고, 씨앤앰 정규직도 파업에 나섰지만 묵묵부답이었다. 13일 오전
현장에서 만난 노동자 넷은 답답해했다.

김진규(씨앤앰 정규직. 씨앤앰지부장)

핵심은 씨앤앰과 대주주 MBK파트너스다. 사모펀드 MBK는
2007~2008년 씨앤앰을 인수할 때 70퍼센트 이상을 차입했다. 인수

기업인 씨앤앰을 담보로 잡았다. 지금 매년 이자만 1000~1500억 원이 나간다. 그동안 씨앤앰은 매년 수백억 원씩 이익을 기록했는데, MBK는 거의 매년 배당을 받았다. 투자자와 대주주는 이미 챙길 만큼 챙겼다고 볼 수 있다.

지금 간접고용 비정규직 해고 문제는 사모펀드가 먹튀 하려고 비용 절감을 하고 있는 것이다. 매각을 핑계로, 비용 절감을 명분으로 포장해서 매각가를 높이려는 시도다. 회사는 업체 변경 과정에서 회사 방침을 거부한 노동조합 때문에 109명이 해고됐다며 책임을 피하지만, 본질은 먹튀를 위해 사모펀드가 비용을 줄이려는 데 있다. 마치 제2의 론스타 같아 보인다.

정부가 사모펀드를 인허가 사업자의 최대 주주로 승인한 것이 문제였다. 2008년 방송위원회는 이러한 사태를 예견하면서도 승인했다. 사모펀드 손에 들어간 씨앤앰이 제대로 투자하지 않고 케이블방송의 공공성을 망가뜨릴 것이라는 것은 뻔했다. 몇 가지 해결 방법이 있겠지만 가장 근본적인 방법은 미래창조과학부와 방송통신위원회의 결자해지다. 먹튀를 멈춰야 한다.

사모펀드에 돈을 빌려준 은행권도 책임이 있다. 인수 기업을 담보로 잡은 사모펀드에게 1조 5000억 원 넘는 돈을 빌려줬다. 부실 대출이다. MBK파트너스와 신한은행 같은 금융기관의 유착, 특혜 의혹이 있다. 대출을 중지해야 한다. 그렇지 않으면 사모펀드의 먹튀가 반복된다. 대량 해고의 사회적 비용을 발생시킨 책임은 금융기관에도 있다. 사모펀드의 돈줄을 막아야 한다.

신인범(간접고용 노동자, 업체 시그마 해고자)

왜 사람을 이렇게까지 만드나. MBK파트너스와 김병주 회장은 감정이 없는 것 같다. 노숙을 130일 동안 했는데 한마디도 대꾸하지 않고 묵묵부답이다. 우리를 사람으로 보지 않는다. 저 위로 올라갔지만, 아무런 이야기가 없다. 어제 (씨앤앰 노사 실무 교섭에서) '여기서 다룰 문제가 아니다'라고 했다고 들었다. MBK와 씨앤앰은 우리를 돈과 빚으로 보고 있다.

케이블 업계에서 12년 동안 일했고, 7월 1일자로 시그마에서 해고됐다. 투쟁이 길어지면서 동료들이 많이 지쳤다. 경제적으로 어려움을 겪는 사람도 많다. 노조가 생계비를 지원해주지만, 대부분 대출로 버티고 있는 상황이다. 제3 금융권에서 대출을 받으면서 노숙하는 동지도 있다. 이 싸움에서 결과가 나지 않으면 우리가 다시 사회로 돌아갈 수 있을까. 막막하다.

이런 상황에서 두 동지가 올라갔다. 정말 어려운 결정을 내렸다. 두 동지에게 정말 미안하다. 강성덕 동지가 우리 조합원이다. 나는 성덕이가 이 상황을 이토록 억울해하고 있는지 잘 몰랐다. 하루 빨리 내려오게 해서 '정말 사랑한다'고 말하고 싶다. 임정균 동지는 해고자가 아닌데도 저 위로 올라갔다. 해고자를 보며 마음이 아프고 힘들었다고 한다. 정말 고맙다.

전승영(간접고용 노동자. 케이블방송 비정규직지부 교육부장)

두 사람이 우리를 대신해 올라갔다. 노조 집행부로서 정말 미안하다. 미안해서 눈물이 난다. 우리는 노숙을 4개월 동안 했다. 심적으로, 경제적으로 힘들고 지쳐 있는 조합원이 많았다. 어제 새벽 두 동지가 올라가면서 다시 절박함을 느낀다. 조합원들이 다시 깨어났다는 생각이다. 빨리 내려오게 해야 한다. 해결 안 되고 시간이 흐르면 불상사가 생길 수도 있다.

강성덕, 임정균 동지, 힘들겠지만 조금만 버텨달라. 아래 있는 사람들이 수단과 방법을 가리지 않고 두 사람을 내려오게 하겠다. MBK파트너스는 아직 아무 말 없지만, 그들을 끌어내는 것은 아래 남아 있는 사람들의 몫이다. 사람들이 다시 모이고 있다. 이제 질 수 없는 상황이다. 점점 추워지고 있지만, 다시 싸워야 한다. 두 동지가 땅에 내려오도록.

김덕경(간접고용 노동자. 티앤씨넷 해고자)

투쟁이 길어지면서 날짜를 세지 않았다. 100일이 넘어가면서는 아예 날짜를 잊었다. 어제 날짜를 세어보니 싸움을 시작한 지 150일이 넘었고, 해고된 지 140일 가까이 됐더라. 그동안 '누군가 선봉에 서면 좋겠다'고 생각한 적이 있다. 그런데 막상 (두 사람이) 올라가니까 마음이 너무 안 좋다. 마음이 불편하다. 같은 해고자인데 두 동지에게 짐을 지운 것 같다.

노동조합을 하며 저항하느냐, 하지 않고 침묵하느냐 둘 중 하나다.

투쟁이 길어지면서 '회사가 원하는 대로, 시키는 대로 하면 될 것 같다'는 생각을 한 적이 있다. 그런데 나이 든 조합원, 나보다 사정이 어려운 조합원이 열심히 싸우는 모습을 보면서 그 생각을 한 것조차 미안해졌다. 부당하지만 소리를 안 내면 아무도 모른다. 더 이상 침묵하지 않을 것이다.

언젠가부터 '내 일이 아니다'라고 생각한 조합원들이 있는 것 같아 서운했다. 그런데 두 동지가 행동으로 보여줬다. 이 거리의 추위가 뭐가 고생이냐. 우리가 있는 곳은 두 사람이 있는 데보다 낫다. 지금은 두 동지 걱정뿐이다. 성덕이는 나와 같은 동네에 산다. 홍제동에 성덕이의 단골집이 있다. 임정균 동지도 데려가고 싶다. 누나가 소주 한잔 살게. 빨리 내려와라.

먹튀의 실체,
정부는 알고 있다

<u>11월 17일</u>

　　고공 농성에도 씨앤앰과 MBK, 맥쿼리는 움직이지 않았다. 당황한 기색이 역력했지만 그들은 최대한 언론과의 접촉을 피했다. 사실상 취재가 불가능했다. 기자 입장에서 정보를 얻어낼 수 있는 곳은 정부뿐이었다. 과거 MBK와 맥쿼리가 만든 회사를 씨앤앰 최대 주주로 승인한 미래창조과학부는 그들의 정체를 알고 있을 거라고 생각했다. 그래서 교섭이 지지부진하던 10월 미래창조과학부에 정보공개 청구를 진행했다.

　　씨앤앰의 최대 주주인 국민유선방송투자는 철저히 베일에 가려져 있었다. 공시 자료에 나온 이 회사의 주주는 국민유선방송투자1호 사모투자전문회사, MBK파트너스 사모투자전문회사, 맥쿼리코리아오퍼튜니티즈 사모투자전문회사 등으로 모두 사모펀드 운용사였다. 더 이상의 정보는 없었다.

　　애초 정부도 방송 산업에 사모펀드가 진입하는 것을 우려했다.

97

2008년 정부는 씨앤앰에 '국민유선방송투자 출자자 확정 내역'을 매년 제출토록 했다. 그리고 이를 포함해 총 여덟 가지의 승인 조건을 제시하고, 이에 대한 이행 실적을 매년 제출하도록 강제했다. 실제 정부도 매년 이행 실적을 받아 점검했다.

미래창조과학부가 갖고 있을 자료는 1) 경영 투명성 강화(국민유선방송투자 인수 전후 이사 선임 현황), 2) 지역 채널 방송 실적, 3) 투자 계획 이행 실적, 4) 직접 사용 채널 방송 실적, 5) PP 사용료 지급 실적, 6) 공익사업 이행 실적, 7) 씨앤앰 재무 구조, 8) 국민유선방송투자의 출자자 확정 내역이었다. 방송법에 외국인 지분 제한 규정이 있는 만큼, 미래창조과학부는 사모펀드가 씨앤앰을 먹튀 할 때 수익을 얻을 회사와 사람 명단을 갖고 있어야 정상이었다. 그리고 씨앤앰과 최대 주주의 재무 구조를 꿰고 있어야 했다.

그런데 미래창조과학부는 정보공개 청구를 한 지 20일이 훌쩍 지나서야 '부분 공개' 결정을 했다. "제삼자 의견 청취 결과, 씨앤앰은 이행 실적에 대해 비공개를 요청했다"라는 게 부분 공개의 이유였다. 미래창조과학부는 '출자자 확정 내역'을 빼고 공개하겠다고 했고, 씨앤앰은 이행 실적에 대해서도 비공개를 요청했다.

이러한 결정은 정보공개법(공공기관 정보공개에 관한 법률)에 따른 것이지만, 방송통신위원회가 종편(종합편성채널) 4사의 사업계획서와 주주 명단 그리고 연도별 이행 실적을 공개한 것과 비교하면 '사모펀드 감싸기'로 볼 수 있었다. 방송사업자에 대한 정보를 투명하게 공개하고 관리해야 한다는 것이 법원이 '종편 주주 내역'을 공개하라고 판결한 이유다. 이 정보가 아니었다면 보수 언론과 기업 사이에 있던 검은 거래, 절반에 가까운 법인이 약정을 철회한 사실, 세무서 같은 곳이 종편 지분을 보유하고 있는 황당한 상황은 지금도 종편과 방송통신위원회만의 비밀로 남았을 터다.

시간 끌기와 부분 공개는 이 업계에서는 가장 고전적인 수법이다. 정부는 '제삼자의 의견을 들어야 한다'며 시간을 끌고, 사업자는 행정소송을 제기해 시간을 번다. 미래창조과학부는 미디어스의 정보공개를 접수한 10월 23일(청구는 22일) 직후 씨앤앰에 의사를 물었고, 씨앤앰은 10월 31일 '비공개요청서'를 미래창조과학부에 보냈다. 미래창조과학부는 보름 넘게 시간을 끌다 11월 13일에야 부분 공개를 통보했다. 혹시 씨앤앰이 행정소송을 제기하지 않더라도 관련법에 따라 12월 중순이 돼야 정보를 공개할 수 있다는 '친절한' 설명도 덧붙였다. 미래창조과학부가 마치 사모펀드의 홍보팀인 양 적극적으로 정보를 방어하고 있는 것으로 보였다.

그럴수록 혐의는 짙어졌다. 서울 한복판에서 일주일 가까이 고공농성이 이어지는 배경엔 사모펀드의 씨앤앰 먹튀 계획이 있다는 생각이 강해졌다. 규제 기관은 자신이 허가를 내준 방송사업자를 규제하고 가입자를 보호해야 하지만, 미래창조과학부 관계자는 하나같이 '할 수 있는 일이 없다'고만 말했다. 원청 씨앤앰도, 대주주 MBK파트너스도 나 몰라라 하는 상황에서 규제 기관마저 손을 놨다. '사모펀드에게 방송 산업을 개방한' 실수를 되풀이하지 않기 위해서라도 씨앤앰 매각을 추진하는 과정에 '씨앤앰 최대 주주 변경 승인 조건' 같은 가이드라인이 필요하지만 미래창조과학부는 전혀 관심이 없었다.

사모펀드는 이미 미래창조과학부를 포획한 것 같았다. 앞서 말했듯이 씨앤앰이 미래창조과학부 관료들을 골프장, 룸살롱에서 '접대'했다는 내부 문건이 공개된 적이 있다. "관계 기관과 합심해 방송·통신 업계 다단계 하도급 문제를 풀어보겠다"던 최양희 장관은 더 이상 말이 없었다. 사모펀드가 먹튀를 성공할 때까지 눈을 감고 있겠다는 '의지'로 읽는 것은 왜곡도 억측도 아니었다. 김병주 MBK파트너스 회장이 박태준 전 포스코 회장의 사위라서 그런가, 아니면 그가 한국 M&A 업계의 큰손이라서 그런가. 그것도 아니라면 둘만 알아야 할 더 큰 비밀이 있는가. 결자해지를 요구했더니 오히려 비밀을 봉인했다.

씨앤앰 정규직 노동조합 '파업'하다
11월 18일

두 간접고용 노동자가 프레스센터 전광판에서 고공 농성을 시작한 지 일주일째인 이날, 씨앤앰 직접고용 정규직 노동자들이 파업에 돌입했다. 노동조합의 요구는 씨앤앰과 대주주 MBK파트너스가 간접고용 대량 해고 문제를 해결하라는 것이었다. 일종의 '연대 파업'인 셈이다.

김진규 지부장은 이날 "씨앤앰 정규직 모두가 강성덕, 임정균이라는 마음으로 18일 정오부로 발동해 파업에 돌입하기로 했다. 간접고용 109명 대량 해고와 이후 벌어질 모든 사태에 대해 '진짜 사장' MBK파트너스가 책임져야 한다"고 밝혔다.

정치권도 MBK파트너스를 재차 압박했다. 새정치민주연합은 5개 상임위원회 소속의 의원들로 '씨앤앰 TFT'를 구성해 관련 부처로부터 씨앤앰과 MBK파트너스에 대한 자료 수집을 시작했다. 통합진보당은 2008년 MBK파트너스와 맥쿼리가 씨앤앰을 담보로 신한은행 등 금융기관에서 1조 5000억 원 이상을 대출한 과정에 대한 조사가 필요하다며 이에 착수하겠다고 밝혔다. 민주노총, 시민사회, 노동운동 단체는 MBK파트너스가 24일까지 사태를 해결하지 않으면 MBK와 김병주 회장 그리고 맥쿼리 퇴출 운동을 시작하겠다고 경고했다.

김영수 지부장은 "(전광판 위에 올라간 두 사람은) 우리 문제를 알리겠다, 우리를 살리겠다며 죽기를 각오하고 올라갔는데 반드시 두 동지가 가족의 품으로 돌아갈 수 있게, 두 사람을 살리기 위해 어떤 투쟁도 불사하겠다"고 말했다. 김진규 지부장은 "우리는 직접고용인데도 진짜 사장은 장영보 씨가 아니라 MBK 김병주라고 생각하고 있다. 그런데 6개월 넘게 싸워도 김병주 회장의 얼굴 한 번 본 적이 없다. 이제 총파업, 총력 투쟁으로 고공 농성을 하는 두 동지와 함께 하겠다"고 말했다.

고공 농성이 일주일째 이어지고 국회와 시민사회도 압박에 나섰으나, 씨앤앰과 MBK파트너스는 해결 방안을 내놓지 않았다. 일본과 홍콩에 있는 MBK파트너스 사무실 앞에서도 항의 기자회견이 열렸다. 씨앤앰의 한상진 상무는 "6월부터 고민했는데 하청의 노사문제에 개입하는 데 한계가 있고, 뾰족한 수가 있으면 진작 내놨을 것"이라고 말했다. 다만 그는 "좀 지켜봐달라"고 말했다.

정규직 연대 파업에 백기를 들다

<u>11월 20일</u>

고공 농성이 열흘 가까이 이어지던 상황이었다. 갑자기 씨앤앰과 대주주 MBK 파트너스가 '노동조합을 만나 문제를 해결하겠다'는 내부 방침을 국회와 방송통신위원회 등에 전달했다고 전해졌다. '하도급 업체의 노사문제라 해결할 수 있는 방법이 없다'는 기존 입장을 번복하고 전향적인 자세로 돌아선 것. 씨앤앰 정규직 노동조합이 연대 파업에 돌입한 지 이틀 만이고, 을지로위원회와 방송통신위원회가 MBK 파트너스와 씨앤앰을 전 방위로 압박하기 시작한 직후였다.

시민사회와 정부가 움직인 것이 한몫한 듯 보였다. 민주노총이 중심이 된 '진짜사장나와라 운동본부'와 참여연대 등은 MBK 파트너스 김병주 회장에 대한 '그림자 투쟁'과 불매 운동을 벌일 것이라고 경고했다. 고삼석 방송통신위원회 상임위원은 해고자 복직과 다단계 하도급 문제가 해결되지 않는다면 씨앤앰의 '최대 주주 변경 승인'에 반대하겠다는 입장을 공식적으로 밝혔다. 중앙 일간지와 KBS도 씨앤앰 사태를 비중 있게 보도했다.

고공 농성 10일 '죽음을 선택해야 살 수 있다고 생각했다'

11월 21일

강성덕, 임정균 두 사람이 프레스센터와 서울파이낸스센터 사이에 있는 20미터 높이 옥외 광고판에 올라가 고공 농성을 시작한 지 열흘째였다. 해고자 109명 또한 130일 넘게 대주주 사무실 앞에서 노숙하고 있었다. MBK파트너스와 씨앤앰은 정규직 노동조합의 연대 파업과 새정치민주연합 을지로위원회, 방송통신위원회, 미래창조과학부의 전방위 압박에 '빠른 시간에 노동조합을 만나 해고 문제를 해결하겠다'는 입장을 전달했지만, 공염불이 될 가능성도 있었다. 정작 당사자인 노동조합에게는 별다른 의견을 전하지 않았기 때문이다. 씨앤앰의 설명대로 '아직 결정된 것은 없는 상황'이었다.

고공 농성자 둘의 건강은 급격하게 나빠졌다. 두 사람은 좁은 전광판 안에서 쪽잠을 자는 시간을 빼고선 종일 기둥과 몸에 밧줄을 묶은 채 지냈다. 강성덕 씨는 소화기관이, 임정균 씨는 기관지가 좋지 않아 치료가 필요한 상황이라고 전해졌다.

임정균 씨는 농성 열흘째 날 CBS 라디오 〈박재홍의 뉴스쇼〉와의 인터뷰에서 '굉장히 높이가 높은 전광판이고 참 찾는 이도 없는 그런 외로운 곳일 텐데 10일째 위에서 아래를 내려다본 느낌이 어떤지' 묻는 질문에 "일단 관심을 갖고 지나가면서 일부러 저희들한테 힘내라고 손을 흔들어주는 분도 있지만 거의 관심도 안 가지고 지나치는 시민들의 모습도 많이 본다. 그러면 한편으로 좀 가슴 아프다"고 말했다.

그는 '고공 농성' 이유를 묻는 질문에 "일단 가장 큰 건 살고 싶었다"고 말했다. 다음과 같이 말을 이었다. "죽음을 선택해야지만 우리가 살수 있겠다 하는 생각이 좀 들었다. 그리고 저희 씨앤앰 케이블방송 비정규직지부 조합원 109명이 부당 해고를 당했다. 그래서 부당 해고에 대해 좀 지적하고 문제 해결을 해달라고, 여러 시민의 힘이 필요하다고 알리고 싶어서, 이 높은 곳에서 외치고 싶어서 여기에 올라오게 됐다. 일단 이 문제는 하청 업체 대표들이 해결할 수 있는 사항이 아니다. 근본적으로 이런 문제는 다단계 하도급을 맺고 있는 협력 업체에 원청이 개입하면서 생긴 문제다. 추측이지만 개입 없이는 이러한 행태가 벌어질 수 없었다고 보는 것이다."

'저도 비정규직입니다'

21일 금요일 밤이었다. 고등학생으로 보이는 두 시민이 서울파이낸스센터 앞을 지나며 손으로 저 위를 가리켰다. "봐, 저기 사람 있잖아." "진짜네, 저기 어떻게 올라갔지?" 학생들이 가리킨 곳은 강성덕, 임정균 씨가 있는 전광판이었다. 갓난아이를 등에 업고 어린 딸들의 손을 잡은 한 남성이 이곳을 지났다. 이들은 '109명이 해고되어 넉 달 넘게 이곳에서 노숙하고 있다'는 말을 듣고 멈춰 섰다. 서명판에는 '하루 빨리 해결되길 바란다'는 이야기가 많았다.

정장을 말끔히 차려입은 한 남성은 "서명해주셔서 고맙습니다"라는 씨앤앰 해고자의 말에 "저도 비정규직입니다"라고 말했다. 어떤 엄

마는 "이게 뭐야?" 묻는 꼬마 숙녀에게 "우리가 도와주는 거야"라고 말했다. 농성장에 있는 해고자들이 7월부터 노숙을 시작했으니 노숙은 140일이 넘은 시점이었다.

고공 농성장 주변에 있던 남대문경찰서 관계자는 "대화를 주선하려고 했지만 MBK 쪽을 단 한 번도 본 적이 없다"고 말했다. 그는 이어 "(MBK파트너스가 입주한 서울파이낸스센터) 20층에 따로 용역을 세웠다. 노조가 기자회견을 해도 다 도망가고, 국회의원이 만나자고 해도 본 체 만 체했다"고 전했다. "MBK가 똥배짱을 부리고 있는데 이런 상황이면 (고공 농성이) 끝나지 않는다"며 답답해했다. 그는 "(농성 중인) 이 사람들은 다 약자"라며 "우리 집에도 자주 수리하러 오는 그런 사람들"이라고 말했다. 또 다른 경찰 관계자는 "사모펀드 이 사람들은 원래 피도 눈물도 없지 않느냐. 전혀 얘기가 안 되고 있다"고 전했다. 이들은 '강제 진압'을 계획하고 있지 않다고 말했다.

하청은 원청에, 원청은 주주에 '해결해달라' 했지만 주주는 원청에, 원청은 하청에 '우리가 개입할 문제가 아니다'라며 잘랐다. 국회과 경찰, 정부의 요청에도 그들은 단 한 번도 무대에 등장하지 않았다. 출구가 안 보였다. MBK파트너스가 씨앤앰 매각을 추진하고, 노동자들이 극단적인 투쟁을 하고서야 출구가 열렸다. 정규직 노동조합은 연대 파업에 나섰고, 을지로위원회는 중재에 나섰다. 야당에서 가장 영향력 있는 정치인인 문재인 의원도 씨앤앰 사태를 언급했다. 방송통신위원회와 서울지방고용노동청도 움직였다. 언론도 붙었다. 공영 방송 KBS가 보도에 나선 것은 상징적이었다. 뉴스타파는 사흘 동안 노동자들과 함께 노숙하며 씨앤앰 사태를 취재했다. 그제야 그들이 등장하기 시작했다.

처음에는 외로웠다. 서울 송파 지역에서 일하는 한 씨앤앰 노동자는 "파업에 나간다고 하니, 아내가 얼굴도 쳐다보지 않았다"고 말했다. 그런데 시민사회, 노동운동 단체, 종교계가 달라붙고, 민주노총도 방송·통신 업계 간접고용 문제를 최우선 과제로 결정하자 상황이 조금씩 달라졌다. 씨앤앰 노동자는 "아내가 삼보일배를 하는 나를 봤다면서 뜨거운 차를 끓여주며 수고했다고 하더라. 그리고 다음 날 아내와 손 잡고 시청으로 출근했다"고 말했다.

씨앤앰이 '해결하겠다'는 입장으로 돌아선 것은 분명해 보였다. 그런데 이 무렵 한국 최대 로펌인 김앤장이 씨앤앰 '대응팀'에 합류했다고 전해졌다. 김앤장은 2008년 MBK와 맥쿼리가 씨앤앰을 인수할 당시 법률 자문을 맡은 것으로 알려졌다. 분위기를 보면 씨앤앰과 김앤장이 만든 출구 전략은 '109명 복직으로 여론을 환기한 뒤 매각을 추진하는 것'이 될 듯했다.

'자꾸 눈물이 나서 저 위를 쳐다보지 않는다'

11월 24일

"7월 1일에 나왔으니 5개월 됐다. 3개월 정도 지나니까 전기세도 가스비도 낼 돈이 없었다. 카드를 돌려 막았더니 통장 압류가 들어왔다. 하나뿐인 자동차에도 딱지가 붙었다. 내 가족 죽게 생겼으니 지회장이랍시고 희생할 게 아니라, 그만해야 하나 생각했다. 사흘을 고민했다.

내가 당장 없고 힘들어도 여기서 그만두면 다음 날 화병으로 죽을 것 같았다. 굶어 죽으나, 화병으로 죽으나 매한가지 아니냐. 그때 누군가 봉투에 50만 원을 넣어서 주더라. '급한 돈 먼저 쓰라'고…. 그 돈으로 쌀을 샀고 가스비, 전기세를 냈다. 그 고마운 동지가 임정균이다."

7월 1일 계약 만료로 해고된 씨앤앰 하도급 업체 노동자 이경호 씨(티앤씨넷 해고자, 마포지회장)는 "자꾸 눈물이 나서 쳐다보지 않으려 한다"며 이렇게 말했다. 해고된 지 5개월, 제3 금융권에서 돈을 빌려 근근이 사는 동료에게 '해고되지 않은' 임정균 씨는 돈을 건넸다. 이 사연이 알려진 날은 고공 농성 13일차였다. 마이크를 든 이경호 씨도, 이 사연을 들은 사람들도 울었다. 칼 같은 바람 때문인지 눈물은 더 뜨거웠다.

이곳에 씨앤앰을 공짜로 보는
'마이클 병주 킴'이 살고 있다

: 씨앤앰 먹튀 시도 중인 사모펀드 큰손 MBK를 찾아서

11월 25일

"제가 사는 동네도 이렇게 높은 곳이 많고, 골목도 깁니다. 그런데 여기는 집 규모가 정말 다르네요." 서울 용산구 이태원동 언덕에 있는 집은 아침 드라마에 나오는 '회장님댁' 같았다. 맞다. 회장님이 사는 곳을 찾아갔다. 지하철 6호선 이태원역 2번 출입구로 나와 걸어서 10분, 등에 땀이 송골송골 맺힐 즈음 김병주 MBK파트너스 회장의 저택에 도착했다. 우편함에는 저 멀리 뉴욕에서 날아온 편지가 꽂혀 있었다. 수신자는 'Mr. Michael B. Kim'이었고, 발신자는 뉴욕의 한 금융회사인 것 같았다.

미국 시민권자로 알려진 김 회장은 2005년 자신의 이름 'Michael Byungju Kim'을 딴 사모펀드 운용사를 설립했다. 그리고 투자자를 모았다. MBK는 2007년부터 맥쿼리와 손을 잡고 씨앤앰 인수에 나섰다. MBK와 맥쿼리는 국민유선방송투자라는 회사를 만들고, 인수할 기업인 씨앤앰을 담보로 1조 5000억 원 이상을 금융기관에서 대출받

108

아 인수에 성공했다. 2008년 방송위원회로부터 '최대 주주 변경 승인'을 따내는 데 성공했다. 다들 '역시 마이클 병주 킴'이라고 외쳤을 만한 '작품'이었다. 사모펀드는 그렇게 '지역 독점' 종합유선방송사업자를 손에 넣었다.

씨앤앰이 포함된 MBK파트너스의 펀드 MBK1호는 2016년이 만료다. MBK는 케이블방송사가 '지역 독점'이기 때문에 디지털 전환율을 끌어올리기만 하면 가입자당 가치를 높일 수 있을 거라고 생각했다. 오판이었다. 이동전화와 인터넷, IPTV를 결합한 상품으로 무장한 이동통신사가 무섭게 치고 올라왔다. 한 케이블 관계자는 '케이블은 미래가 없다'고 말했다. 매년 1000억 원 이상 이자를 내는 처지에도 종국에는 먹튀가 가능하리라는 생각을 할 수 없는 상황이 됐다. 남은 방법은 하도급 업체를 쥐어짜고, 노동 몫을 줄이고, 노동조합 리스크를 없애는 것뿐이었다.

씨앤앰은 계약 기간 중 하도급 업체를 일부 정리했고, 새로 바뀐 업체는 '선별 고용 승계'를 강행했다. 2013년 원청 씨앤앰이 노동조합에 약속한 고용 승계는 하루아침에 휴지 조각이 됐다. 노동자들이 노숙 농성을 시작한 지 넉 달이 지나는 동안 씨앤앰 경영진은 MBK에 '곧 정리될 것'이라고 보고한 것으로 알려졌다. 두 번째 오판이었다. 12일 '해고자' 강성덕 씨와 '비해고자' 임정균 씨는 20미터 높이 전광판에 기어올랐다. 그리고 고공 농성을 시작했다.

서울파이낸스센터 20층에 있는 MBK파트너스 사무실에서는 고공 농성장이 훤히 보였다. 그런데 노동조합이 면담을 요구하며 사무실을 찾았을 때는 단 1명의 직원도 없었다. 시민사회, 노동운동 단체가 항의

서한을 전달하러 갔을 때도 불은 꺼져 있었다. 나도 김병주 회장에게 의견을 물으려고 세 차례 사무실을 찾았지만 누구도 만날 수 없었다. 벨을 눌러도 반응이 없었다. MBK를 찾아갈 때면 항상 씨앤엠 경영진과 MBK가 고용한 시설 관리 요원들이 있었다. 급기야 20일경 'MBK가 명동에 사무실을 하나 더 얻었고, 직원 한둘만 남기고 그쪽으로 이사했다'라는 이야기가 나왔다.

'결국 대주주 MBK파트너스와 김병주 회장만이 109명 해고 문제를 풀 수 있다'는 게 노동조합의 생각이었다. 노동조합은 김병주 회장 집을 수소문했고, 25일 이태원의 회장님 댁을 방문했다. 노동자들은 특기를 발휘해 전봇대를 타고 올라 '해고는 살인이다'라고 쓴 전단을 붙이고 구호를 외쳤다. 하지만 김병주 회장과 씨앤엠 경영진은 끝내 나타나지 않았다. 그 대신 그곳에는 경찰이 진을 쳤다. 경찰은 노동자들이 김 회장 집 앞에 붙인 전단을 서너 개 빼고는 모두 뜯어냈다. 노동조합은 "집주인이 직접 떼어야지, 왜 경찰이 떼느냐"고 항의했다. 그러나 전봇대에 붙은 전단은 경찰 능력 '밖'이었다.

100여 명 넘는 노동자들이 전단을 들고 '대궐'에 달라붙었지만 10분의 1도 못 채웠다. 앞으로 노동조합은 김병주 회장을 따라다니는 '그림자 투쟁'을 시작할 계획이었다. 농성장에는 '그놈 잡자'라는 구호가 붙었다. 김진규 지부장은 기자회견에서 "씨앤엠 경영진 뒤에 숨어서 단 한 줄의 해결책도 내놓지 않는 김병주 회장은 차라리 한국을 떠나라"고 말했다.

김영수 지부장은 "전화 한 통에 달려가는 그런 친절한 노동자들인데, MBK는 매각에 걸림돌이 된다는 이유로 109명을 해고했다. 지금 노동자들이 집으로 가지 못하고 거리에 있고, 2명은 목숨을 걸고 광고판에 올랐는데 얼마나 더 처절하게 싸워야 하느냐"고 말했다. 25일 낮 고공 농성장 앞에서 1인 시위를 한 김동찬 언론개혁시민연대 기획국장은 "2008년의 잘못을 반복하지 않아야 한다. 언론 운동 진영은 미래창조과학부와 방송통신위원회의 '최대 주주 변경 승인' 과정에 적극적으로 대응할 계획"이라고 말했다. MBK가 상대할 '적'이 늘어나고 있었다.

햇볕이 잘 드는 남향에 탁 트인 전망, 회장님 댁 정원에는 감이 주렁주렁 달려 있었다. 그리고 그 옆에는 KT 스카이라이프 접시가 있었다. 씨앤앰은 2008년 회장님 댁에 공짜로 방송을 설치해줬다. 씨앤앰 관계자는 "보통 경영진 집에는 채널을 바꿀 수 있는 특별한 셋톱박스를 설치하지만 용산구에는 씨앤앰 망이 없어서 파워콤 망을 빌려 쓰는 탓에 일반 셋톱을 설치한 것으로 안다"고 전했다. 곰곰이 생각해보니 김병주 회장은 '투자'할 의지가 없었던 것 같다. '설비 투자'는 않고 가입자를 늘려 씨앤앰을 팔아 치우려고만 했던 것 같다. 그런데 이 분위기면 먹튀 못 할 것 같다. 이를 어쩌나.

무대 등장한 씨앤앰,
해법은 없었다
<u>11월 26일</u>

씨앤앰 하도급 업체 노동자들이 서울파이낸스센터 앞에서 노숙 농성을 한 지 142일, 20미터 높이 전광판에서 고공 농성을 시작한 지 보름째인 이날, 씨앤앰이 공식 입장을 내놨다. 장영보 사장은 이날 노동조합과 하도급 업체에 "서울지방고용노동청이 지도·배석하는 '씨앤앰-협력사협의회-노동조합' 삼자 협의체를 구성하자"고 제안했다. 노동조합은 이 테이블이 다뤄야 할 의제로 109명 해고자 원직 복직, 구조 조정 중단 및 고용 보장, 2014년 임금 및 단체협약 체결, 위로금 지급 네 가지를 제안했다.

씨앤앰은 프레스센터 20층에서 '계약 종료 협력 업체 직원 관련 씨앤앰 기자회견'을 열고 "전광판 위 농성에 따른 안전 문제를 고려해 도의적이고 인도적 차원에서 농성 근로자의 고용 문제를 전향적으로 해결하겠다"며 이같이 제안했다. 장사장은 협상 의제에 대해 "우선순위가 있다고 생각한다. 일단 저분들이 (전광판에서) 내려오도록 고용 문제부터 먼저 논의해야 한다고 생각한다"고 밝혔다.

장사장은 원청이 나서는 이유로 "방송 업계 대표 기업으로서 (노사, 원·하청) 상생을 하고자 하고, 농성으로 협력 업체의 사정이 어려워 고객의 불만을 방치하기 어려운 상황이고, 무엇보다 (고공 농성 노동자들의) 안전과 건강 문제를 고려했다"고 말했다. 그는 "법적 책임은 없지만 인도적 차원에서 나섰다"고 강조했다.

그러나 씨앤앰이 내놓은 '안'은 해결책이 아니었다. 씨앤앰은 앞서 노동조합이 제안한 요구안에 대해서는 의견을 밝히지 않았다. 장사장은 '본사가 하청을 설득하려면 구체적인 지원 방안이 있어야 하는데 구체적인 방안은 하나도 없다'라는 JTBC 기자의 질문에 "각자 입장이 달라 해결 방안이 나오기 쉽지 않을 수 있다. 전문가의 도움을 받아 다양한 해결 방안을 논의하겠다. 지금은 (씨앤앰이) 나서서 적극적으로 (사태를 해결)하겠다는 선언적 의미가 크다고 생각한다"고 말했다.

노동조합은 다시 한 번 해결책을 촉구했다. 씨앤앰지부와 케이블방송 비정규직지부는 "씨앤앰 장영보 대표이사가 노동조합에 삼자 협의체에 대한 공식적인 제안과 문제 해결에 진정성 있는 태도로 나서고, 협력사 사장단(정확히는 파트너사 협의회) 또한 이를 수용한다면 노동조합 역시 참여를 검토할 수 있다. 또한 교섭 의제로는 해고자 복직 문제와 더불어 노조의 4대 요구안이 의제가 돼야 한다. 이를 통해 현 사태에 대한 모든 문제를 해결할 수 있도록 세 주체가 노력해야 할 것"이라고 밝혔다.

심각한 문제는 씨앤앰의 이러한 입장 표명을 협력사협의회와 노동조합은 사전에 알지 못했고, 서울지방고용노동청으로부터도 '삼자 협의체 구성' 제안을 받지 못했다는 데 있었다. 이종탁 위원장은 씨앤앰의 기자회견 직후 "사전에 아무런 제안도 받지 못했다. 협력사도 노동조합을 통해 기자회견 소식을 확인했다"고 말했다. 씨앤앰이 '언론 플레이'로 여론을 잠재우려 꼼수를 쓴 것 아니냐는 의심을 샀다.

회견장 바깥에는 보안 업체 소속 직원 10여 명이 입구를 지키고 있어 노동자들은 장사장을 직접 만나지 못했다. 장사장 등 경영진은 기자회견이 끝난 직후, 회견장 뒤편 주방이 연결된 통로를 통해 프레스센터를 빠져나갔다. 이날 기자회견은 시간과 장소가 긴급하게 잡혔는데도 50명 넘는 기자들이 몰렸다. 이를 두고 한 방송사 기자는 "씨앤앰이 언론 플레이를 하기 위해 부른 것"이라고 꼬집었다. 한 케이블 업계 관계자는 "대안도 없이 간담회를 해서 노동조합을 자극했다. 하나 마나 한 자리였다"고 말했다.

실제 씨앤앰은 기자회견 계획을 MBK파트너스 등 주주 쪽에는 알린 것으로 확인됐다. MBK파트너스 측은 통화에서 "장영보 사장이 주주들에게 '문제를 해결하겠다'고 알리면서 '기자회견을 개최하겠다'라는 정도로 (사전에) 보고했다. 주주는 이 결정을 존중하기로 했다"고 전했다. 이날 기자회견은 '씨앤앰과 MBK가 조율한 결과'였던 셈이다. 실제 MBK 측은 씨앤앰의 기자회견 자료를 언론에 배포하기도 했다.

하도급 업체 일부 폐업과 대량 해고 사태를 두고 'MBK가 구조 조정과 노조 파괴를 기획했다'라는 분석이 나온 것도 이 때문이었다. 하지만 MBK 측은 이러한 주장에 대해 "주요 경영 상황과 퍼포먼스(영업 실적)는 보고를 받지만 인사와 노무 등 경영은 장영보 사장이 한다"며 선을 그었다. 또 "씨앤앰이 포함된 펀드 MBK1호는 2016년 만료된다. 아직 매각이 가시화되지 않았고, 레터(제안서)를 돌리지도 않았다"고 말했다. 매각가를 높일 목적으로 주주단과 씨앤앰이 '노조 깨기'에 나선 것은 아니라는 이야기다.

장사장 또한 기자회견에서 MBK파트너스가 경영에 개입한 적은 없었다며 주주를 적극 변호했다. 그는 '가짜 사장 씨앤앰, 진짜 사장 MBK' 논란에 대해 "씨앤앰을 경영하고 운영하는 권한은 대표이사 장영보에게 있다. 최종 책임자는 나다. MBK와 맥쿼리는 대주주인 국민유선방송투자의 투자자이시다. 노동조합은 '(사모펀드가) 매각가를 높이려고 협력 업체 직원을 해고하고 인위적으로 구조 조정했다'고 주장하고 먹튀라고도 하지만, 이번에 계약 종료된 협력 업체는 경영상 이유로 연장이 안 됐고 다른 업체로 대체됐다. 비용 절감이 아니다. 인력도 줄지 않았다. 명확한 근거 없이 투자자들이 사모펀드로 구성돼있다는 점 하나만으로 씨앤앰의 현실을 왜곡한다면 상황이 악화할 원인이 될 것"이라고 말했다.

'자본의 차가운 대리석은 인간의 따뜻한 살갗을 이겨내지 못한다'

고공 농성 16일차 11월 27일이었다. 이날 아침 강성덕, 임정균 씨는 삭발했다. '하루 경고 파업'에 나선 동료 500여 명을 맞이하는 자리였다. 서로 머리카락을 잘라줬다. 하루 전 씨앤앰 장영보 사장은 삼자 협의체를 제안했으나, 쟁점에 대한 '입장'은 없었다. 두 사람은 문제가 전부 해결될 때까지 내려오지 않겠다고 밝혔다. 고공 농성 중인 두 사람, 노숙 농성 중인 수십 명 노동자의 건강은 더 나빠졌다.

이종탁 위원장은 이날 종교·시민사회·언론·정치·노동 단체 1090인 선언 기자회견에서 이렇게 밝혔다. "28일 오전 11시 삼자 협의체 회의에 참석할 것이다. 그러나 사측이 '두 사람이 내려와야 한다', '109명 복직이면 되지 않느냐' 하는 쓸데없는 소리를 한다면 한국에서 씨앤앰과 MBK를 지워버리는 싸움을 하겠다. 일주일 안에 교섭을 끝내야 한다. 그러지 않으면 정규직, 비정규직 총파업을 불사하겠다."

의제와 타결 수준은 모두 그 자리에서 결정될 가능성이 컸다. 노동조합이 참석 의사를 밝힌 것도 이 때문이다. 하지만 장영보 사장 등 씨앤앰 경영진은 '109명 고용 문제'를 삼자 협의체의 우선순위로 두고 논의할 계획을 밝힌 만큼 다른 쟁점에 대해서는 입장을 정리하지 않았을 가능성이 커 보였다. 더구나 씨앤앰은 협력사와 노동조합 등과 사전에 4대 쟁점에 대한 '가이드라인'을 제시하지 않은 채 삼자 협의체 구성을 제안했고, 장사장이 '법적 테두리 안'을 강조한 만큼 타결 가능성은 별로 없어 보였다.

삼자 협의체가 '교섭'을 대신하는 만큼 시민사회는 압박 강도를 놓이겠다며 나섰다. '진짜사장나와라 운동본부'와 노동조합은 이태원동에 있는 김병주 회장 집 앞에서 1인 시위를 하고 있었고, 일간지에 의견 광고도 냈다. 그새 씨앤앰 사태의 해결을 바라는 사회운동 단체들은 250여 개에서 500여 개로 크게 늘었다.

땅 위에 있는 노동자도, 전광판 위에 오른 노동자도 당분간 그 자리를 지켜야 하는 상황이 됐다. 이종탁 위원장의 말이다. "사람이 저 위에 올라가야 자본이 교섭을 하자고 하는 진절머리가 나는 대한민국이 싫다. 대한민국의 주권은 국민에게 있듯 씨앤앰은 240만 가입자와 간 쓸개 다 내주고 회사를 일군 노동자들의 것이다. 이제 저 위에 있는 두 동지를 쳐다보지 말자. 위로 올라가고 머리 깎은 것으로 됐다. 더 이상 다른 행동을 하지 않게 하자. 어려운 짐을 요구하지 말자. 이제 우리가 하자. 우리가 해야 한다. 두 사람 내리는 게 1순위가 아니다. 모든 문제 가 다 끝나야 내려올 수 있다. 두 사람에게 '미안하다' 했다."

전규찬 언론개혁시민연대 대표는 이렇게 말했다. "자본의 차가운 대리석은 인간의 따뜻한 살갗을 이겨내지 못한다. 언론과 방송이 망가 졌지만 여기 있는 빨간색 조끼들이 금융자본의 지배를 비켜서는 돌과 바위, 힘이 될 것이고, 씨앤앰 노동자들이 일자리를 지켜내리라 확신 한다." 정영섭 사회진보연대 공동운영위원장은 "박근혜정부는 정규직 해고 요건을 완화하고 비정규직 기간을 늘리려고 하면서 노동문제에 군불을 때고 있는데, 씨앤앰 투쟁에는 간접고용 문제뿐만 아니라 비정 규직 대책, 정리 해고의 문제가 모두 결합돼 있다. 노동자들의 상황이 열악해지는 상황에서 이 싸움은 전체 운동에 있어서도 큰 의미"라고 말했다.

'진짜진짜' 사장의 편지가 도착하다

<u>12월 1일</u>

삼자 협의체에서 어떤 이야기가 오가는지가 관건이었다. 원청, 하청, 노동조합, 이해관계가 다른 삼자가 모이는 만큼 조율하기는 어려운 상황이었지만, 원청 씨앤앰이 고심 끝에 제안한 자리이기에 삼자모두 어떻게든 성과를 만들어야 했다. 11월 말 씨앤앰 원청과 하청 그리고 노동조합은 상견례를 하고 집중 교섭을 시작할 것을 '합의'했다.

그런데 시작부터 어긋났다. 무엇보다 노숙 농성, 고공 농성 중인 노동자들의 건강 상태가 심각한 만큼 교섭의 '속도'가 중요했지만, 11월 28일 열린 삼자 협의체 첫 회의는 교섭 주체 '교통정리'에 그쳤다. 의제도 축소된 것으로 보였다. 노동조합은 "씨앤앰 원·하청 사용자들에게 노동조합 요구안을 확인하고 이번 주말 동안 내부 검토와 논의를 거쳐 월요일(12월 1일) 회의 때에는 사용자들의 안을 제시해줄 것을 요청했다. 특히 씨앤앰 원청이 관계 기관에게 '문제를 해결하겠다'고 말만 한 채 또다시 '노조와 외주 업체 얘기를 들어보겠다'며 시간 끌기를 하려는 듯하는 태도를 보인 것에 대해 씨앤앰 대표이사로서 공표한 만큼 책임 있게 안을 제시하고 문제를 해결할 태도를 보일 것을 강하게 요청했다"고 전했다.

이러는 와중에 대규모 해고 이후 노숙 농성이 다섯 달 가까이 이어지고, 고공 농성이 20일 넘게 이어지면서 노동자들의 건강이 급격히 악화됐다. 신승훈 교육부장의 말이다. "고공 농성 중인 조합원들의 건강이 좋지 않다. 전자파, 먼지 문제도 있고 몸을 제대로 펼 수 있는 공간이 없어 항상 구부리고 긴장한 채 있어 온몸에 담이 왔다. 대소변 문제도 원활하지 않은 것으로 알고 있다"

김병주 회장은 자택 앞에서 1인 시위를 벌이는 직원들에게 편지를 보냈다. 편지에 자신은 '씨앤앰 이사회의 일원'이라며 이렇게 썼다. "현재 농성 중이신 109명의 씨앤앰 협력 업체 근로자 분들과 관련된 상황이 조속한 시일 내에 해결되기를 희망한다. MBK파트너스는 씨앤앰의 대주주인 국민유선방송투자에 투자하고 있는 투자자 중 하나일 뿐이므로, MBK파트너스나 제가 씨앤앰을 경영하는 것은 아니며 또한 그럴 수도 없다. 저와 MBK파트너스는 씨앤앰의 주주사인 국민유선방송투자의 투자자로서 다른 주요 투자자 및 씨앤앰의 사외 이사와 함께, 지난 7년간, 씨앤앰의 직원, 고객, 주주 그리고 경영진 등 씨앤앰의 모든 구성원을 위해 씨앤앰을 성장 발전시키기 위해 노력해왔고, 앞으로도 최선의 노력을 다할 것이다."

'노동자들을 이 거리로, 저 높은 곳으로 내몬 자본을 다스려달라'

밤이었다. 소리만 들어도 바람이 매서운 줄 알았다. 이날은 새벽부터 아침까지 눈이 내렸고, 천 조각이 찢어질 것 같은 바람이 불었다. 프레스센터 18층에서 내려다보니 빨간색 조끼를 입은 사람들이 모여 있었다. 내려가서 올려다봤다. 희미했지만 달 아래 사람 둘이 서 있었다.

두꺼운 점퍼를 입고 옹기종기 모여 있지만, 길바닥에서 노숙하며 맞는 바람은 퇴근길 10분 동안 스치는 바람에 비할 바 아니었다. 아마

저 위에 부는 바람은 바닥보다 훨씬 강하고 매서울 터였다.

오후 6시 퇴근하려 했다. 손을 호주머니에 집어넣은 채로 프레스센터를 나섰다. 서울파이낸스센터 앞 버스 정류장으로 갔다. 농성장을 지나쳤다. 씨앤앰 노동자들이 150일 가까이 노숙하고 있는 곳이었다. 강성덕, 임정균 씨가 20일 동안 기어오른 전광판 앞이었다. 바람과 추위가 심한 탓에 농성장은 난장판이 됐다. 노동자들은 바닥에 깐 은색 '돌돌이(바닥 깔개)'와 비닐을 농성장 주변에 둘러치고 드럼통에 불을 지폈다. 칼바람을 피하는 유일한 방법이었다.

결국 제시간에 퇴근하지 못했다. 18층 전국언론노동조합 사무실로 다시 돌아왔다. 빨간색 조끼 입은 노조 간부가 있었다. 회의를 준비한다고 했다. 저녁 7시 반에는 '예정대로' 저 밑에서 문화제가 열린다 했다. 시간을 맞춰 내려갔다. 교회에서 '연대'하러 왔고, 아멘과 투쟁이 모두 들렸다. 목사가 되길 소망하는 한 대학생은 "씨앤앰 노동자들과 연대할 수 있는 영광을 주셔서 고맙다. 노동자를 이 거리까지, 저 높은 곳에 내몬 자본을 다스려달라"고 했다.

이 학생이 '다스려달라'고 부탁한 기업은 씨앤앰과 MBK파트너스였다. 씨앤앰은 '회사가 어렵고, 전망도 없다'고 말하지만 2012년과 2013년 602억 원, 755억 원의 영업이익을 기록한 케이블 업계 3위, 서울 1위 사업자다. 2012년엔 이익의 3분의 1 정도인 204억 원가량을 주주에게 나눠줬다. 이 회사의 하청 업체들이 노동조합에 '임금 20퍼센트 삭감'을 요구하고 노동자 109명을 잘라냈다. 구조 조정이나 먹튀 말고 다른 이유가 있을까. 정규직이고 비정규직이고 씨앤앰 노동자는 이름 모를 투자자의 이익을 위해 동원됐다. 이제 한겨울 노동자들은 거리에서 노숙하고, 전광판 위에 있었다. 매일 쉼 없이 전봇대를 오르던 노동자들은 이제 바다와 하늘을 기고 있었다.

109명 원직 복직, 구조 조정 중단, 임금 및 단체협약 체결이 불가능한 요구안이 아니었다. 원청이 하청에 도급비를 '부족하지 않게' 주면서 '노동자 자르면 다시는 계약 안 한다'며 '갑의 횡포'를 조금만 부리면 되는 일이다. 씨앤앰은 고용 문제부터 풀겠다고 했지만, 밤늦게 이어진 회의에서 나온 이야기를 들으니 벌써 평행선을 달리는 것 같았다. 노숙 농성도 고공 농성도 좀 더 오래갈 것 같다는 생각부터 들었다. 이제 더 추워질 텐데 말이다.

프레스센터에 있으면서 씨앤앰 노동자들을 자주 만났다. 이날 점심에는 경영진이 '업계 최고 수준 임금을 받고 있다'고 자랑한 노동자들의 외식을 목격했다. 그들은 한 햄버거 프랜차이즈 가게 2층에 옹기종기 모여앉아 3900원짜리 런치 메뉴를 먹었다. 세 사람이 메뉴 2개를 나눠먹는 테이블도 있었다. 이들은 없는 살림에도 자신보다 더 없는 동료에게 '50만 원'을 건네는 사람들이다. 4000원대 햄버거를 먹는 내가 사치를 부린 것 같았다.

밤 7시 반 굳어버린 입으로 구호를 외치는 모습에 왈칵 눈물이 났다. 이들은 농성장에서 저기 강동 지역 시민들이 해준 보쌈, 굴전, 콩나물무침, 홍합국, 김치를 먹었고 추위를 견디며 문화제를 치러냈다. 드럼통에 지핀 불, 농성장에 있는 '하나뿐인 온기'를 연대하러 온 사람들에게 넘기고 고공 농성장 아래 차가운 길바닥에 섰다. 몸에 밧줄을 묶은 고공 농성자도 구호를 외쳤다. 이날은 이렇게 추위를 넘겼다. 뉴스를 보니 다음 날 더 춥다고 했다. 걱정됐다.

씨앤앰의 황당 교섭안 '해법 있는데 고공 농성 중단해야 공개'
12월 4일

삼자 협의체는 어그러졌다. 그런데 갑자기 씨앤앰이 한 발 더 나아가 '해결책이 있다'고 했다. 그다음이 황당했다. '고공 농성자 2명이 일단 내려오면 공개하겠다'고 했다. 1일 씨앤앰은 해고자 109명을 '설치·영업 전문 하도급 업체'로 신규 채용하는 식으로 문제를 해결하겠다고 밝혔고, 노동조합은 교섭을 거부하고 자리를 박차고 나왔다. 이런 상황에서 씨앤앰이 내놓은 대책이 바로 이것이었다. 기존 대책이 '꼼수'였다면 이번은 '압박'으로 보였다.

4일 오후 재개한 삼자 협의체에서 씨앤앰은 "(설치·AS·내근 노동자에게 영업을 시키는 1일 안과 다른) 해법이 있다"고 밝혔으나, "안을 공개하기에 앞서 2명의 고공 농성자가 109명 문제 해결과 함께 내려와야 한다"라는 조건을 달았다. 씨앤앰은 최대 주주 변경시 구조 조정 중단, 직접고용·간접고용 노동조합과 2014년도 임금 및 단체협약 체결, 해고 기간 위로금 지급 같은 나머지 세 요구에 대해서는 '천천히 정리하자'는 입장을 재확인했다. 노동조합의 반대로 교섭은 20분 만에 결렬됐다.

1일이 발단이었다. 그날 씨앤앰은 해고자들이 직접 설치·영업 전문점을 설립하거나, 업체 운영자가 있다면 이곳을 통해 해고자 109명을 정규직으로 신규 채용하겠다는 안을 제시했다. 노동조합은 '원직 복직'을 요구했고 3일 교섭 결렬을 선언했다. 그런데 씨앤앰은 3일 밤 노동조합을 통해 '새로운 안이 있다'며 교섭을 재개하자고 했고, 4일 오후 교섭 테이블에 앉았다. 이 자리에서 내놓은 것이 '내려오면 공개'였다.

'님이 쓰고 싶은 대로 쓰라'는
씨앤앰에게

12월 5일

않으나 서나 당신 생각입니다. 당신이 용단을 내려 협상이 타결됐다는 꿈을 꿀 정도입니다. 4일 밤 들른 프레스센터 뒤편 한 식당에 씨앤앰 리모컨이 있더군요. 사진을 찍었습니다.

11월 12일 씨앤앰 하도급 업체 노동자 둘이 서울 한복판 전광판에 올라갔습니다. 거리에서 노숙한 지 130일 가까이 되던 날이었습니다. 노동자들의 끈질긴 싸움, 정부와 국회의 압박에 밀린 '진짜 사장' 씨앤앰은 기자회견을 열고 삼자 협의체를 구성해 해결하겠다고 밝혔습니다. 그런데 결국 씨앤앰은 해결하지 못했습니다.

씨앤앰은 1일 '설치·영업 전문점을 하겠다는 사람이 있거나 해고자들이 직접 회사를 차린다면 일을 주겠다'는 황당한 안을 던졌고, 노동조합은 이를 거부했습니다. 씨앤앰은 최선의 방법이라고 했습니다. 4일 오후 씨앤앰은 '대안'이 있다며 노조를 불렀지만 '고공 농성을 중단해야 그 안을 공개할 수 있다'고 했습니다. 노사 분규 현장을 여러 곳 취재했지만 '조건을 이행하면 안을 공개하겠다'는 식의 교섭은 처음 봤습니다.

양측의 입장이 극명하게 갈립니다. 그런데 꼼수를 쓴 건 씨앤앰입니다. 2일 씨앤앰은 자신의 성과를 과장하고 왜곡한 보도 자료를 냈습니다. 하도급 업체에서 일하다 해고된 뒤 150일 넘게 노숙 농성 중인 노동자 109명에 대해 '업체를 신설해 정규직으로 고용하겠다'고 밝혔지만 알고 보니 맹탕이었습니다. 업체 신설 계획은 전혀 없었습니다. '해결책'으로 제시한 안은 이보다 더했습니다.

누가 보더라도 '받을 수 없는' 안이었습니다. 애초 장영보 사장은 '두 사람이 내려올 수 있도록' 109명 고용 문제를 해결하겠다고 말했습니다. 그런데 왜 '조건'을 달았을까요? 추정 가능한 이유는 하나뿐입니다. '진짜진짜' 사장이자 경영에 실질적으로 개입하고 있는 주주사인 MBK파트너스와 맥쿼리에 관한 겁니다. 노동자들이 김병주 회장 집을 찾아가 '망신'을 주자 크게 화난 것일까요. 씨앤앰은 갑자기 '강경' 모드로 변했습니다.

삼자 협의체가 어그러진 책임은 오롯이 씨앤앰에 있습니다. 문희상 새정치민주연합 비상대책위원장과 을지로위원회도 압박했지만 씨앤앰은 제대로 된 대책을 내놓지 않았습니다. 노숙 농성도 고공 농성도 장기화할 가능성이 큽니다. 노동조합은 아예 직접고용-간접고용 동시 파업에 나서는 분위기입니다. 회사 입장에서 보면 가장 큰 '압박'일 겁니다. 발등에 불이 떨어진 씨앤앰 경영진은 4일 밤까지 회의를 했습니다. 어떤 안이 나올지 모르겠지만 분위기로 보건대 '두고 보자'고 할 가능성이 큽니다.

왜 이렇게 노동조합 편만 들고, 추정만 하고, 소설을 쓰냐고 말합니다. 양측의 입장과 이해관계가 크게 갈릴 때 '취재'는 필수입니다. 충격적인 발언이나 문건이 나왔을 경우 그것만 가지고 '1보'를 치기도 하지만 대부분 상대에게 '확인'하는 경우가 많습니다. 노사 분규의 경우 특히 그렇습니다. '사 측'의 홍보와 '노조'의 구호는 언제나 과장되고 왜곡될 수 있기 때문입니다. 저는 최선을 다해 취재하려고 노력합니다.

그런데 다시 한 번. 왜 이렇게 노조 편을 들고, 추정과 소설 일색이냐고요? 씨앤앰이 취재에 응하지 않기로 했기 때문입니다. 씨앤앰 홍보팀장은 2일 '반론을 하지 않겠다'며 '마음대로 쓰라'고 말했습니다. '아무리 비판 기사를 많이 썼지만 이건 너무한 것 아니냐' 하는 생각에 서운했습니다. 씨앤앰의 '입장'을 확인하기 위해 노조 입장 자료까지 홍보팀에 보내줬는데 돌아오는 건 '박대'였습니다. "앞으로 어떤 답변도 기대하지 마시고, 님이 생각하는 대로, 원하는 대로 쓰셔도 됩니다." 이렇게 얘기하더군요.

그럴 수도 있겠다는 생각이 들었습니다. 저는 5월 이후 씨앤앰 관련 기사를 수십 건 썼지만 씨앤앰은 단 한 번도 '반박 자료'를 보내지 않았습니다. 흔한 보도 자료 하나 보내지 않았습니다. 삼자 협의체와 관련한 씨앤앰의 보도 자료도 MBK파트너스 측을 통해 전달받는 처지입니다. 얼마 전 홍보팀장에게 "왜 보도 자료를 안 보내주세요?" 하고 물으니 이런 대답이 돌아왔습니다. "관계가 안 좋으니까 그렇겠죠."

이런 취재원 또 없습니다. 이제는 아예 "반론권을 사양하겠다"며 "언제 제가 반론권 요청했느냐"고 반문합니다. 그래도 '기레기' 취급을 당하기는 싫어 경영진에게 직접 의견을 물어봤습니다. 여기저기 발품을 팔아 장영보 사장의 연락처, 삼자 협의체에 참석하는 또 다른 경영진인 한상진 상무의 연락처를 얻었습니다. 4일 하루에만 두 사람에게 100번 넘게 전화를 하거나 문자메시지를 넣었는데 답변은 이것 하나였습니다. "기자님! 오늘은 도저히 통화가 어렵겠습니다. 죄송합니다."

KT의 회장님, 방송통신위원회 위원장님을 취재했을 때가 생각납니다. 저는 이분들에게 수십, 수백 번 전화를 걸고 문자를 남겼습니다. 덕분에 목소리도 직접 들었고, 홍보팀(공보팀)을 통해 해명도 전해 들을 수 있었습니다. 그런데 씨앤앰은 이것조차 불가능합니다. 아마 제가 쓴 기사에 대해 법적으로 대응하겠지요. 이제 저는 어떻게 해야 합니까. 반론도 못 받는 기자가 되기는 싫습니다. 홍보팀장에게 부탁합니다. 관계가 좋지 않더라도 입장과 보도 자료는 꼭 보내주기 바랍니다.

'진짜 언론이 있었다면
이곳에 오르지 않았을 텐데'

12월 6일

기자는 없었다. '언론이, 기자들이 문제를 제대로 보도했다면 두 사람은 저 높은 곳에 올라가지 않았을 것이다.' 조선일보는 씨앤앰 간접고용 노동자의 싸움을 '정규직 과보호' 논리에 사용했고, 한국경제는 '하청 노조 때문에 원청이 흔들린다'는 주장을 늘어놨다. '업체를 신설해 해고자 109명을 정규직으로 신규 채용하겠다'는 씨앤앰의 보도 자료를 받아쓰는 기자가 절대 다수였다. 언론사 간판이 사방에 대문짝만하게 붙은 서울 광화문 한복판의 싸움은 이렇게 활용되고 있었다.

씨앤앰 하도급 업체에서 일하다 계약 만료로 해고된 노동자 109명이 130일 가까이 노숙 농성을 벌이고, 두 노동자가 20미터 높이 옥외 광고판에 오른 뒤에야 이 싸움은 '가까스로' 알려졌다. 민주노총과 사회운동 단체들이 달려왔고, 씨앤앰 정규직 노동조합은 파업을 시작했다. 문재인, 문희상 같은 야당 유력 정치인도 입을 열고 투쟁 구호를 외쳤다.

그런데 이 싸움을 기록하는 기자는 손에 꼽을 정도였다. 물론 노동을 변호하는 언론은 더 적었다. 5일 밤, 전국언론노동조합과 언론개혁시민연대 등 언론 단체들이 기획한 문화제를 취재한 매체는 미디어오늘과 미디어스, 언론노보 세 곳이었다. 미디어오늘과 언론노보의 카메라만 저 위를 향해 플래시를 터뜨렸다. 이기범 언론노보 기자는 "플래시를 아무리 터뜨려도 저곳을 찍을 수 없다"고 했다. 빛이 부족한 밤이라서 그렇지만, 훤한 낮에도 못 찍기는 마찬가지였다. 기자들은 이곳을 그냥 지나쳤다.

문화제가 '반성'으로 시작한 것도 이런 이유 때문이었다. 최정기 언론노조 조직차장은 이렇게 말했다. "언론이 투기자본의 악랄함을 조금더 잘 보도했다면 강성덕, 임정균 두 동지가 저곳에 올라가지 않아도 됐을 것이다." 문화제 현장에서는 이런 이야기도 나왔다. "한겨레나 경향신문이 깃발을 들고 온다면 큰 힘이 될 텐데요." 철저하게 지면 계획과 큐시트에 따라 움직이는 게 언론이라지만 서운함을 감출 수는 없었다.

씨앤엠 노동자들이 150일 넘게 길바닥에서 먹고 자고, 고공 농성을 하면서 알리려 한 것은 '7년이나 지난 문제'였다. 2008년 당시 이 문제에 관심이 있거나, 정책 결정에 관여한 언론계 인사들은 '이렇게까지 될 줄 몰랐다' '부작용을 막으려 노력했다'고 해명했지만 변명이나 자기 합리화에 가까웠다. 언론과 언론 운동 단체가 해야 할 일은 분명했다.

추혜선 언론개혁시민연대 사무총장은 '첫 단추를 잘못 꿰었다'며 사모펀드에게 방송을 넘긴 것부터 바로잡아야 한다고 지적했다.

"(2008년 씨앤앰 최대 주주 변경 승인에 관한) 국회 진상 조사가 필요하고, 방송통신위원회와 미래창조과학부는 무리한 차입 경영을 막을 가이드라인을 내놔야 한다." MBK파트너스와 맥쿼리가 주도한 씨앤앰 인수 과정이 투명하게 밝혀지고, 씨앤앰 재매각시 '구조 조정 중단' 등 사회적 책임을 '최대 주주 변경 승인 조건'으로 못 박으면 문제를 쉽게 풀 수 있다는 이야기였다. 언론계가 책임지고 이 문제를 풀 방법은 이것뿐이었다.

언론이 할 수 있는 일은 또 있다고 했다. 노사 교섭이 어그러진 상황에서 씨앤앰이 내놓은 대책은 '영업·설치 전문점 신규 채용.' 내근·설치·AS·철거 업무를 했던 노동자에게 영업을 하라는 내용이었다. 씨앤앰은 직접 책임지지 못할망정 되레 해고자들에게 '직접 회사를 설립하라'고 했다. 언론 단체의 활동가들은 기자들에게 씨앤앰의 꼼수와 MBK파트너스의 실체, 노숙·고공 농성 이야기, 정규직-비정규직 공동 파업 등을 파고들어 조명해줄 것을 주문했다.

씨앤앰 '정규직' 기자가 마이너스 통장임에도 '파업'하는 이유

노동조합은 월급부터 챙겨야 한다. 그렇지 않으면 조합원이 떠난다. 특히 정규직 노동조합은 더 그렇다. 민주노총의 핵심인 금속노조 현대차지부가 '거의' 싸우지 않는 이유도 마찬가지다. 단 몇 시간 경고 파업에도 '노조 때문에 수천 억, 수조 원의 손실을 입었다'는 사 측의 비난, '강성 노조 때문에 한국경제가 휘청거린다'는 '여론(으로 포장된)'

압박 때문이 아니다. '밥그릇'이 진짜 이유다. 진짜 파업이라도 할라 치면 당장 그달 생활이 안 된다.

'정규직 해고가 OECD 평균보다 쉽다'는, 그런데 이를 더 쉽게 만들겠다는 한국에서, 계약직의 기간을 늘려 '중규직'을 만들겠다는 정부가 있는 사회에서, 론스타에 당해보고도 사모펀드 운용사에게 '방송'을 넘기는 이곳에서, 8304명에게 명예퇴직 신청서를 손쉽게 받아내고 '외주화'로 정규직 노동자를 압박하는 기업이 넘치는 이곳에서 파업은 더 어렵다. 한국에서 노동조합은 파업을 않고 '적당히' 밥그릇을 채워야 정상이다. 그래서 비정상이다.

사모펀드만 반기는 파업을 왜 할까? 정규직도 불안한 이때, 파업을 반기는 이는 회사를 팔아넘겨야 하는 주주뿐이었다. 서울 지역 1위 종합유선방송사업자 씨앤앰의 경영진과 주주들은 웃고 있을지도 몰랐다. 하청 노동자의 싸움에 발을 담근 직접고용 정규직 노동조합이 있다면 회사는 구조 조정 명단을 만들기가 한층 쉽다. 씨앤앰 정규직 노동조합은 회사가 제시한 임금 인상안(3퍼센트)도 받아들이지 않고 파업을 시작했다. 요즘 정규직 노조답지 않은 선택이었다.

씨앤앰지부 파업 21일차인 12월 8일 밤 신승훈 홍보부장을 만났다. 그는 2004년 씨앤앰이 100퍼센트 출자한 방송 프로그램 제작 업체인 '씨앤앰 미디어원'의 기자로 입사했고, 2014년 초 노동조합 상근 활동을 시작했다. 그는 5월 원·하청 노동조합이 합법 쟁의 행위를 시작한 뒤 6월부터 월급이 끊기고 노동조합 활동비도 바닥이 났다며 "이제는 마이너스 통장도 한도를 늘릴 수 없는 상황"이라고 전했다. 그러나 그

'진짜 언론이 있었다면 이곳에 오르지 않았을 텐데'

는 "임금 인상안을 받으면 안 된다"고 잘라 말했다.

　왜일까? 그는 MBK파트너스와 맥쿼리가 투자자에게 이익을 나눠주려면 매각 전 그들이 보기에 '쓸모없는 조직'을 솎아내는 것이 불가피한 상황이라고 설명했다. 한 유료 방송 업계 관계자는 "비싼 가격도 문제이지만 케이블 산업에 전망이 없는 상황에서 '사고 나서 어떻게 할건데?'라는 질문에 아무도 대답을 못 하고 있다"고 상황을 설명했다. 가입자 수와 고정비용이 가격을 결정하는데 씨앤앰의 경우 고정비용을 줄이는 방법밖에 없다는 이야기다.

　뭘 팔 수 있을까? 2013년 말 기준 씨앤앰의 종속 기업 일곱 곳 중 광고 대행사 씨유미디어 등 세 곳을 제외한 회사는 당기순손실을 기록했다. 적자 계열사로는 지역 채널에 들어가는 프로그램을 제작하는 미디어원과 고객 센터의 본체라고 할 수 있는 '씨앤앰 텔레웍스'가 있다. 씨앤앰 본사와 계열사 관리자들은 구조 조정은 없다고 단언하지만, 이 회사들은 씨앤앰 법인이 아니기 때문에 대폭 축소되거나 '2차 외주화'로 없어질 가능성이 있다는 게 노동조합의 주장이었다.

　물론 씨앤앰은 '구조 조정은 없다'고 설득했다. 그러나 매각 전후 구조 조정을 하지 않겠다는 '합의'가 있어야 새로운 '주인'과 교섭할 수 있다는 게 노동조합의 입장이었다. 신승훈 부장은 "고용 보장 약속은 MBK나 맥쿼리에 경제적 손실이 아니다. 그런데 왜 약속을 안 하겠나. 노동조합을 깨면 매각가가 2000억 원 오르기 때문이다. 씨앤앰 가격은 2008년에 비해 떨어졌다. 사모펀드는 씨앤앰이라는 회사와 노동자보다 이 돈이 더 중요해졌다"고 주장했다.

그는 MBK파트너스와 맥쿼리가 씨앤앰을 사들이기 직전인 2007년에 있었던 외주화 과정을 복기해야 한다고 말했다. "그때는 몰랐다. 지사에서 팀장급에게 '나가서 업체 차리면 일감 밀어준다'고 했고, 팀장들이 팀원들 데리고 나갔다. '씨앤앰보다 5퍼센트 더 챙겨준다'고 해서 나간 사람이 많다. 첫해 임금이 그쪽은 5퍼센트 올랐는데, 씨앤앰은 2~3퍼센트 올랐다. '회사를 잘 나갔다'고 한 사람이 많았다. 그런데 그 다음에는 어떻게 됐냐고?"

"그 뒤 그쪽은 계속 동결이었다." 이민주 전 회장이 씨앤앰을 '매각하기 쉽게' 만드는 과정에서 정규직은 비정규직이나 소사장이 된 셈이다. "매각을 앞둔 2015년에도 씨앤앰을 '매각이 쉽도록' 만들리라는 예측은 상식적이다. 협력 업체가 바뀌고 노동자 109명이 계약 만료로 해고된 다음에는 정규직의 차례가 올 것이다. 이 시점에서 회사가 제시한 3퍼센트안을 받는다면 결국 구조 조정을 막을 수 없다." 신승훈 부장은 단언했다.

노동조합과 잘 지내던 회사가 태도를 달리한 것도 2014년이었다. "2010년 봄 노동조합을 만들고, 여름 지나서 35일 파업했고, 3년 동안 25퍼센트 임금 인상에 합의했다. 임금과 복지를 '동종 업계 수준'으로 양보해주는 느낌이었다. 그런데 2014년은 달랐다. 처음부터 교섭을 해태하는 것으로 보일 정도였다. 교섭 마지막에 가서야 제시한 게 3퍼센트안이다. 그러다가 109명 대량 해고가 터지기 시작했다. 회사의 의도를 분명히 느꼈다. 경영 상황이 어렵던 회사가 3퍼센트안을 제시할 당시, 100~200명 정도를 지사로 전환 배치한다는 이야기가 나왔다. 그런데 지사 인력은 꽉 차 있었다. 노동조합은 이를 구조 조정 전단계로 볼 수밖에 없었다. 이런 분위기에서 케이지부 조합원만 해고됐고, 회사의 의도는 '노조를 와해해서 매각가를 높이려는 것'이라고 느꼈다. 구조 조정은 정규직에게도 당장 눈앞의 일이 됐다."

그는 "구조 조정을 앞둔 정규직은 비정규직과 다를 바가 없다"고 말했다. 하도급 업체 대량 해고와 노숙 농성, 고공 농성이 이어지면서 씨앤앰 정규직 노조가 파업에 나설 즈음 회사에서는 '차라리 잘됐다'는 이야기가 흘러나왔다고 전했다. "전면 파업을 한다는데 회사는 긴장을 안 했다. 잘됐다는 분위기였다. 어차피 인력을 줄여야 하는데 '나가야 할 사람이 정해졌다'는 것이다. 그런데 여기서 3퍼센트를 받는다? 첫 타깃은 '조합원'이 될 것이다."

정부와 국회의 개입, 직접고용·간접고용 노동조합의 파업, 사회운동 진영의 전 방위 압박에 씨앤앰은 궁지에 몰렸다. 그러나 위태로운 건 노동조합도 똑같다. 싸움이 장기화하거나 그 수위가 올라갈 경우 노동조합을 이탈하는 조합원도 생긴다. 특히 '블랙리스트로 찍히면 끝난다'라는 공포감은 노동조합에게 최악의 적이다. 너도나도 '단결'을 외치지만 '너무 힘들다, 회사가 1퍼센트라도 더 올려준다면 받고 들어가자'고 말하는 조합원이 생기는 건 어쩔 수 없다.

"여기서 임금 인상안을 받는다면 조합원들은 2015년 그 자리에 있을 수 없을 것이다. 회사가 '이 부서에 이렇게 많은 사람은 필요없다'며 영업을 시킨다면 개인적으로 거부할 수 있겠나. 아니다. 한두 달 월급 못 받더라도 무조건 이겨야 하는 싸움이고, 이길 수 있는 시점은 지금뿐이다." 더구나 씨앤앰은 '원거리 발령·비전문 업무 부여' 같은 KT식 해고 프로그램이 가능한 조건이다.

씨앤앰 사태는 '주목'받고 있었다. 도심 한복판에서 고공 농성이 이어지고 있는 상황이 컸다. 신승훈 부장은 "그러나 크리스마스에 연말을 넘기고, 연초에 명절까지 싸움이 장기화하면 아무것도 해보지 못하고 끝날 가능성이 크다"고 우려했다. "그래서 '아무 대책 없는' 회사가 삼자 협의체를 제안하며 시간을 끈 것 같다. 2014년 강경 일변도로 나온 MBK 쪽 '노무 라인'을 돌려세울 시점은 그나마 우리에게 관심을 가져주는 이때뿐이다."

그는 회사에 남아 있는 비조합원과 조합에 가입했지만 파업에 참여하지 않는 동료들에게 말을 전했다. "2015년 매각 작업을 마무리하려면 돈 계산을 끝내야 한다. 특히 미디어원처럼 '돈이 안 되는 조직'은 더 위험하다. 회사에 남아 있는 동료들도 생각해보면 좋겠다. 자기를 위해 싸우는 사람들이 지고 나면, 그다음은 누구 차례가 될지 말이다. 109명 해고가 아직 와 닿지 않고 '왜 이렇게까지 싸우나' 싶겠지만 결국 자기 문제가 된다."

"정균이가 (전광판에) 올라가기 전에 만났다. 해고 기간이 길어지면서 선봉 대오(해고자) 109명을 유지하는 것도 힘들었다. 일부는 아르바이트를 하면서 생계 투쟁을 했다. 정균이가 '그걸 보고 있기가 힘들다'고 했다. 그때만 하더라도 완전히 와 닿지 않았다. 접점도 넓지 않았다. 그런데 우리가 막상 파업을 하고 나니, 미디어원 문제가 심각하게 다가왔다. 2015년에 매각을 추진할 텐데 내가 돌아갈 자리가 있을까? 절대 남 일이 아니다. 정규직 우리의 문제다."

긴박했다, 일본에
'전화'를 걸었다

12월 10일

9일 늦은 밤 전화를 받았다. "내일 아침 맥쿼리로 와줄 수 있나요?" 씨앤앰 정규직 노동자들은 10일 아침 서울시청 맞은편에 있는 맥쿼리 사무실의 복도를 '점거'했다. '면담하고 싶다'는 이유였다. 맥쿼리는 MBK파트너스와 함께 씨앤앰 경영을 좌지우지하는 '최대 투자자'다.

아침 9시께 엘리베이터와 계단을 번갈아 이용해 올라가보니 씨앤앰 정규직 30여 명이 앉아 있었다. 이 장면을 보니 9월 간접고용 노동자들이 MBK파트너스 사무실 앞을 찾아가던 일이 떠올랐다. 그날 방문의 결과는 '전원 연행'이었다. 또 연행될까 봐 속이 탔다.

맥쿼리는 아침부터 시설 관리 요원을 통해 '권한이 없어 면담에 응할 수 없다'는 입장을 전달했다. 자진 퇴거하면 처벌하지 않겠다는 이야기도 했다. 건물 관리자인 한화빌딩 측도 퇴거를 요청했다. 경찰과 시설 관리 업체 직원은 맥쿼리 사무실로 향하는 통로를 차단했다. 맥쿼리는 대응하지 않기로 결정한 것 같았다.

현장에서 '전원 연행' 기사를 쓰지 않기로 결정했다. 맥쿼리 임원의 연락처를 수소문한 끝에 연락이 닿았다. 신중섭 전무가 일본 출장 중이라는 사실을 확인했고, 연락처를 확보해 국제전화를 걸었다. 한 번에 통화할 수는 없었다. 나중에 알고 보니 신전무는 그때 씨앤앰 경영진과 통화하고 있었다.

몇 차례 시도 끝에 연락이 닿았다. 그는 전화 통화에서 이렇게 말했다. "노조가 (씨앤앰 경영진이 제시한 안을) 한 번 거부했고, 경영진은 다른 솔루션을 만드는 중이라고 보고받았다. 보드(이사회) 등을 통해 (노숙·고공 농성 관련) 문제와 원인을 보고받고 있다. 법의 테두리 안에서, 합리적인 선에서 해결하라는 의견을 씨앤앰 경영진에게 전달했다. 하도급 업체 문제라 (법적 책임을 뛰어넘는) 불가능한 요구도 있다. 씨앤앰 경영진에게 '법과 다른 업체와의 계약 관계를 고려해 합리적인 선에서 잘 마무리하라'는 의견을 보냈다. (전광판에 올라간) 두 분이 너무 춥다. 그래서 '하루 빨리 해결해달라'고 말했다. 씨앤앰 경영진은 (노조가 거부한 안이 아닌) 솔루션을 만들고 있다고 했다."

씨앤앰은 사태 해결에 '전력'을 다하는 듯했다. 현장에 임직원을 급파했다. 신중섭 전무는 "오늘 오전 씨앤앰 경영진과 통화했는데 '(노동조합과) 합의를 보겠다'고 했다"고 전했다. 애초 씨앤앰은 '플랜B'가 있었다. 씨앤앰은 이튿날 오후 교섭을 하자고 제안했다.

'씨앤앰 노사 모두 살 수 있는 마지막 시점이다'

12월 11일

11일 씨앤앰 원·하청과 노동조합이 삼자 협의체를 재개했다. 노동조합과 시민사회, 그리고 국회와 규제 기관, 주주사까지 나서서 압박한 결과였다. 노동조합과 연대 단체들은 씨앤앰 경영진이 하도급 업체 해고자 109명 고용 문제, 원·하청 노동조합과의 2014년도 임금 및 단체협약 미체결 문제에 대해 '해법'을 제시할지, 2015년 본격적으로 시작할 '매각' 과정에서 구조 조정을 않겠다는 '약속'을 할지 주목했다.

맥쿼리 '점거'가 주효했다. MBK와 맥쿼리는 그동안 물밑에서 씨앤앰 경영진을 '압박'하는 모양새를 취했다. 씨앤앰을 움직인 주체도 주주사였다. 이런 까닭에 11일 씨앤앰이 내놓을 교섭안은 주주와 씨앤앰이 내놓을 '마지노선'일 가능성이 컸다.

비공식 라인으로 확인한 결과, 씨앤앰은 최근까지 109명 중 일부를 원직으로 고용 승계하고, 나머지를 제3의 하도급 업체에 고용시키는 안을 하도급 업체들과 논의했다. 간접고용 노동자의 해고 기간과 직접고용 정규직 노동자의 파업 기간에 대한 '위로금'도 일정 수준에서 계산해 교섭에서 제안할 것이라는 내용도 확인할 수 있었다. 물론 교섭이 어그러질 가능성 또한 무시할 수 없었다.

'진짜사장나와라 운동본부' 집행위원장을 맡고 있는 이남신 한국비정규노동센터 소장은 11일 이렇게 말했다. "지금이 노사가 소모적인 피해와 손실을 최소화하며 상생할 수 있는 마지막 고비다. 이 시점을 넘기면 '너 죽고 나 살자'라는 분위기밖에 안 된다." 씨앤앰이 주주의 압박까지 받아가며 제시한 안은 사실상 '마지막' 안이기 때문에 교섭 결과에 따라 노사 간 극단적 대립이 생길 수 있다는 이야기였다. 또 이렇게 덧붙였다. "노동조합의 입장이 어느 정도 열려 있는 만큼, 씨앤앰도 더 이상 무리수를 두면 안 된다. 4대 요구안에 대한 일괄 타결 의지를 가지고 교섭에 나서야 한다. 가능한 모든 단체가 달라붙은 만큼 이 싸움에는 민주노총의 명운이 걸렸다고도 볼 수 있다. 직선제로 선출될 (민주노총의) 새 지도부도 씨앤앰 사태 해결을 우선순위로 둬야 한다."

해고자 마경아 씨, 그가 버티는 이유

모든 농성장이 그렇듯 그곳을 지키는 사람이 있다. 씨앤앰 농성장에는 '버티는' 해고자들이 있었다. 마경아 씨가 그랬다. 그는 6월 말 계약 만료로 해고되어 반년을 버티는 중이었다.

마경아 씨는 지금은 없어진 회사, '시그마'에서 일했고 6월 말 씨앤앰의 업체 변경과 계약 만료로 해고됐다. 서울 한복판이자 금융자본의 심장으로 불리는 서울파이낸스센터 주변의 농성장을 제집 삼아 출퇴근했다. 노숙 농성 157일째 그를 만났다.

노동조합 간부조차 숫자를 세지 않던 때가 있었다. 노숙 농성이 100일을 넘기면서부터 다들 숫자를 헷갈려했다. 꿈쩍 않던 회사와 최대 투자자인 MBK파트너스와 맥쿼리 탓이다. 노동조합으로서는 출구를 찾기 힘들었다. 마경아 씨도 100일 넘어갈 즈음이 가장 힘들었다고 털어놓았다.

처음에는 '노동조합'이 뭔지 몰랐다고 했다. "노조가 뭔지, 사모펀드가 뭔지도 몰랐다. 해고되어 싸우면서부터 이게 우리만의 문제가 아니고 비정규직의 문제라고 알게 됐고, 복직 싸움이 우리만의 싸움이 아니라고 알게 됐다. 사모펀드의 문제점도 알게 됐고, 규제 기관이 왜 사모펀드를 투명하게 관리해야 하는지도 깨달았다."

'이길 수 있다'는 확신이 없으면 '오기'는 약해지기 마련이다. 마경아 씨도 그랬다. '투쟁이 길어졌다. 힘들지 않느냐'고 묻자 이렇게 말했다. "석 달에서 넉 달 정도 되던 시기에 정말 힘들었다. 해봤자 이룰 게 없을 것 같았고, '이기겠다'는 생각이 안 들었다." 그래도 그는 버텼다. 월급을 못 받은 다섯 달 동안 노동조합이 지원하는 생계비와 희망채권으로 버텼다. 빚이 늘었다.

그는 매일 농성장에 나왔다. "성덕이가 올라가면서부터 생각이 달라졌다"고 말했다. 그는 프레스센터 전광판 위에서 고공 농성 중인 강성덕 씨의 직장 동료다. 그에게 이토록 '버티는' 이유가 뭔지 물었더니 대번에 "성덕이가 올라가서 그렇다"고 대답했다. 그는 강성덕, 임정균 씨의 고공 농성이 "다시 싸울 수 있는 마음을 갖게 한 결정적 계기"라고 말했다.

전광판 위에나 아래 길바닥에나 노동자를 보호할 난간은 없었다. 때로 길바닥이 전광판 위쪽보다 더 추웠다. 다섯 달 넘는 투쟁은 고통이었다. 마경아 씨는 "성덕이가 올라간 뒤 우리 지회 사람들은 다른 지회보다 열심히 해야 한다는 마음뿐이다. 특히 성덕이가 저 위에서 삭발하던 날(11월 27일) 다른 조합원 몰래 울었다. 나만 운 줄 알았더니 아니었다. 다들 몰래 울었다"고 말했다. 끝까지 싸우겠다고 말했다.

그는 MBK와 맥쿼리가 언론에 '씨앤엠 경영진에 해결 방안을 촉구했다'라는 말을 흘리고, 10일 씨앤엠이 노사 교섭을 재개하자고 제안한 것을 액면 그대로 믿지 않았다. "사모펀드는 언론 타기 싫어서 그러는 건지 모르겠다. 그동안 씨앤엠은 우리를 '우롱'하지 않았나." 그래서 그는 끝까지 싸우겠다고 다시 말했다. 겨울이 다가왔지만 그와 동료들의 노숙 농성은 계속 이어질 것 같았다. 아니, 그들은 그렇게 할 것만 같았다.

그날 아침 그는 강성덕, 임정균 씨의 아침밥으로 닭볶음탕을 만들어 올렸다. 전날 밤 닭을 한 마리 사서 손질해 양념에 재워둔 다음 새벽 5시에 일어나 탕을 끓였다. 그리고 일산에서 서울까지 닭볶음탕을 담은 냄비를 싸들고 농성장에 왔다.

강성덕 씨는 페이스북에 "살짝 매운 것이 맛도 있지만 나의 투쟁 호르몬이 사방에서 분비되는 느낌이다!! 경아야~ 너무 고맙고 잘 먹었어. 새벽부터 일어나서 요리하느라 고생했고, 날도 추운데 일산에서 냄비 들고 오느라 또 고생했겠네~ 정말 맛있게 잘 먹었다!!"라고 썼다. 마경아 씨는 "성덕이가 '맛있다'고 답장을 보냈는데 진짜 맛있어서 보낸 건지는 모르겠다"며 웃었다. 그리고 검진을 받고 있는 두 사람을 올려다봤다. 전광판 위아래를 연결하는 끈이 점점 단단해지고 있음을 느꼈다.

'노동자들이 하늘 위로 간다,
이 싸움에 노동운동이 달렸다'
12월 16일

　　결단만 남은 상황이었다. 맥쿼리 '점거'로 재개한 삼자 협의체와 교섭에서도 노사의 의견은 갈렸다. 15일 씨앤앰은 삼자 협의체에서 109명 해고자 원직 복직, 매각 전후 구조 조정 금지 약속, 2014년도 임금 및 단체협약 체결, 해고 및 파업 기간 위로금 지급 등 노동조합이 제시한 4대 요구안에 대해 '109명 가운데 40명은 제3의 협력사를 통해 고용'하는 방안을 제시했다. 나머지 요구안에 대해서는 '고민하고 있다'면서도 구체적인 안을 내놓지 않았다. 노동조합은 한 발 물러나 씨앤앰이 직접 자회사를 만들어 해고자를 고용하는 안을 제시했다.

　　타결 가능성이 없는 것은 아니었다. 씨앤앰은 내부적으로 '12월 25일'을 마지노선으로 정하고 그전에 합의하겠다는 내부 방침을 정했다. 씨앤앰이 직접 자본금을 출자해 업체를 신설하는 방안까지 검토 중이고, 나머지 요구안에 대해서도 의견을 조율 중인 것으로 알려졌다. 씨앤앰이 한 발 더 물러설 가능성도 있다는 이야기였다.

민주노총은 힘을 더 실었고, 노동자들은 머리를 깎았다. 며칠 뒤면 임기가 끝날 신승철 민주노총 위원장도 '삭발'에 참여했다. 그는 삭발을 하기 전 "억울하다는 마음이 지금 희망연대노조와 비정규직 노동자들의 공통된 마음이다. 올라간 동지가 내려오고, 이 투쟁에서 승리할 수 있다면 머리를 100번 깎고, 이보다 더한 일이라도 하겠다"고 말했다.

최문호 희망연대노동조합 공동위원장은 이렇게 말했다. "저녁마다 강성덕 동지의 어머니, 임정균 동지의 부인과 딸을 만나지만, 가족 분들은 말없이 하늘만 보고 간다. 두 동지는 몸이 좋지 않아 괴로움을 호소하면서도 '더 싸워야 한다'고 말한다. 노숙 161일차인 109명 선봉대오도 정말 힘들고 괴롭지만 '복직될 때까지 싸우겠다'고 한다."

민변 노동위원회에서 활동하는 권영국 변호사는 "지금 이 나라의 노동은 하늘 위로 올라갔고, 정권은 나락으로 처박히고 있고, 책임 있는 자들은 민생을 방치하고 있다. 그들이 버린 민생과 노동을 노동자들이 직접 극복하는 그 길에 함께하겠다. 정규직과 비정규직이 손을 마주잡고 노동을 탄압하는 정권과 자본을 향해 노동과 국민이 주임임을 확인해야 한다"고 독려했다.

'가진 게 몸뚱이뿐' 씨앤앰 해고자들 집단 단식
12월 22일

마지노선 12월 25일을 며칠 앞두고도 교섭 타결 가능성은 전과 똑같았다. 씨앤앰은 결단하지 않았고 여론의 추이를 지켜봤다. 결국 '집단 단식'으로 이어졌다. 최문호 위원장과 케이블방송 비정규직지부 소속 조합원 19명(계약 만료 해고자)은 이날 서울파이낸스센터 앞 농성장에서 기자회견을 열고 "인간답게 살기 위해 목숨을 내놓고 무기한 끝장 단식 투쟁에 들어간다"고 밝혔다.

최문호 위원장은 "이제 더 이상 (MBK와 맥쿼리, 씨앤엠) 저들도 우리도 못 버티는 상황이다. 이제 모든 걸 내려놓고 싸우겠다"고 말했다. 김영수 지부장은 "단식은 투쟁이 아니다. 노동자가 할 수 있는 마지막, 간곡한 경고"라고 말했다. 집회에 참가한 좌파노동자회의 허영구 대표는 "지금 가진 것은 몸뿐인 노동자들은 살기 위해 곡기를 끊어야 하는 현실에 처해 있다"고 말했다.

김영수 지부장은 또 이렇게 말했다. "조합원만 선별해 불법적으로 해고한 이 상황을 정상화하자고 6개월 동안 광화문 바닥에서 외쳤고, 강성덕, 임정균 동지가 목숨을 건 고공 농성을 시작했지만 회사는 노동조합이 도저히 받아들일 수 없는 안을 고집하고 있다." 김진규 지부장은 "경영진은 '책임지고 해결하겠다'고 했지만 지난 20일 동안 교섭을 하면서 느낀 것은 그 말이 '진실'이 아니라는 것이었다. 경영진은 언론 플레이를 멈추고 제대로 된 해결책을 제시하라"고 말했다.

정부, 씨앤앰 사들인 사모펀드는
점검조차 안 했다

정부가 2008년 사모펀드 MBK파트너스와 맥쿼리가 국민유선방송투자를 설립해 씨앤앰을 사들인 이후, 단 한 차례도 국민유선방송투자의 재무 건전성을 점검하지 않은 것으로 확인됐다. 또 MBK파트너스와 맥쿼리 이외에 씨앤앰 투자 기업이 두 곳 더 있다는 사실도 드러났다. MBK와 맥쿼리는 씨앤앰의 지분을 93.81퍼센트 보유한 국민유선방송투자에 각각 50퍼센트대와 30퍼센트대를 출자했다.

12월 19일 미래창조과학부가 미디어스에 공개한(정보공개 청구일 10월 22일) '2008년 씨앤앰 최대 주주 변경시 정부가 의결한 승인 조건과 이행 실적' 자료와 취재 결과를 종합하면, 출자자 중 개인은 없었다. 의사 결정 권한이 있는 GP(General Partner)는 네 곳으로 모두 법인이었다. 하지만 미래창조과학부는 출자자 확정 내역 등 씨앤앰 주주에 대한 정보는 '영업 비밀'이라는 이유로 공개하지 않았다.

두 회사는 '경영에 개입하지 않기 때문에 2014년 봄부터 발생한 씨앤앰 사태에 관여할 수 없다'고 주장하지만, 하도급 업체 노동자 109명 집단 해고 문제, 2016년 이전에 실행할 것으로 보이는 씨앤앰 재매각 과정에서 고용 안정 보장 등은 책임이 있다. 잇따라 공개되는 씨앤앰 내부 문건을 보면, 국민유선방송투자는 씨앤앰으로부터 주간 단위로 영업 실적을 보고받았을 뿐만 아니라 셋톱박스 교체에까지 관여했다.

정부도 국민유선방송투자와 MBK, 맥쿼리에 책임을 물을 의지를 보였다. 미래창조과학부 관계자는 통화에서 "공적 책무가 있는 방송사업자의 최대 출자자, 그것도 의사 결정 권한이 있는 GP에 이번 사태 책임이 없다고 말할 수는 없다. 투자자에게는 책임이 없다는 씨앤앰의 의견은 타당하지 않다. 2015년 재허가 심사에서 이를 반영할지 심사위원과 논의할 필요가 있다"고 말했다.

미래창조과학부가 맥쿼리와 MBK, 그리고 또 다른 GP 법인에 대해 책임을 묻는 것은 정부가 잘못 낀 첫 단추를 바로잡는다는 것으로 해석할 수 있다. 실제 2008년 국민유선방송투자의 씨앤앰 인수 당시 방송위원회는 형식적인 승인 조건만 부과했고, 방송통신위원회는 이행 실적을 제대로 점검하지 않았다. 씨앤앰 경영진에 대한 점검도 형식적이었다. 2008년 인수 전후, 2013년 말 기준 씨앤앰 이사 및 감사의 수를 비교하면 인수 전후로 8명에서 10명으로 늘었다. 김병주 MBK 회장은 인수 직전부터 씨앤앰의 이사였다. 김회장을 포함해 인수 직후 구성된 이사 4명(김병주, 부재훈, 김광일, 이태희)은 2008년부터 2013년 말까지 이사직을 유지했다. 미래창조과학부는 '개인 정보 보호'라는 이유로 씨앤앰 이사 명단 중 일부를 '블라인드' 처리했다.

미래창조과학부가 공개한 자료를 보면, 2008년 방송위원회는 승인 조건인 '씨앤앰의 경영 투명성 강화'를 판단하면서 '씨앤앰 이사회가 구성됐는지'만 확인했다. 미래창조과학부 관계자는 "새롭게 이사를 선임하고 이사회를 구성했다는 것을 보고 '경영 투명성'이 있다고 판단했다"고 설명했다. '왜 인수 전후 현황뿐이냐'는 질문에 이 관계자는 "매년 받아야 하는 조건은 아닌 것 같다"고 말했다. 특히 정부는 국민유선방송투자의 재무 건전성은 점검조차 하지 않았다.

'공적 책임'에 대한 의무와 이행 실적도 크게 미달했지만 방송통신위원회는 이를 문제 삼지 않았다. 씨앤앰이 제출하고 미래창조과학부가 정리한 '2009~2011년(12월 첫 주 기준, 2011년은 7월) 지역 채널 방송 실적'을 보면, 씨앤앰은 정부가 케이블 방송사업자에 보장하는 '지역 독점'의 반대급부로 부과하는 '지역성' 의무를 오히려 축소했고, 퍼블릭 액세스도 줄였다.

지역 보도의 본 방송 시간은 2009년 525분에서 2010년 540분, 2011년 450분으로 크게 줄었다. 지역·생활 정보의 본 방송(자체 제작+유선방송사업자 교환+구매) 시간은 2009년 1882분에서 2010년 868분, 2011년 1090분으로 줄었다. 특히 시청자 제작 프로그램의 본 방송 시간은 2009년 4661분에서 2010년 2130분, 2011년 2610분으로 줄었다. 재방 시간은 2009년 3만 5891분에서 2010년 2만 5910분, 2011년 1만 1550분으로 크게 줄었다.

씨앤앰이 '지역 채널 방송 실적'을 제출한 것은 2011년까지였다. 이마저도 '2012년 재허가 심사' 당시 씨앤앰이 제출한 실적을 미래창조과학부가 재구성한 것으로 나타났다. 미래창조과학부 관계자는

"2012년 재허가를 할 당시 제출받은 자료를 모아 (정보공개 청구용) 자료를 만들었다"고 설명했다. 규제 기관인 방송통신위원회와 미래창조과학부는 사실상 씨앤앰의 공적 책무를 구체적으로 점검하지 않은 셈이다.

김동원 공공미디어연구소 연구팀장은 이렇게 지적했다. "정부가 씨앤앰 사태의 본질인 '최대 주주의 재무 건전성'을 점검하지 않았다는 것은 심각한 문제다. 부채를 지고 들어온 최대 주주를 점검하지 않은 것은, 국민유선방송투자가 부채를 상환하는 과정과 이것이 씨앤앰 경영에 미치는 영향을 전혀 추적하지 않은 것이다. 게다가 2012년 국민유선방송투자는 (이자 비용을 줄일 목적으로 금융기관으로부터 씨앤앰을 인수할 당시 진 빚을) 리파이낸싱 했는데 이를 점검하지 않은 것도 큰 문제다."

씨앤앰에만 조건을 부과하고 이행 실적을 점검한 것이 이번 씨앤앰 사태의 단초가 됐다는 게 김동원 연구팀장의 분석이다. "규제 기관이 씨앤앰만을 점검했다는 사실은 정부가 사모펀드의 방송 진입을 막겠다며 부과한 조건과 이에 대한 이행 실적 점검이 사실상 아무런 '규제'가 되지 못했다는 이야기다." 그는 '지역 보도 축소'에 대해 "지역 케이블이 경쟁력을 잃고, 실제 지역 가입자를 만나는 노동자의 처우가 악화되는 것에 대한 간접적인 수치로 보인다"고 말했다.

정부, MBK 외국법인이라 방송법 저촉 알고도 '50퍼센트 지분' 방치

2008년 씨앤앰을 사들일 당시 MBK가 보유한 국민유선방송투자 지분은 24퍼센트뿐이었다. 그런데 그 후 지분율이 달라졌다. 누군가 장난을 쳤다. 맥쿼리 지분에도 변동이 있을 것으로 추정된다. 그러나 규제 기관은 국민유선방송투자의 재무 건전성 등을 아예 점검하지 않았다.

미디어스는 2008년 방송위원회가 씨앤앰의 최대 주주를 국민유선방송투자로 변경·승인할 당시의 내부 자료를 입수했다. 2008년 2월 12일 방송위원회는 심의 의결 사항으로 씨앤앰 최대 주주 변경 건을 다루면서 법무법인 동서파트너스에 법률 자문을 의뢰했는데, 이 법률 자문 결과서에는 국민유선방송투자의 출자자가 사모펀드 여섯 곳이며 출자자는 '모두 국내 법률에 의해 설립된 국내 법인'이라고 나와 있었다.

주목할 만한 대목은 'MBK파트너스'에 대한 우려를 적은 부분이었다. 김기중 동서파트너스 변호사는 "외국인에 대한 방송법의 정의가 명확하지 않지만, 방송법 시행령 제14조의 기준대로 국민유선방송투자의 출자자에 대한 외국 법인 의제 여부를 판단한다면 MBK파트너스는 외국 법인으로 간주될 수 있음"이라고 지적했다. 다만 그는 MBK의 지분이 24퍼센트에 불과하다며 국민유선방송투자는 방송법과 시행령상 외국인 의제 규정에 해당되지 않는다고 판단했다.

하지만 금융감독원이 공개한 '사모투자전문회사 현황'과 국민유선방송투자 감사보고서, 미디어스가 입수한 '씨앤앰의 최다액 출자자 변경 승인 관련 이행 계획서(안)'(2008년 2월 국민유선방송투자가 방송위원회에 제출한 이행 각서 부속 서류), MBK파트너스 측의 설명을 종합하면, 국민유선방송투자에 출자한 사모펀드 여섯 곳 중 MBK가 GP

역할을 하는 펀드는 세 곳이었다. 맥쿼리는 두 곳, 미래에셋PEF가 한 곳이었다. 일례로 MBK가 유일한 GP로 등록된 국민유선방송투자1호 사모투자전문회사의 국민유선방송투자의 지분율은 2010년 말 기준 25.13퍼센트(2008년에는 25.83퍼센트), MBK파트너스 사모투자전문회사라는 회사의 지분율은 24.91퍼센트다.

흥미로운 대목은 출자자별 지분율이 2010년도 감사보고서까지에만 공개돼 있다는 것. 2010년 말 기준으로 보면 MBK와 관련된 회사 세 곳의 지분율은 50퍼센트가 넘는다. 미래창조과학부 관계자는 19일 통화에서 "2013년 말 기준 MBK의 지분율은 50퍼센트대이고 맥쿼리 지분율은 30퍼센트대"라고 설명했다. 미래창조과학부는 MBK에서 국민유선방송투자로 두 경로로 흘러간 자본 전체를 MBK의 몫으로 봤다는 이야기다.

그런데 MBK파트너스의 설명은 조금 달랐다. MBK 관계자는 23일 통화에서 "국민유선방송투자의 지분은 MBK, 맥쿼리, 미래에셋PEF가 4대 4대 2로 경영권 비율을 나누고 있고, 나머지는 소액 투자자"라고 말했다. 씨앤앰의 최대 주주인 국민유선방송투자의 경영권은 사실상 사모펀드 운용 회사가 독점하고 있다는 이야기였다. 씨앤앰으로부터 주간 단위로 영업 실적을 보고받으면서 지시를 하는 것은 사모펀드의 이익과 긴밀한 관련이 있는 셈이다.

MBK 관계자는 "6개 펀드는 그대로 유지되고 있고, 지분율도 거의 변화가 없다"고 설명했다. 이 설명대로라면 국민유선방송투자의 지배 구조는 출범 이후 꾸준히 유지되고 있다는 이야기였다. 그러나 지분 변동 폭과 출자 철회 여부를 알 길이 없다. 국민유선방송투자와 미래창조과학부는 또 다른 출자자인 대한전선과 이민주 전 회장이 각각 설립한 사모투자전문회사의 지분을 공개하지 않고 있기 때문이다.

미래창조과학부 관계자에 따르면, 외국 법인으로 간주되는 MBK파트너스가 투자해 GP 역할을 하는 국민유선방송투자의 지분은 절반이 넘는다. 이는 방송법과 시행령에 저촉될 가능성이 크다. 정부가 MBK가 운영하는 복수의 사모펀드 운용 회사를 별도의 회사로 인정함으로써 이러한 편법을 눈감아줬다는 이야기다. 반면 MBK 측 설명대로라면 MBK는 펀드를 구성해서 투자자를 대신해 운용하기 때문에 방송법에 저촉되지 않는다.

MBK와 맥쿼리가 매각 차익만을 노리고 복수의 사모펀드를 만들거나 또 다른 회사를 들러리로 내세워 씨앤앰을 인수했을 가능성도 있다. 미래창조과학부가 방송사업자 최대 주주와 출자자, 그리고 사모펀드 GP에 대한 자료를 투명하게 공개해야 하는 이유도 이 때문이다. 미래창조과학부가 자료를 공개하지 않는다면 씨앤앰 구조 조정과 매각 차익의 수혜자는 드러날 길이 없다. 특히 케이블 방송사업자는 정부의 인허가를 받아야만 사업을 할 수 있는, 방송이라는 공적 영역에 속한 사업자다.

하지만 미래창조과학부 뉴미디어정책과 관계자는 '출자자별 지분율을 확인해달라'는 요청에 "얼마인지, 그리고 50퍼센트대가 맞는지 아닌지 확인해줄 수 없다"고 말했다. 출자자 명단과 지분율은 '영업 비밀'이라는 것이다. 특히 국민유선방송투자는 이행계획서에 '국민유선방송투자의 재무 건전성'을 조건으로 제시하고도 방송통신위원회와 미래창조과학부에 관련 자료를 제출하지 않았고, 규제 기관 또한 이 자료를 점검하지 않았다.

국민유선방송투자는 '이행계획서(안)'에서 "국민유선방송투자는 단기 매매 차익 실현을 위해 씨앤앰을 인수한 것이 아니라 장기적인 관점에서 씨앤앰의 기업 가치 제고와 유료 방송 시장의 발전을 위해 노력"하겠다고 밝혔다. 또 "씨앤앰의 인수를 위해 조달한 차입금의 원리금 상환으로 인해, 씨앤앰의 디지털 전환 투자 및 정상적 영업 활동에 필요한 재무 건전성을 훼손하지 않겠음"이라고 약속했다. 이 밖에도 "씨앤앰의 재무 구조를 급격히 변경하여 씨앤앰의 정상적인 경영 활동을 위태롭게 하거나 시청자를 포함한 이해 관계자의 이익을 부당히 훼손하지 아니하며, 기업의 사회적 책임을 다하도록 함"이라고 밝히기도 했다. "국민유선방송투자는 종합유선방송사업자 씨앤앰의 최다액 출자자로서 종합유선방송이 수행해야 할 공익적 책임과 역할에 소홀함이 있어서는 안 된다는 점을 인식하고 있다. 변경 승인 조건을 위반하였을 경우, 변경 승인 철회 등 이에 따른 모든 법률적·행정적·재정적 책임을 지겠다"고도 약속했다.

한편 국민유선방송투자는 2007년 8월 8일 사모투자전문회사들이 씨앤앰 인수를 위해 설립한 투자 목적 회사다. 이후 씨앤앰을 담보로 잡고, 신한은행 등으로부터 1조 2707억 6229만 4000원을 차입했다. 신한은행에 지급한 수수료만 192억 2200만 원이다. 만기일 일시 상환 방식으로 만기일은 2013년 3월 24일이다. 국민유선방송투자는 2012년 6월 대주단(신한은행 등)과 총 1조 5670억 원을 한도로 하는 신용공여약정을 체결하며 차입금 1조 5270억 원을 조기 상환하면서 저금리로 리파이낸싱 했다. 국민연금도 리파이낸싱에 참여했다. 2013년 현재 씨앤앰의 장기차입금은 1조 5130억 9037만 6000원으로 만기일은 2016년 7월 30일이다.

블루
크리스마스!

12월 24일

크리스마스 파티가 한창이던 12월 24일 오후 농성장을 찾았다. 분위기는 좋지 않았다. 여전히 전광판 위에는 두 사람이 있었고, 땅에는 단식하는 사람들이 있었다. 단식 중인 사람에게 말을 거는 일은 힘들었다. 그래도 물었다. '왜 이렇게까지 하는 겁니까?' 그들의 성탄 전야를 기록하면서 가슴이 저렸다.

'몸이 힘든 건 참을 수 있는데, 그리움은 못 참습니다'
이희준(해고자. 두 아이의 아버지. 12월 22일부터 단식)

씨앤앰에서 14년 동안 일했습니다. 처음에 정규직에서 노동조합 결성했다는 이야기를 들었습니다. 우리에게도 좋은 영향이 미치지 않을까 생각했습니다. 그동안 일과 삶에 치여 살았거든요. 그래서 '노조가 필요하

154

다'는 생각을 하곤 했습니다.

이 계통 사람들은 다 압니다. 사 측이 일방적으로 업무를 줍니다. 일을 하러 가면 정상적인 업무뿐 아니라 허드렛일도 해야 했고, 실적 채우기 위해 지쳐 있었습니다. 그래서 2013년 처음 노조를 만든다고 했을 때 우리는 너무 억울했습니다.

내려오는 도급비는 4~5년째 멈춰 있었습니다. 회사 입장에서는 협력사와 원청 모두 이익을 내야 하는데, 도급비는 멈췄으니, 회사 입장에서는 노동자를 쥐어짜는 형태가 됐습니다. 우리가 실수한 게 아니지만, 서류에 작은 오류라도 있으면 지급한 돈을 환급한다든가 하는 식이었죠. 피해를 많이 봤습니다. 노조를 만들 당시에는 거의 모든 사람이 '한계'를 느끼던 때입니다.

노조 만들기 어려웠습니다. 처음에는 경기도 지역 업체에 있었는데, 거기서 노조가 깨졌습니다. 그리고 지금 회사(시그마, 강성덕 씨와 같은 업체)로 옮겼는데 '노조를 해야 한다'는 이야기가 많았습니다. 부담이 많았지만 경력이 많은 사람 위주로 노조에 가입했습니다.

성과가 있었습니다. 부당한 일을 당할 때 강하게 어필할 수 있었습니다. 많은 사람들이 그저 '말할 수 있다는 것'에 대해 좋아했습니다.

왜 단식하느냐고요? 저 두 사람이 올라가 있는 기사 댓글을 봤습니다. 악성 댓글이 달립니다. '왜 거기를 올라가서…' 이런 댓글이 있습니다. 그런데 우리는 말이죠. 6개월 동안 안 가본 곳 없이 다녔습니다. 그런데 아무것도 해결이 안 됐습니다. 그래서 올라갔고, 그래서 단식하는 겁니다. 이게 할 수 있는 일입니다.

단식하다 보니, 먹을 것 못 먹는 건 괜찮습니다. 다만 몸에서 힘이 빠지는 것 같아요. 단식을 해본 적이 없어서 그런가 봅니다. 그래서 오늘 (24일)도 가족에게 오지 말라고 그랬습니다. 보면 마음이 아파서 울까 봐요.

위에 있는 두 사람을 잘 압니다. 임정균 동지는 아이가 셋입니다. 저는 6살, 5살 아이가 있습니다. 노숙하면 하루라도 얼마나 아이가 보고 싶은지 모릅니다. 제 몸이 힘들고 제 몸이 춥고, 이런 건 참을 수 있는데 그리움은 못 참습니다. 그 마음을 알아서 단식을 하게 됐습니다. 조금이라도 빨리 내려오게 만들고 싶어서요.

'크리스마스는 내년에도 돌아온다. 올해는 동지와 싸우면서 보냅니다'
신인범(해고자, 한 아이의 아버지, 12월 22일부터 단식)

10년 동안 씨앤앰을 위해 일하다가 2년 정도 울산에서 다른 일을 했고, 2014년 4월 올라왔습니다. 노조 지회장이 된 건 6월입니다. 12년 전 처음에는 정직원으로 입사했습니다. 그런데 나도 모르게 이렇게 돼 있었습니다. 지역 센터 책임자를 바꾸면서 '업체'로 바뀌었어요. 원청의 부장, 과장이 업체 사장이 됐는데 우리는 아무것도 몰랐습니다. 우리가 하는 일은 같은데 회사 이름만 두어 번 바뀌었습니다.

그리고 씨앤앰에 왔습니다. 저는 씨앤앰에서 AS도 하고 설치도 했습니다. 관리팀장, 설치팀장으로 소사장들을 관리했습니다. 그래서 누구보다 다단계 하도급의 폐해를 잘 압니다. '차감'이 얼마나 무서운지 잘 압니다. 그런데 씨앤앰은 우리를 '가족'이라고 부르더군요. 관리직으로 지표 관리를 하면서 뭔가 잘못됐다고 생각했습니다.

울산에 내려간 이유는 좋은 일자리가 생겨 그랬기도 했지만, 솔직히 혼자 살겠다는 마음에서 내려간 거였어요. 내려가 있던 2년 동안 동료들이랑 연락은 했습니다. 노조가 만들어졌고 업무 환경과 처우도 나아졌다고 하더라고요. 그래서 외지에서 외로워하던 집사람 이야기를 듣고, 조합원들이 다리를 놔줘서 돌아오게 됐습니다.

올라오고 나서 두 달은 조합원과 진지하게 싸웠어요. 제가 생각하는 노동자, 노동조합과는 많이 달랐습니다. 저는 '노조가 강경하게 나가는 것만이 중요한 게 아니다. 대화도 중요하다'고 생각했습니다. 그런데 제가 없는 2년 동안 업체에서 나쁜 짓을 많이 했고, 이미 '대화'할 수 있는 시기는 지났더군요.

가입하자마자 파업을 했고, 6월 30일자로 (계약 만료로) 해고됐습니다. 10년 쌓인 울분이 터졌고, 바로 해고된 겁니다. 처음 파업 나왔을 때 '두 달 안에 끝내자'고 했고 저금한 돈과 대출로 버틸 수 있겠다 생각했습니다.

그런데 지금 6개월이 다 됐습니다. 실업급여를 받을 수 있는 사람도 있고, 못 받는 사람도 있습니다. 날짜(실업급여 수령 가능 기간)도 다 다릅니다. 본조(희망연대노동조합)에서 생계비 대출을 해주고, 부족한 부분은 대출해왔는데, 지금 본조도 지원금이 거의 떨어졌습니다.

이제 집에 가스가 끊긴 사람도 있고, 차비가 없어 농성장에 못 나올 조합원도 있습니다. 본조의 생계비 지원이 매달 10일 전후인데 이날이 가까워지면 돈이 떨어지는 사람들이 꽤 많습니다.

싸움이 길어졌지만 우리 지회는 36명 중 3명만 이탈했습니다. 3, 4개월 지나면서 '오기', 여기서 그만둘 수 없다는 분위기가 생겼습니다. 내부적으로 내실을 다지고, 속에 있는 고민을 풉니다.

성덕이는 (올라간다는) 이야기가 전혀 없었어요. 워낙 연대하러 여기저기 다니는 친구라서 며칠 동안 안 보여도 별 걱정을 안 했습니다. 정균이는 올라가기 전에 따로 만났습니다. 정균이 와이프도 같이 봤습니다. 지금 생각해보면 평상시와 달리 너무 밝았던 것 같습니다. 아무도 몰랐습니다.

솔직히 미안하기도 하고 고맙기도 했습니다. 그런데 하필 너무 추운 날 올라갔습니다. 우리 조합원, 많이 울었습니다. 저 두 사람에게는 말할 수 없는 미안함과 죄스러움이 있습니다. 두 사람이 해결의 실마리가 됐으니, 이제 우리가 뭐라도 해야 한다고 생각합니다.

단식을 시작한 이유도 '두 명에게 미안하지 않아야 한다'는 마음 때문입니다. 두 사람은 목숨을 걸고 투쟁하는데, 우리도 해야 한다고 생각했습니다.

집에서는 싫어합니다. 와이프와 딸을 3시간 넘게 설득했습니다. 이해를 못 합니다. '그만두고 다른 일을 하면 되지 않느냐'고 합니다. 다른 조합원도 마찬가지였을 겁니다. 그런데 그렇게 얘기하고 설득하는 과정 자체가 제게는 '결의'였습니다.

서운할 거예요. 연말이든 연초든 이 싸움은 언제 끝날지 모릅니다. '정말 미안하다'고 했습니다. '최대한 믿어달라, 건강하게 돌아오겠다, 돌아오면 정말 잘 해주겠다'고 했습니다. 오늘 조합원 가족이 여기 왔는데 보는 순간 눈물이 났습니다. 크리스마스이브인데, 여기 있는 게 미안했습니다. 우리 조합원들은 농담으로 '크리스마스는 내년에도 돌아온다. 올해는 동지들과 같이 보낸다'고 얘기합니다.

크리스마스는 돌아옵니다!

'1년만이라도 제대로 된 회사에 다니다 퇴직하고 싶다'
송영태(해고자, 2015년이 환갑, 시그마지회 최고령 조합원)

저는 한국 나이로 올해 육순입니다. 호적이 조금 늦어서 이제 씨앤앰에서 일할 수 있는 시간은 1년 정도뿐입니다. 2년 전 여기 와서 일했을 때 좀 이상했습니다. 30대 중후반 친구들인데 총각이 너무 많았습니다. 토요일도 없이 일하니 데이트할 시간도 없고, 임금이 적다 보니 가정을 꾸리기는 벅차기 때문입니다.

노조 생기고 나서 토요일을 격주로 쉴 수 있게 됐습니다. 개선된 것도 많습니다. 지금 우리의 요구도 글자 그대로 작은 요구입니다.

저는 LG 출신으로 나와서 사업을 하다가 여의치 않아서 케이블 일을 하게 됐습니다. 여기 온 지 2년 정도 됐고, 상대적으로 쉬운 '해지' 업무를 하고 있습니다. 설치하는 데는 집과 주변 구조, 인테리어를 신경 써야 하지만 뜯는 일은 좀 쉽거든요. 나이 먹은 저도 할 수 있는 일입니다.

왜 이렇게 악착 같이 싸우느냐고요? 처음에 싸움 시작할 때는 이 젊은 친구들이 다른 일을 하면 되지, 왜 이렇게까지 하나 생각했습니다. 그런데 이 바닥에서 10년, 15년 일한 경력을 인정하는 것은 같은 업종뿐이라고 하더라고요.

나라 자체가 노동자를 알아주지 않습니다. 오늘 우원식, 은수미 의원이 왔는데 이런 의원들이 잘됐으면 좋겠습니다. 우리는 고공 농성하고 단식하지만 정부는 역행만 합니다. 자본은 절대 노동자를 생각하지 않습니다.

사실 저는 싸우기 더 쉽지 않습니다. 저는 이제 기껏해야 경비직을 가겠죠. 사실 여기 온 이유도 격일제, 3교대 근무 같은 일이 싫어서였습니다. 남들 일하는 시간에 일하고, 남들 쉴 때 쉬는 일을 하고 싶었습니다. 남은 1년만이라도 제대로 된 회사에 다니고 싶기 때문입니다. 끝을 보고 싶습니다. 자식이고 조카 같은 우리 조합원들이 좋은 회사에 다니는 모습을 보고 싶습니다.

'우리가 옳은 길을 걷고 있다는 사실을 확인시켜줘서 고맙습니다'
이경호(해고자. 쌍둥이 아들의 아버지. 12월 22일부터 단식)

회사의 구조 조정 때문에 길에 내몰린다는 게 얼마나 억울한지 아나. 이곳에 나와서 한 달, 두 달 지나면서 '화'가 쌓이기 시작했습니다. 조합원 중에는 가정이 파탄 나기 일보 직전인 사람들도 있습니다. 그런데도 이렇게 싸우는 건 억울하고 분노를 참을 수 없기 때문입니다. 구조 조정을 막고 회사로 복귀하겠다는 생각뿐입니다.

해고 이후 여기서 노숙한 날이 100일이 넘습니다. 가장 자주 노숙하는 사람 중 하나입니다. 그래서 몸이 안 좋습니다. 그래도 왜 단식을 하냐면, 회사의 언론 플레이 때문입니다. 돈이 없어 굶어 죽으나, 여기서 싸우다 죽으나 죽는 건 매한가지입니다. 우리는 이게 마지막 저항입니다. 우리

지회 28명과 함께 꼭 돌아가려고 하는 겁니다.

싸움이 길어지면서 이혼한 친구도 있고, 차비가 없어 딸아이 저금통에서 빼온 친구도 있습니다. 우리가 이렇게까지 열심히 하는 이유는 억울하기 때문이기도 하지만 연대의 힘 때문이기도 합니다. 우리가 정말 힘들고 어려울 때 손잡아주고, 핫팩과 옷과 밥을 주는 분들이 있습니다. 우리가 나쁜 길을 가고 있지 않고, 옳은 길을 걷고 있다는 사실을 확인시켜주는 분들이죠.

가족들은 싫어합니다. 아까 통화했는데 "아빠가 나쁜 짓을 하는 게 아니라, 이 사회가 잘못했다. 아빠를 부끄럽다고 생각하면 안 된다"고 얘기했습니다. 나는 심지어 고등학생 아들들을 둔 외벌이 가정의 가장입니다. 내가 먹지 않더라도 아이들은 학교에 보내야 합니다. 그래서 정말 힘들었습니다. 정균이가 봉투에 50만 원 담아서 준 것도 그때입니다.

본조도 이제 생계 지원이 어렵다고 합니다. 그래서 우리는 저녁에 편의점, 주유소 아르바이트를 해서라도 계속 싸우겠다고 했습니다. 케이블 바닥에서 17년, 씨앤앰에서 8년 일했는데 지금 생각해보면 처음 일 시작했을 때가 제일 좋았습니다. 그동안 월급은 꾸준히 떨어졌습니다. 지금 일은 두 배로 하는데 월급은 반 토막입니다.

정균이는 친한 동생입니다. 너무 미안합니다. 가끔 통화하는데 몸이 너무 안 좋다고 하는데 건강하게 내려오기만 바란다. 내려오면 소주 한잔 해야 하겠습니다. 우리 지회 사람들은 이제 눈빛만 봐도 다 압니다.

이 싸움은 세월이 지나면 좋은 기억이 될 겁니다. 아무것도 모르고 며칠 만에 끝난다 생각하고 시작한 싸움인데, 이제 모두 간부가 됐고 투사가 됐습니다. 동지들에게 정말 고맙습니다.

'고공 농성 49일'
씨앤앰 사태 일단락

<u>12월 30일</u>

씨앤앰 노사가 잠정 합의안을 도출했다. 씨앤앰 경영진과 희망연대 노동조합은 집중 교섭을 통해 노사 모두 한 발 물러선 내용에서 잠정 합의안을 만들었다. 씨앤앰이 그동안 '강경 모드'로 일관해왔다는 점을 고려하면 노동조합 쪽의 요구가 다수 반영된 결과였다. 씨앤앰 직접고용 정규직 노동조합과 간접고용 노동조합은 30일 조합원 설명회를 진행하고, 31일 오전 조합원 찬반 투표 결과 잠정 합의안이 통과되면 노숙·고공·단식 농성을 끝낼 계획이라고 밝혔다.

이날 희망연대노동조합은 집중 교섭 결과 1) 해고자 83명 전원 고용 보장(지방노동위원회 복직 결정 9명과 이직 및 조합 탈퇴자 제외), 2) 최대 주주 국민유선방송투자가 씨앤앰을 매각할 때 구조 조정 금지, 3) 2014년도 임금 및 단체협약 체결(씨앤앰지부 4퍼센트 인상, 케이블방송 비정규직지부 12만 원 인상) 잠정 합의안을 도출했다고 전했다.

162

애초 노동조합은 109명 해고자 전원에 대해 원직 복직을 요구했다. 그러나 원청, 하청, 노동조합이 진행한 삼자 협의체에서 해당 업체들은 지방노동위원회가 부당 해고로 본 9명을 제외한 다른 노동자에 대해서는 '이미 직원을 충원했다'며 원직 복직은 안 된다고 선을 그었다. 이에 씨앤앰과 희망연대노동조합은 신규 독립 법인을 만들어 해고 지역 세 곳에 사무소를 설치한 뒤, 83명을 고용 승계하는 안에 합의했다. 근속과 임금 단체협상을 승계하고, 원청이 인건비와 운영비, 차량 등을 제공하는 조건을 붙였다.

잠정 합의안에는 노동조합의 두 번째 요구인 '매각시 고용 보장'에 대한 내용도 있었다. 씨앤앰과 희망연대노동조합은 매각 과정에 인위적인 구조 조정은 없고, 협력 업체와의 계약 기간을 준수하고(만약 계약을 해지하거나 폐업 업체가 발생할 경우, 신규 업체는 조합원을 우선 고용), 씨앤앰이 '고용 승계 촉진 정책'을 실시해 업무 연속성을 유지하는 방안 등을 잠정 합의문에 담았다.

세 번째 요구인 '2014년도 임금 및 단체협약 체결'도 이뤄졌다. 씨앤앰 노사는 4퍼센트 인상에 합의했다. 씨앤앤 계열사인 텔레웍스의 노사는 추가로 임금 단체협상 타결금 100만 원을 지급하는 방안을 논의하기로 했다. 임금 격차를 줄이는 취지다. 애초 '임금 20퍼센트 삭감' 이야기까지 나온 협력사협의회와 케이블방송 비정규직지부는 12만 원 인상에 합의했다.

사태는 일단락됐다. 이남신 집행위원장은 "고공에 올라간 임정균, 강성덕 동지의 역할도 컸지만, 아래에서 단식하고 삭발한 조합원들의 힘이 컸다. 그리고 무엇보다 정규직과 비정규직이 함께 비정규직 해고자 109명을 지키겠다는 마음으로 전면 파업에 나선 것이 (문제 해결에) 가장 큰 힘이 됐다고 본다"고 말했다.

'이기기 시작했다'

12월 31일

씨앤앰 원·하청과 노동조합이 30일 잠정 합의안을 도출하고 노동조합 찬반 투표를 통해 합의안이 통과됨으로써 씨앤앰 사태가 일단락 됐다. 노동조합은 노숙·고공·단식 농성을 끝냈다.

희망연대노동조합은 31일 오후 서울파이낸스센터 앞에서 집회를 열고 농성 해제를 선언했다. 이종탁 위원장의 말이다. "이제 씨앤앰지부와 케이블방송 비정규직지부가 현장으로 돌아간다. 이번 승리는 노동자를 더 이상 건드릴 수 없고 씨앤앰의 진짜 주인은 노동자라는 사실을 확실히 보여줬다. 900만 비정규직이 눈물 흘리지 않는 사회, 가입자와 함께 케이블방송의 공공성을 실현하는 사회를 만들겠다. SK, LG, 쌍용차, 스타케미칼처럼 억압받고 핍박받는 노동자와 함께하고, 저 건너편 세월호 참사의 진실이 밝혀질 때까지 함께하겠다."

김진규 지부장은 "차디찬 바닥에서 노숙을 하고, 두 동지를 지키려고 전광판 기둥 아래서 벌벌 떨면서, 괴롭고 힘들어도 '이기겠다'고 다짐했고, 사회적 연대로 결국 승리했다"고 말했다. 김영수 지부장은 "아파도 힘들어도 버텼고, 그래서 이 승리가 가슴과 머리에 각인됐을 것이라고 생각한다. 이번 싸움의 승리는 옆에서 뒤에서 앞에서 엄호해준

사회적 연대와 우리의 요구가 잘못되지 않았음을 확인한 조합원들이 있었기에 가능했다"고 말했다.

은수미 의원은 "지지난해(2012년) 12월 일하는 시민 다섯 분이 목숨을 끊어 장례식장에 있었고, 지난해 12월에는 두 분의 삼성전자서비스 기사가 스스로 목숨을 끊어 거리에 있었지만, 올해 12월 씨앤앰 싸움의 승리는 일하는 시민들에게 커다란 힘이 될 것이다. 이기는 것이 '진보'고, 바꾸는 것이 '개혁'이고, 정의를 지키는 것이 '정치'인데 여러분을 보며 배웠다. 여러분의 가슴이 얼마나 넓고, 두텁게 연대하고, 얼마나 서로를 사랑하는지 느꼈다. 이제 노동과 정치가 이기기 시작했다. 고맙다"고 말했다.

전규찬 언론개혁시민연대 대표는 "전광판 두 동지에게 '야광충 벌레'라고 칭했는데, 두 사람이야말로 절망과 어둠의 시대에 빛나는 인간 벌레가 아닌가. 언론 운동과 미디어 운동은 MB정부와 박근혜정부 들어 계속 패배만 해왔는데, 정작 자신을 언론 노동자로 부르지 않지만 묵묵히 싸운 노동자들이 이렇게 승리를 쟁취했다. 지금처럼 뜨겁게 싸워달라"고 말했다.

이남신 집행위원장은 "정규직과 비정규직, 해고자와 비해고자가 함께 싸웠고, 앞서 티브로드가 먼저 싸우고, LG와 SK가 뒷받침하고, 수많은 연대 단위가 있었기에 승리를 이뤄낼 수 있었다. 이제 SK, LG 비정규직을 필두로 간접고용 비정규직 철폐 싸움을 본격화해야 한다"고 말했다.

이날로 50일째 프레스센터 앞 서울신문 옥외 광고판에서 고공 농성을 벌인 임정균 씨는 내려오기 직전 마이크를 잡고 이렇게 말했다. "지금 여러분이 앉아 있는 곳은 씨앤앰 정규직과 비정규직이 지켜야만 했던 전쟁터다. 임금 단체협상 파업 투쟁 205일, 노숙 농성 177일, 고공 농성 50일, 단식 10일, 을지로위원회 국회의원 농성 6일 만에 땅에 내려가게 됐다. 우리가 피투성이가 돼도 자본은 움직이지 않았지만 의식 있는 시민과 지역 단체가 찾아오면서 우리 소식이 알려졌고, 기자들도 기사를 써줬다. 정치적 압박이 결국 자본의 무릎을 꿇렸다. 이것이 연대의 힘이다. 이것은 승리의 일부고, 이제야 첫 단추를 꿰었다. 지금도 노숙 중인 LG유플러스와 SK브로드밴드 비정규직지부가 있는데 발 뻗고 잘 수 있나. 이제 시작이다. 실천으로 보여주자. (굴뚝 농성 중인) 스타케미칼, 쌍용차와도 연대하는 시간을 만들자. 노동자가 믿을 것은 동지밖에 없다."

강성덕 씨는 이렇게 말했다. "민주노총 산하 모든 노동조합 동지들에게 고맙다. 자기 일처럼 생각하고 온 시민들, 우리 아픔을 모두의 아픔으로 보듬은 종교계, 비정규직 문제를 더 이상 미룰 수 없다는 새정치민주연합 의원들에게 고맙다. 하지만 대한민국은 지금 모든 법이 자본과 권력을 향하고 있다. 지금도 투쟁 중인 동지들과 연대해 2015년에도 그렇게 싸워나가자."

씨앤앰의 대주주인 MBK파트너스와 맥쿼리

9월 18일 MBK파트너스 사무실이 있는 서울파이낸스센터 20층에서 연좌 농성을
벌인 희망연대노동조합 케이블방송 비정규직지부 소속 조합원들의 모습

세계인권선언 제1조

모든 사람은 태어날 때부터
자유롭고 존엄하며 평등하다

11월 12일 강성덕, 임정균 씨가 서울 광화문 한복판인 프레스센터 앞 높이 20미터 전광판에 올랐다.

사진 이기범

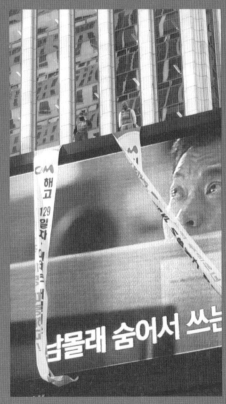

고공 농성 13일차. 희망연대노동조합 씨앤앰지
부와 케이블방송비정규직지부는 109명 해고자
전원 복직을 촉구하는 퍼포먼스를 했다.

고공농성 20일차 전광판 위에 있는 임정균 씨.

사진 노동자연대

구호를 외치는 노동조합 간부 팔뚝 사이로 고공농성 중인 임정균, 강성덕 씨의 모습이 보인다.

사진 이기범

케이블 기사들은 김병주 회장 자택 바로 앞에 있는 전봇대를 타고 올라 전단을 붙였다.
경찰은 노동자들이 붙인 전단을 대부분 떼어냈지만 이것만은 떼낼 수 없었다.

전광판에서 내려온 뒤 언론과 인터뷰 중인 임정균 씨

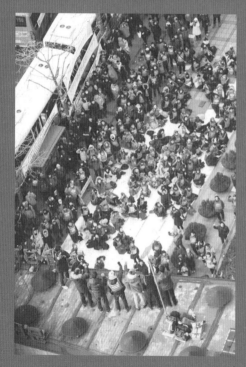

전광판에서 내려오기 전 구호를 외치는
임정균, 강성덕 씨의 모습. 이날 우원식
의원, 이남신 한국비정규노동센터 소장,
한상균 민주노총 위원장과 취재진이 크레
인을 타고 전광판에 올랐다.

사진 이기범

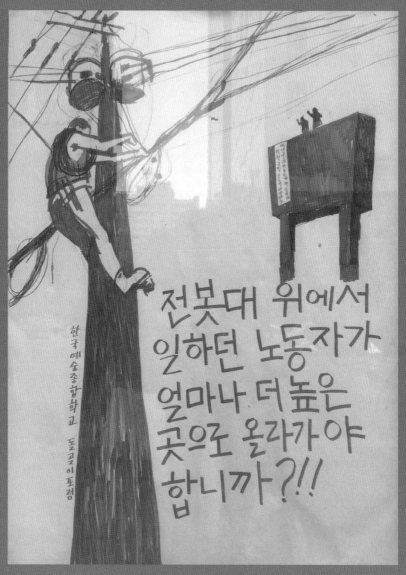

한국예술종합학교 출신 모임 '돌꽃이포럼'은 시민들에게 씨앤앰 노동자들의 노숙, 고공 농성을 알리고자
걸개그림을 만들어 농성장 주변에 걸었다.

TV를 켜면 멋진 삶이 쏟아집니다. 그들의 삶은 이 땅 위가 아니라, 호텔의 스카이라운지, 타워펠리스, 긴 담으로 둘러싸인 높은 곳에 있는 저택에서 펼쳐집니다. 이들과는 다른 높은 곳에 올라 간 노동자들이 있습니다. 서울 한복판, 전광판 위에 올라간 두 명의 사람이 있습니다.

그들이 보는 서울의 풍경은 어떨까요. 그들이 올라간 자리보다 더 높이 솟은 빌딩들을 바라보며 자야하는 밤은 어떨까요. 흰눈을 몸으로 맞아야 하는 새벽은 어떨까요. 거리에서 지새우는

이들에게도, 전광판 위에 올라간 이들에게 겨울은 길게만 느껴질 것 같습니...

부디 이 겨울이 따뜻하기를 희... 하며, 이곳에

불을 놓습니다.

승리!

한국예술종합학교 돌곶이포럼.

"TV를 켜면 멋진 삶이 쏟아집니다. 그들의 삶은 이 땅 위가 아니라 호텔의 스카이라운지, 타워펠리스, 긴 담으로 둘러싸인 높은 곳에 있는 저택에서 펼쳐집니다. 이들과는 다른 높은 곳에 올라간 노동자들이 있습니다. 서울 한복판, 전광판 위에 올라간 두 명의 사람이 있습니다. 그들이 보는 서울의 풍경은 어떨까요. 그들이 올라간 자리보다 더 높이 솟은 빌딩들을 바라보며 자야 하는 밤은 어떨까요. 흰 눈을 몸으로 맞아야 하는 새벽은 어떨까요. 거리에서 지새우는 이들에게도, 전광판 위에 올라간 이들에게도 겨울은 길게만 느껴질 것 같습니다. 부디 이 겨울이 따뜻하기를 희망하며, 이곳에 불을 놓습니다. 승리!"

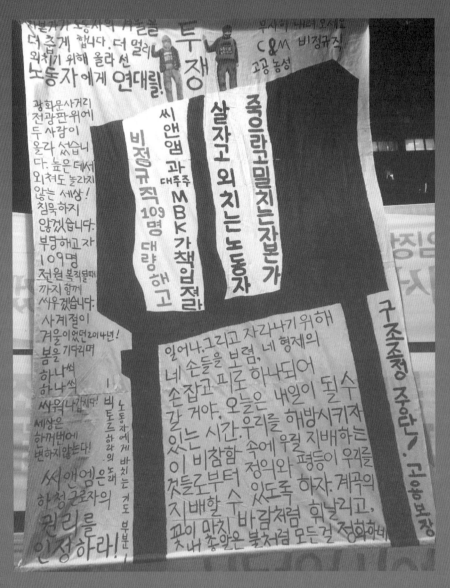

일어나, 그리고 자라나기 위해 네 손들을 보렴. 네 형제의 손 잡고 피로 하나 되어 갈 거야. 오늘은 내일이 될 수 있는 시간. 우리를 해방시키자. / 이 비참함 속에 우릴 지배하는 것들로부터 정의와 평등이 우리를 지배할 수 있도록 하자. 계곡의 꽃이 마치 바람처럼 휘날리고, 내 총알은 불처럼 모든 걸 정화하네.
(빅토르 하라의 노래 '노동자에게 바치는 기도')

2013

노는 땅 위에서 파업 중

: 노조 결성과 현장

〈노는 땅에서 파업 중〉은 일련의 미술 작업이자 13명의 인터뷰를 담은 미완의 책이다. 2013년 여름 희망연대노조 김하늬 위원장의 권유로 케이블방송 비정규직 노동조합 다큐멘터리 촬영을 시작했다. 연출자 신동석 씨와 함께 지회별 노동 현장을 취재하고, 8월 총파업 이후에는 파업 진행 사항을 기록했다. 우리는 여러 지회로 나뉜 노조 사정을 염두에 두고 모든 지회가 모이는 집회에서 상영할 것을 목표로 했다. 하지만 파업 이후 임금 단체협약이 이뤄지면서 촬영 또한 자연스레 끝을 맺었다. 다큐멘터리에 미처 담지 못한 인터뷰 내용을 엮은 책이 〈노는 땅에서 파업 중〉이다. 준비하고 있던 미술 작업이 이 인터뷰에서 출발한 것이므로 잘 정리돼야 하겠다고 생각했다. 물론 한 사람에게 쌓인 분노의 역사를 정리하는 일이 필요하다고도 생각했다. 하지만 막상 출판을 준비하다 보니 결정하기 어려운 문제들이 많았다. 우선 이 책을 어디로 흘려보낼지에 대해 쉽게 답을 내릴 수 없었다. 애초에 생생한 노동 현장 취재기로 포장해 서점에 올려놓고 싶지 않았기 때문이다. 우리를 눈물짓게 하는 노동자의 사연은 이미 너무 많다는 생각을 하고 있었고, 많은 것이 문제가 된다고 생각하고 있었다. 이런 생각에는 조심스러운 측면이 있었지만, 그 당시 나는, 우리만 볼 수 있는 책이어야 한다는 얄궂은 생각을 하고 있었다. 그래서 600권만 한정 인쇄해 전 권을 케이블방송 비정규직 노조에 전달했다.

다큐멘터리도, 인터뷰 책도 결국 흐지부지 끝났다. 이후 벼르고 있던 영상 작업 〈미궁과 크로마키〉를 만들었지만 이마저도 맥이 빠졌다(인터뷰에 등장하는 전동열 씨가 케이블 설치 과정을 재연하는 미술 작업). 본디 미술(예술)이 가지고 있는 가능성이란 매우 느리고 희미한 것, 캄캄한 어둠 속에서 이뤄지는 제스처 같은 것이라 생각했다. 그러나 〈미궁과 크로마키〉를 완성했을 때, 불가능에 가깝도록 느리다는 게 우아하게만 느껴지는 건 왜였을까. 매서운 추위가 시작되던 2014년 11월 갤러리의 허공에 〈미궁과 크로마키〉가 영사되고 있을 때 강성덕, 임정균 씨가 전광판에 올랐다. 통렬한 작가가 되고 싶다는 욕망을 조절하지 못해서 이 어렵고 난처한 상황을 무작정 전시장에 가져다 놓은 건 아니었을까. 〈미궁과 크로마키〉 같은 미술 작업을 만들면서 연대하는 힘이나 희망 같은 걸 탕진해버린 건 아니었을까. 나는 자책하고 있었다. 응전하고 싶지만, 실력이 모자란 권투 선수의 심정으로, 전광판 위의 '두 사람'을 생각했다. 무엇 하나 해결되지 않은 채 다음, 다음 문제들이 계속해서 떠밀려오는 느낌이 들었다. 문화제에 참석하는 일이 해고자의 복직에 도움이나 될 수 있을지 자문하면서도, 투쟁이 어려워 보이니 뭐라도 해야 하겠다는 생각에 허우적거렸다. 이 추상적인 결기가 어느 시점까지 나를 끌고 갈 수 있을지 마음이 답답해지던 나날이었다.

12월이 되자 눈 내리는 날이 잦아졌다. 전광판 위에서 내려다보는 눈 덮인 서울 한복판은 어떤 모습일지, 때론 감상적으로 '두 사람'을 생각하기도 했다. 그러나 12월에는, 전광판 아래에 자주 가지 않았다. 웬만하면 광화문 주변은 가고 싶지 않았다. 정말로 내가 할 수 있는 일이 뭐가 있는지, 해야 하는 일이 무엇인지 혼란스러웠다. 고백하건대, 어차피 투쟁은 교섭으로 결정되고, 교섭을 진행하는 능통한 사람들의 '일'이라는 생각이 들었다. 게다가 간간이 전해 듣는 소식에 묘한 떨떠름함을 느낀 터였다. '두 사람'이 언제쯤 내려올 수 있을 것이라는 예상, 정부는 압력을 느끼고 있고 그래서 언제쯤 누구누구가 조치를 취할 것이라는 속설, 그런 이야기를 듣고 나면 이상하게 문화제로 향하는 발걸음이 무거워지곤 했다. 문화제에 모인 사람들이 기도회에 참석한 범속한 신자처럼 느껴졌기 때문이다. 왠지 장막 밖에서 간절하게 기도하는 사람들처럼 보였다. 이런 생각은 극단적인 느낌을 옮겨놓은 것이지만, 나는 많은 사람이 이러한 감정의 진폭 속에서 '운동'을 포기하고 있다고 생각한다. 대부분의 (젊은) 사람들은 보편적으로 불의에 불편함을 느끼지만, 그런 '감정'과 '운동'을 두고 착시를 느끼고 있지 않은가. 적어도 나의 경우는 그랬다. 착취하는 자에 대한 기분 나쁨과 투쟁하는 사람을 지켜보는 답답하고 불편한 마음. 그런 기분을 어떻게 처리해야 할지 몰랐다. 그리고 연이어 아무것도 변하지 않을 거라는 은밀한 허무를 품게 된 것이었다.

　그러나 씨앤앰 비정규직 투쟁으로 인해 연대에 대해 다시금 생각한다. 강성덕, 임정균 씨가 전광판에서 내려오던 날, 그 자리에 있던 사람들이 내게 말해주었다. 투쟁과 연대란 단순히 윤리적인 의미나 호소가 아니라, 어떻게 살아갈 것이냐 하는 삶의 방식을 '선택'하는 일이라고. 그래서 어떤 일에도 일희일비하지 않을 것이며 앞으로도 담담하게 선택할 것이라고. 이 '선택'은 보편적 대의를 위해 참여하고 책임을 다하겠다는 다짐이 아니었다. 온정을 확인했던 순간에 기대지 않고, 오로지 세계를 선택하고 결정함으로 나아가자는 엄정한 결단이었다. 그 자리에서 들었던 전규찬 선생의 발언도 기억에 남았다. 그는 이 문제가 해결되고 나면 20대 젊은 예술가들과 연대해달라고 말했다. 응원받은 사람이 연대의 우정을 다른 곳으로 옮기는 방식. 이런 식의 연대는 유효하다. 2014년의 마지막 날, 나는 그렇게 다시 배웠다. 친구들과 나는, 20대 예술가보다 30대 예술가가 더 시급한데 말이야, 라고 우스갯소리를 늘어놓으며 기념사진을 찍었다. 곳곳에서 힘찬 투쟁 구호 소리가 울렸고 잠시나마 해방의 순간을 맞은 듯 웃음이 넘쳐났다. 나는 주머니에 손을 꽂고 이곳저곳을 돌아다니며 인터뷰에 응해준 분들의 기쁜 표정을 멀리서 쳐다봤다. 그리고 이렇게 생각했다. 노동자가 예술가를 딱하게 생각하는 날이 하루바삐 찾아왔으면 좋겠다고 말이다.

　2013년에 쓴 인터뷰집을 다시 꺼내어놓고 보니, 나만 몰랐던 것투성이다. 2013년 노조가 결성될 당시, 노조원들은 이미 2014년의 투쟁과 승리를 짐작하고 있는 것 같다. 이 인터뷰집의 단점도 많이 보인다. 현장 일화나 개인사에 많은 부분 할애한 것이 마음에 걸린다. 한 사람의 생활과 인생에 대해 듣는 일은 가슴 아프고 혹은 가슴 벅찬 일이지만, 재담이 뛰어난 노조원을 만날 때마다 인터뷰어로서 희열을 느꼈다. 그러니까, 지나치게 '이야기'에 빠져 있었다. 각 노동자가 처한 상황의 원인이나 투쟁을 조직하는 일에 대한 정리가 부족했다. 이 사연들에 애정의 증거를 내어놓기 힘든 사람들도 있다. 그때 이 '이야기'는 헛되이 닿을 수 있다. 이런 문제를 내용에서 보완했어야 했다. 그뿐인가. 박장준 기자의 집요한 글 덕분에 세계를 추궁하고 원인을 파헤치는 일의 중요성을 깨달았다. 〈노는 땅에서 파업 중〉이 담아내지 못한 지점을 박기자의 글로 보완할 수 있을 것 같다. 그래서 나란히 책으로 묶이는 일이 다행이지 싶다. 한 줌의 승리, 그러나 빛과 같은 승리를 지켜보면서 더 나은 사람이 되어야 하겠다고 자주 중얼거렸다. 내게 더 나은 세상을 만들자고 속삭여준 분들께, 늘 어색하기만 했던 '동지'라는 말로, 감사한 마음을 전하고 싶다.

2015년 4월

〈미궁과 크로마키(Chroma Key and Labyrinth)〉 차재민
(vimeo.com/91402949)

©일상의 실천

　이 책에는 2013년 여름 진행된 인터뷰의 내용이 담겨 있다. 인터뷰의 주인공은 희망연대 노조 케이블방송 비정규직 노동조합원들이다. 8월, 전면 파업 전후로 13명의 조합원을 1시간 반에서 2시간에 걸쳐 만났다. 카페에서는 상대방의 이야기 하나하나에 집중하기 어려웠고, 사무실은 노조 활동을 탄압하는 상황이라 접근하기조차 불가능했다. 하는 수 없이 노는 땅을 찾아야 했다. 책 제목 〈노는 땅에서 파업 중〉은 이러한 상황을 반영한다. 우리는 한낮의 외진 공터에 마주 앉아 차분한 인사를 나눴다. 하지만 거의 모든 발언이 울분과 흥분으로 마무리되었고, 그것이 분노이든 호소이든 또 다른 무엇이든 간에, 자유의 공간을 만끽하면서 뿌듯한 감동을 느꼈다. 이 책은 개인이라는 테두리를 부수고 나눔을 요구하는 사람들을 찾아간다. 그 나눔에서 공동체가 비롯되고, 그 나눔은 공동체 안에서 이루어진다.*

*《밝힐 수 없는 공동체》, 모리스 블랑쇼(문학과지성사 2005, 40쪽)

인터뷰
01

노희인

군 제대했을 당시 1998년 1월이었는데 한두 달 전에 IMF 사태가 벌어졌어요. 제대하고 부푼 마음으로 현장에서 일하려고 알아보니 일자리가 없더라고요. 그래서 한 1년 6개월 정도 알바 일을 하다가 1999년 말 한 케이블TV 회사가 정규직 직원을 구한다는 광고를 보고 이력서를 냈어요. 그때부터 계속 다녔던 거죠. 한 2, 3년 다니다가 간부들과 안 좋은 일이 있어서 퇴사했어요. 다른 직장을 찾으려 했는데 계속 케이블 쪽 일만 보이더라고요. 그때부터 쭉 케이블TV 설치를 하고 있어요. 그렇게 해서 지금까지 온 거예요. 정규직으로 급여를 받고 일한 때도 있었고, 건당 일을 할 때도 있었고.

저는 분사, 즉 아웃소싱이 된 시점에 파트너사(협력 업체)로 다시 들어왔던 거죠. 지금 다니는 '팀스'가 파트너사예요. 앞서 회사를 3년 정도 다니다가 급여 문제로 나왔던 거고. 2006, 2007년, 아마 그즈음일 거예요. 정규직으로 채용하던 시점에서, 외국계 자본 회사인 맥쿼리와 MBK가 씨앤앰이라는 회사를 인수하는 과정에서 AS, 설치 직원과 내근직, 영업 직원을 분리했죠. 당시에는 한 사무실에 영업 사원, 현장 AS기사, 내근 직원 모두 함께 있었는데. 그때 분리되면서 외주화가 시작됐어요. 그때 팀장급이던 사람들이 나와서 아웃소싱을 맡았고, 그중 사장을 하겠다는 분이 있었고. 그렇게 진행된 걸로 저는 알고 있어요. 아웃소싱되기 전에 팀장급이던 사람들이 거의 대부분 파트너사의 사장이 된 걸로 알고 있어요. 저는 지금 한 업체의 팀장, 소사장이라는 직책을 달고 있고요. 팀원은 저까지 포함해서 6명이에요. 팀원들이 각자 할당받은 구역에서 설치, AS 업무를 하다가 민원이 생기거나 업무에 과부하가 걸려서 일을 못 할 때 지원해주고 있죠. 고객과 말다툼이 생기면 그때도 찾아가서 어떻게든 잘 해결하려고 고객에게 머리 조아리면서 처리하는 경우도 있고, 그렇습니다. 5명 팀원 중 1명은 동기이자 사회 친구이고, 나머지 넷은 저보다 연배가 높아요. 많게는 쉰다섯, 적게는 마흔둘 되는 분들이죠. 요즘은 젊은 사람이 와서 처음부터 배우려고 하지 않는 것 같더라고요. 근무 조건이나 환경이 다른 업계보다 안 좋은 편이니까. 가장 중요한 이유는 고객을 상대로 일을 해야 하는 점 때문이에요. 약간의 스트레스 아닌 스트레스를 받거든요. 현재 평균 나이는 대부분 마흔 조금 안 된 걸로 알고 있어요. 소사장이라는 것은… 원청이 있고 그 밑에 파트너사가 있고, 파트너사가 다시 오더를 내리는 소단위 업체가 있어요, 그 업체의 책임자를 소사장이라고 불러요.

저희는 현장 근로자인데도 영업에 대해 위에서 푸시가 많이 들어와요. 위에선 설치와 AS는 기본이라는 식으로 표현하죠. 할당된 영업 건

수가 있고 목표와 처리, 유치 실적이 부각돼요. 그것 때문에 스트레스를 좀 받아요. 할당된 건수를 채워나가는 일이 힘든 것 같아요, 모두가. AS기사와 설치기사가 원하는 건 1시간에 1건, 아니면 시간제로 오더를 꽂아주는 거죠. 그러면 좋은데 많이 들어올 때는 1시간에 두세 개씩 오더가 꽂히는 경우도 있어요. 1시간에 두세 건 처리하는 건 정말 버거운 일이에요. 저희가 일 처리하느라 늦으면 고객은 빨리 안 해준다고 민원 전화를 하고. 현장에서 일하는 사람은 그런 점이 힘들고 불편하죠. 내근직은 오더를 전달하는 역할만 하지만.

저랑 같이 노조에 가입한 동기는 지부장과 회사 선후배 사이, 군대식으로 얘기하면 사수, 부사수 관계예요. 그분이 노조를 결성하려고 2년 정도 투자했다고 하더라고요. 그 얘기를 노조 결성하기 사흘 전에 들었어요. 사흘 전에 그 얘기를 하더라고요. '형이 이렇게 해서 한 2년 동안 노조를 만들려고 여기저기 다니면서 얘기하고 그랬다. 형이 지금 이 행동을 하고 있는데 도와줄 수 있느냐.' 그런 뜻을 비치기에 그때는 잠깐 멈칫했어요. 지금 제가 소사장, 팀장급이라 예전보다 수입이 좀 더 괜찮거든요. 그런데 곰곰이 생각해보니 예전에 파트너사에 3년 동안 다녔을 때도 기간이 흐른 만큼 연봉이 많이 오르진 않았어요. 그것 때문에 당시에도 이 일을 계속해야 하나 회의가 들었던 거고. 그러다가 퇴사하고 다른 업체에서 일하다가 3년이 지나 다시 이 회사에 들어왔는데, 예전의 동료들한테 그동안 급여가 괜찮아졌냐고 물어보니 역시 별반 달라진 게 없다고 하더라고요. 제가 예전에 일했을 때와 다시 입사했을 때의 연봉 수준이 차이가 없다는 말을 들었을 때 '노조 활동을 하지 않으면 앞으로 3년도 연봉 사정이 불투명하겠다'는 생각이 들었어요. 그래서 참여하게 됐습니다. 아무래도 저희가 고객, 그러니까 사람을 상대하는 일을 하다 보니까 스트레스 아닌 스트레스도 받게 되고 그러다 보면 자연히 함께 술을 마시는 경우가 많이 생겨요. 시간이 지나다 보면 회사 선후배가 형, 동생 하는 관계가 되는 것 같더라고요. 일하면서 힘든 점을 털어놓고 의지를 하다 보니 동료애도 단단해지고요. 동료 간에 참 우정이 돈독하다는 얘기를 많이 들어요. 그런 점이 좋은 것 같아요.

저희 같은 외주 쪽에서는 큰 사고가 난 적이 현재까지는 없었는데, 다른 파트너사의 설치기사를 보면 일하다가 다쳐도 거의 다 자기 돈으로 입원비를 내는 것 같더라고요. 그 점이 좀 안타까운 게, 개인 일이 아니라 회사 일을 하다가 다쳤는데 회사가 보상하지 않는다는 게 같은 업종에 일하는 사람으로서 보기에 참 안쓰러워요. 노조가 하는 일이 결국엔 기존의 안 좋은 관행을 없애고 복지 환경을 더 낫게 바꾸는 거죠. 좀 더 사 측과 싸워서 얻어낼 수 있는 부분은 얻어내고 이길 수 있도록 우리 조합원들이 단합해서 앞으로 나갔으면 하는 바람이 있습니다. 일을 하다 보면 하루에도 참, 부모님이 말씀하시기에 사람의 마음은 하루에도 수백 번 바뀐다는데, 저 역시 너무 힘드니까 과일 장사 같은 다른 업종을 해볼까 하는 생각을 자주 해요. 그래도 지금은 그동안 힘들었던 건 지났죠. 이제는 노조가 생겼으니 지금보다 좀 더 윤택한, 좋은 환경에서 생활하지 않을까 하는 기대감으로 현재를 지켜보고 있습니다.

저는 집에서 드라마나 영화를 보기 참 좋아해요. 요즘에는 지표나 실적 때문에 휴일에도 사무실에 출근해 관리를 하다 보니 힘들어요. 어떻게 보면 너무 사소한 것까지 실적에 포함되는데 그런 게 좀 없어 졌으면 좋겠어요. 그래야 조금이라도 여유 시간, 여가를 보낼 시간이 늘어나지 않을까. 다른 인터넷 회사와는 다르게 케이블TV는 실시간 으로 보는 TV가 있잖아요. 그런 점 때문에 민원 전화가 좀 많이 오죠. '당장 와서 고쳐라.' 이게 우스갯소리일지 모르겠는데, 2002년 한일 월 드컵을 개최했을 당시 그런 민원을 방지하자는 차원에서 중요한 경기 가 있을 때는 직원들이 전부 대기를 했었어요. 자기가 일하는 담당 지 역에서 대기를 했던 거예요. 망 사고가 나면 실시간으로 바로 고칠 수 있도록. 축구를 한참 보고 있는데 TV가 안 나오면 큰일이잖아요. 저도 근무지에서 대기하면서 4강전을 본 기억이 있는데… 당시에는 슈퍼나 호프집에서 실외에 TV를 가져다 놓고 손님들이 밖에서 맥주나 음식 을 먹으면서 볼 수 있게 설치해놓았어요. 그런 자리를 멀리서 두고 봤 죠, 손님들이 술과 음식을 먹고 있으니까 가까이서는 못 보고 약간 떨 어져서.

지금은 카톡이라고 있잖아요. 2월 초창기에 노조 결성이 되고 비조 합원을 설득하는 와중에 비조합원들 중심으로 카톡방을 하나 만들었 어요. 시간이 지날수록 탈퇴하는 사람이 늘더라고요. 그래서 며칠 전 카톡방을 하나 더 만들었어요. 비조합원들을 대상으로 조합 소식이나 안내를 하려고, 또 한편으로는 PR도 하고. 지금 비조합원들이 23명 정 도 들어와 있어요. 간부를 빼면 17, 18명이 비조합원인데 계속 남아 있 어요. 며칠 전 한 설치기사가 사 측의 부당한 처사를 지적하는 긴 글을 카톡방에 남겼더라고요. 그 글의 맨 밑에 '활동에 감사드리며 좋은 성과를 기대합니다, 너무나 고생하는 분들을 위해 박수를 보냅니다'라고 쓴 것을 보는데, 좀 힘이 되더라고요. '지금 하고 있는 운동이, 노조 활동이 결코 나쁜 게 아니구나, 비록 조합원은 아니지만 이해해주며 마음속으로 응원하는 사람도 있구나.'

제가 예전에 정말 높은 데를 올라간 걸 기억하고 있는데 거기가 전농동이에요. 15미터까지 올라갔던 것 같아요. 전봇대에 오를 때는 보통 안전모와 안전 장비를 다 갖춰요. 전봇대에 발판 볼트가 끼워져 있잖아요. 그걸 손잡이로 삼아 잡고 올라가죠. 그 손잡이가 있는 데까지는 사다리를 놓고 올라가죠. 그렇게 올라가는데 그게 없는 경우가 있어요. 그럼 올라가기 약간 힘들어요. 15미터면 3층 높이쯤 되는데, 전봇대가 큰길 도로변에 있었어요. 작업을 해야 하는 위치까지 올라갔는데 바람이 부니까 이게 약간 휘청하더라고요, 살짝. 그때 간담이 서늘해지면서 무서운 마음이 들더라고요. '빨리 하고 내려가야지.' 이런 생각을 했던 걸 기억해요. 그 전봇대는 기억에 계속 남더라고요. 그때의 긴장감이 잊히지 않아요. 그 전봇대는 이 일 하는 동안에는 못 잊을 것 같아요. 올라갈 때도 당연히 조심해야 하죠. 전봇대에 그 전류, 전기가 흐르기 때문에 위험할 수 있어요. 가끔 있어요, 가끔, 사망하거나 다친 사람. 이렇게 위험하다 보니 아예 고가 사다리를 갖고 다니면서 작업하는 사람도 있어요, 안전을 위해서.

이런 말을 해도 되는지 모르겠는데, 저희가 일하다 보면 고객 집을 방문해야 하고, 일부러 보려는 게 아니라, 어쩔 수 없이 사는 모습을 보게 돼요. 눈에 보이잖아요. 아기자기하게 잘 꾸민 집도 있는 반면 그렇지 못한 집도 있더라고요. 그런 집을 보면 좀 안타까운 마음이 들어요. 제가 지금 장위동과 석관동을 맡고 있는데 잘사는 지역은 아니잖아요. 가끔 보면 나이 든 분들끼리 사는 가정이 좀 많이 있는 것 같아요. 할머니와 할아버지 이렇게 단둘이 사는 집. 그런 지역에 가면 집도 좀 허술하고 그렇죠. 예전에 어떤 고객 집을 갔었는데 대문을 딱 들어서자마자 언제 먹다가 남았는지 모를 음식이 마당에, 눈에 잘 띄는 곳에 있더라고요. 왜 이렇게 살까 싶은 생각이 드는 집에 가면 안타깝더라고요. 글쎄요. 딱히 머릿속에 떠오르는 이야기는 없어요. 아까 말씀한 성취감이 드는 순간이 가끔 가다가 있어요. 케이블 선을 설치하기 쉬운 집도 있지만 약간 까다로운 집도 있어요. 고객이 요구하는 대로 해주려 해도 '선이 어떻게 들어갈까, 힘들지 않을까' 고민되는 경우가 있죠. 여건이나 상황이 힘들어도 어떻게든 설치해 드려요. 고객한테서 TV 잘 나온다는 말을 들으면, 이 맛에 일을 하는구나 싶죠.

군대 갔다 와서 이것저것 다 해봤어요. 액세서리 장사, 꽃 장사….
기술을 한번 배워보려고 생각하고 있다가 아는 형의 소개로 처음에는
전송망 공사팀을 따라다녔어요. 기초 데이터베이스를 만드는 작업이
죠. 기본적인 연결망을 구축하는 일을 하다가 정확히 2003년 케이블
설치를 시작했죠, 서대문 쪽에서. 그때는 정식 직원은 아니었고 SO(종
합유선방송사업자) 직원의 부탁을 받고 설치를 하다가, SO는 특정 지
역을 맡고 있는 유선방송사업자를 말하는데요, 2005년 정식으로 '동
향'이라는 케이블TV 회사에 입사하게 됐어요. 그때부터 줄곧 용산에
서 설치를 하게 된 거죠.

케이블 사업자로 인가받기 전에는 종합 유선방송이라는 데에서 시
작했어요. 그때는 지역사회에 일조한다는 보람이 있었죠. 지금처럼 핸
드폰이 없었고, 매체라고는 라디오와 TV밖에 없었거든요. 방송이 잘
안 나오는 곳에 가서 유선방송을 설치해줌으로써 정규 방송 이외에도

몇 가지 다른 프로그램을 볼 수 있게 해주는 역할을 했었거든요. 그때는 정말 좋았어요. 주민들이 저희를 지역을 위해 일하는 일꾼이라든지, 아니면 우리 집 TV가 안 나올 때 정말 필요한 사람으로 봐주는 것 같았어요. 저희를 대하는 태도도 너무 따뜻했어요. 인간적인 구석이 있었죠. 그러다가 어느 순간부터 케이블TV, 즉 유선방송사업자한테 넘어가고 투자 자본 회사들이 대거 등장하면서 이익 구조가 바뀌어버린 거예요. 어떻게든 가입자 수를 늘려 수입을 올리려고 하는 거죠. 노동자의 근무 환경은 돌아보지 않고 노동자를 통해 임금이라든지 마케팅 효과, 이런 걸 원하게 된 거죠. 지역 가입자에 대한 양적, 질적 서비스보다는 수익 구조에 따라 판단하고, 서비스가 갈라지고⋯. 안 좋은 모습으로 변해갔어요. 그러면서 엔지니어는 영업 직원처럼 일을 해야 했고, 심지어 영업을 못 하면 회사에 못 들어가는 이상한 구조로 변질돼가고. 근무 환경이 낙후돼버렸어요.

생각은 오래전부터 했어요. 2005년 용산에서 시작했을 때부터 당연히 '나는 여기 직원이다' 생각했었는데 어느 순간부터는 직원이 아니더라고요. 저희는 그냥 3.3퍼센트 내는 특수고용 노동자, 건당 기사, 소속 없는 투명인간이더라고요. 소속이 있고 없고를 떠나서 일이 너무 힘든 거예요. 업무 양이 너무 많아졌고 '내가 이 일을 왜 해야 하지' 의문이 계속 들었어요. 2009, 2010년 그때부터 점점 힘들어진 것 같아요. 예전에는 엔지니어처럼 열심히 일하고, 고객의 TV 잘 나오게 해주고, 인터넷 서비스도 해주면 그걸로 끝이었는데, 어느 순간부터 영업 잘하는 기사가 인정받고 영업 못하는 기사는 아무리 열심히 일해도 질책받고 스트레스 받는 식으로 변해가는 거죠. 그래서 노조를 결성하게 됐어요. 어떻게 해야 하는지도 몰랐어요. 우연찮게 다른 쪽에서 준비해온 사람들의 얘기를 듣고 '이건 정말 필요한 일이구나, 나 하나만 위한 게 아니다, 케이블 업계에 종사하고 있는 사람들에게 꼭 있어야 한다'는 생각에 결심하게 됐어요. 본격적으로 시작한 때는 2012년 8~10월, 집중 교육을 받고 나서 2013년 2월 13일 지부 결성식을 하게 된 거죠.

갑과 을이 만들어놓은 열악한 환경에서 일하는 저희들한테는 '병'이라는 새로운 수식어가 붙었죠. 그런 형태로 일하는 데 너무 지쳐 있었어요. 을은 또 을만의 횡포를 저희 병한테 부렸거든요. 맨 처음 민주노총의 문을 두드린 분이 있는데 그분이 첫 번째 노조원이고, 저희는 뒤늦게나마 그분을 통해 들어갔기 때문에 '우리는 두 번째 조합원이다'라고 말해요. 이제 세 번째 조합원을 만들겠다는 목표를 갖고 있어요. 저 같은 통신 업계 종사자가 아니더라도 '소외받는 노동자가 있으면 희망연대가 안아줄' 거라고 생각해요. 그분의 이름을 말씀드릴 수는 없는데 비밀 조합원이에요. 지금 음지에서 묵묵히 활동하면서 저희를 여러 방면에서 도와주고 있죠. 우연찮게 만난 그분이 '한번 어디를 나랑 가보지 않겠느냐' 말씀하기에 '그게 뭐하는 데예요?' 하고 따라간 곳이 불광동에 있는 민주노총 사무실이었어요. 거기서 간단히 설문지 작성한 다음 노동자가 왜 필요한지에 대한 짧은 설명을 들었어요. 그게 처음 문을 두드린 계기였죠. 그분과 함께 계속 모임과 교육에 참석하면서 조금씩 깨우치게 됐죠.

저는 이제 데모하는 사람들을 보면 왜 데모하는지 알 것 같은데, 사람들은 근본적인 이유를 모르는 것 같아요. 저도 전엔 경찰들이 투입돼 물대포 쏘고 진압하는 광경, TV에 비춰지는 부정적인 모습을 보면서 '노조는… 만날 시위만 하고 철탑 올라가서 저러는구나' 생각했어요. 노동자들이 그 행위까지 갈 수밖에 없었던 이유를 사람들은 한 번쯤 생각해봤을까 하는 의문이 요즘 문득 들어요. 저도 그들이 왜 그곳에 올라갈 수밖에 없었는지에 대해 생각하지 않았던 것 같아요…. 근본적인 이유를 너무 모르는 것 같아요. '왜 노동자들은 그토록 힘들게 철탑에 올라가서 농성할까' 그것을 한 번이라도 고민해본 사람이라면 '저 사람이 너무 힘들었구나' 하는 생각을 먼저 할 텐데, 그렇게 이뤄지는 행위로만 결과를 예측한다는 거죠. 내용이나 과정은 전혀 생각안 하고 결과만 이야기하려는 사람들이 있죠. 그게 우리가 그렇게 만들어놓은 사회의 잘못된 관행이나 모습일 수 있죠. 그래서 저는 노조를 하면서, 저희 모습을 보는 사람들의 시선도 있겠지만, '사회를 조금씩 변화시키지 않으면 아무리 우리가 열심히 해도 한자리에서 맴돌게 되겠구나' 이렇게 폭넓게 생각해봐요. 노조를 바라보는 시각이 예전과는 많이 달라졌죠. 저도 가끔 놀랄 때가 있어요. '내가 이런 생각을 예전에 했었나?' 사물과 사람에 대해 생각하는 관점 자체가 조금씩 달라졌어요. 상대방의 입장을 먼저 생각해보고 '왜 그 사람이 그렇게 할 수밖에 없었지?' 생각하는 거죠.

어떤 이들은 '노조 만들면 만날 싸우기만 하고 자기들 욕심만 채우려고 한다'고 말하는데, 절대 그건 아니에요. 근본적인 것을 모르면서 그렇게 얘기하면 안타깝죠. '저 사람이 과연 어떻게, 무얼 알고 저렇게 단정 지을 수 있을까.' 뭐, 가끔 속상하기도 하고 그래요. 한데 이제는 친구나 주변의 동료, 부모님, 심지어는 제 애들을 보면 '앞으로는 이들이 다른 시각으로 볼 수 있게끔 전반적으로 시야를 넓혀줄 필요가 있겠구나' 하는 생각을 해요. 그 점이 노조를 하면서 정말 새롭게 얻은 거예요. 그런 식으로 접근하고 싶어요.

많이 있죠. 격주 근무라 이번 주 일요일을 쉬면 다음 주 일요일엔 일을 나가야 해요. 이런 식의 근무 형태면 한 달에 두 번밖에 못 쉬거든요. 그리고 삼일절, 광복절, 한글날은 법정 공휴일이기 때문에 쉬어야 하잖아요. 그런데 쉴 수 없어요. 회사는 '반만 나와서 일을 하게끔 업무량을 조절해볼게' 하고 얘기는 하는데 막상 닥치면 업무량이 너무 많아서 전부 출근해야 하는 상황이 돼요. 보통 출근 시간이 오전 8시 반이고, 퇴근이 오후 6시 반이잖아요. 하지만 그건 그냥 표면적인 업무 시간이지 실제로는 오전 8시면 거의 다 출근을 해요. 그리고 본사에서 무슨 말도 안 되는 교육이 있다고 하면 7시 40분까지 출근해서 교육 받아야 하고. 고객이랑 통화해서 약속 잡는데 오후 7시에 와달라는 고객이 있으면 현장에서 일 마치는 시간이 8시, 오토바이 끌고 사무실에 다시 들어와서 서류 정리하고 일 마무리하면 9시. 이런 식의 순환이 일주일에 서너 번, 어떤 때는 일주일 내내 돌아가요. 그러니까 근무시간으로 계산하면 60시간이 넘을 때도 있고, 일요일은 빼고 월요일부터 토요일까지만 계산해도 60시간, 72시간 그렇죠. 일요일까지 일 들어가게 되면 72시간 훌쩍 넘어버리죠. 다음 날 일요일에 안 들어가고 쉬는 토요일이면 끝나는 시간이 5시. 어디 돌잔치가 저녁 6시에 시작한다고 해서 어떻게든 시간 맞추려고 준비해서 가면 돌잔치는 다 끝나 있고, 그래도 친구 얼굴이라도 보고 가려고 인사하고. 일요일엔 결혼식이 많잖아요. 근무 때문에 바꿔달라고 말하기도 그런 거예요. 바꾸더라도 그다음이 너무 걱정인 거죠. 연속으로 3주 내리 근무해야 하니, 기계가 아닌 이상 사람이 지치잖아요. 바꿔달라는 이유가 분명히 있지만 그다음이 너무 무서우니까 그냥저냥 현재 운영하는 시스템대로 가는 거죠. 중요한 자리에 참석 못 하게 되면 미안한 마음에 전화 통화나 하죠. 그렇다고 제가 더 많은 돈을 버는 것도 아닌데. 그런 부분이 제일 힘들었던 것 같아요. 친구와 가족들의 행사에 참석 못 했다가 나중에 '그래도 왔어야 하지 않나' 하는 소리를 들으면 정말 죄송하죠. 앞으로는 이런 점이 개선되어, 저뿐만 아니라 다른 직원들도 공통적으로 느끼는 부분인데, 일요일에 애들이랑 여유 있게 놀러 가보고 싶어요.

예전에는 한 사무실에 설치기사, AS기사, 전송망기사가 다 같이 근무를 했었어요. 그랬다가 투자 자본 회사가 들어오면서 분사된 거예요. 설치팀, AS팀, TM팀이 분사되어 지금까지 유지되고 있어요. 그러면서 설치기사는 특수고용 노동자 신세가 되고, AS기사는 파트너사, 협력사에 들어가는 식으로 분리된 거죠.

씨앤앰은 원청의 사용자성 때문에 전부 부정하고 있는 내용인데, 각 협력 업체에 특정한 AS 수수료, 설치 수수료, 영업 수수료, 철거 수수료, 네 가지 형태로 금액을 내려주고 있습니다. 설치기사 같은 특수고용 노동자는 자기가 설치한 건수만큼 돈을 가져가는 거예요. 그러니까 회사와 설치 1건당 수수료를 구두 약속으로 정하고, 계약서는 없고요, 수수료 중 55퍼센트 정도를 받는데 한 달에 기사가 몇 건을 설치했느냐에 따라 설치기사에게 들어오는 금액이 정해지는 거예요. AS기사는 협력 업체의 기사, 즉 정직원이 되는 거고요. 그분들은 임금계약서가 아닌 근로계약서를 쓰고 회사는 차량이나 통신비, 식대, 유류비를 지원해줘요.

그런데 임금이 평균적으로 180~200만 원 정도, 노동시간에 비해 터무니없는 저임금이에요. 그리고 설치기사는 오토바이 유류대나 통신비 등 모든 비용을 자신이 감수해야 합니다. 심지어 회사 유니폼조차 지급되지 않으니 본인이 직접 사서 입어야 해요. 이렇게 스스로 감당해야 하는 부분이 많아서 설치기사는 뭐, 임금이 얼마라고 얘기할 수는 없어요. 개인적인 역량 차이도 있고 열심히 하느냐에 따라 조금씩 차이가 나죠. 유류비와 통신비 빼고 나면, 평균적으로 AS기사보다는 약간 낫지만, 그렇다 하더라도 200~250만 원 정도 받아요. 설치한다고 더 많은 돈을 가져가는 건 아니죠. 결국에는 전반적으로 저희 모두가 저임금 노동을 하고 있죠. 기사 임금을 하향 평준화하는 게 통신업계의 관행이 되어 있는데 이건 잘못되지 않았나 생각하고요. 그리고 최저임금이 4860원(2013년)인데 그것으로 기본급을 산출해요. 보통 이 업계는 다 그래요. 최저임금보다는 많을 수 있겠지만 대부분 기본급이 110만 원 정도? 그것도 잘 주는 데 얘기고 정말 저조한 데는 102만 원. 최저임금 수준에 맞춰 기본급을 주고, 시간외 노동도 여기에 맞춰 산정하기 때문에 문제가 정말 많죠.

처음에는 의문이 들었어요. '과연 노동조합이라는 게 나한테 큰 의미가 있을까?' 교육을 받을 때도 여러 문제로 힘들었고 약간 불안한 마음이 있었죠. '이게 우리한테 어떤 영향을 줄까, 우리가 이기적으로 보이지 않을까, 무언가를 얻으려고 덤비는 모습으로 비치지 않을까?' 제일 중요했던 건 이거예요. 예전 같으면 그냥 시키면 시키는 대로 했고 제 의견이나 생각은 다 무시되었거든요. 저희에게 공휴일은 그냥 빨간색 칠해져 있는 날이라는 의미밖에 없었어요. 남들은 일요일이면 가족들과 여행 가거나 휴식을 취할 수 있는데 저희는 일하다 보니 너무 힘들었죠. 그렇게 잘못된 부분을 보면서 '좀 쉬고 싶어요, 좀 쉬게 해주세요'라고 자신의 얘기를 하고 싶었던 게 좀 컸던 것 같아요. '줄곧 무시되어온 내 목소리가 노동조합을 통하면 위에서 듣지 않을까?' 그런 점이 저희 노동자들에게 제일 절박했던 것 같아요. 월급 인상 문제가 가장 큰 게 아니에요. 저는 제가 하고 싶은 말을 했을 때 회사가 귀 기울여주고 상생할 수 있었으면 하는 바람에서 노조의 일원이 된 것 같아요.

인터뷰
03

이승희

제가 원래 공군 항공기 정비사를 하려고 학교를 다녔었어요. 학원도 다녀서 기능사 자격증, 기사 자격증도 땄고. 군대는 하사관 지원해서 갔는데, 원래 비행기를 고치러 갔는데 미사일 부대로 배치되고 말았어요. 그동안 한 공부가 물 건너가게 된 거죠. 하사관으로 5년 근무하고 제대한 뒤 전혀 다른 통신 업계에 들어왔으니, 군대 생활 5년과 그전에 공부한 시간 3년을 합친 8년이 그냥 물거품이 됐어요. 제대할때 나이가 스물일곱이었는데 지금은 벌써 서른아홉, 내년에는 마흔이네요. 통신 업계에 들어온 건 2000년 1월 3일, 전해 12월 말일 공군 하사관으로 제대한 뒤 바로 들어온 거죠. 제대하고 취업하려고 용산 전자 상가 부근을 배회하다가 전단을 보고 중앙 유선방송에 입사하게됐죠. 여러 업체를 옮겨 다니면서 14년 가까이 근무를 하고 있어요. 유선방송에서 케이블방송, 스카이라이프, LG파워콤… 통신 업계는 다한 바퀴를 돌며 근무한 것 같아요.

근로계약서는 안 썼죠. 초등교육이나 중등교육 과정에서 가르쳐주지 않는 내용이라 노동조합이 생기기 전에는 근로계약서를 꼭 쓰고 받아야 한다는 생각도 없었죠. 여태까지 일하면서 제가 근무한 회사에서는 근로계약서를 써본 적이 없어요. 취업 규칙이란 걸 알려준 회사도 없고. 거의 법이 없는 곳에서 근무한 거죠. 열악한 환경에서 일하더라도 누구 하나 알려주는 사람이 없었으니. 통신 업계가 거의 다 비슷하더라고요. 저임금에 장시간 근무, 가져가는 돈은 얼마 안 되고. 그게 10여년 됐어요. 한 8년 전쯤 그런 생각이 한 번 들었죠. '왜 통신 업계는 노동조합이 없을까?' 그런데 2013년 2월 12일 동료 한 분이 그날 중요한 일이 있으니까 꼭 가보라고 해서 노조가 처음 결성되는 장소에 가게 됐어요. 굉장히 큰 감동을 받았습니다. 많은 파트너사에서 뜻을 같이하는 사람들이 모여 상황을 개선하려는 모습을 보고 힘을 굉장히 많이 받았어요. '좀 더 나은 근로 환경을 만들기 위해 노동조합이 생겨났구나.' 다 같이 모여서 거대 기업이나 회사를 상대로 저희의 목소리를 낼 수 있다는 것을 노동조합이 생긴 다음에야 알게 됐죠.

조합원 중에는 열심히 참여하는 사람도 있고 조금 소홀히 하는 사람도 있죠. 동료들이 제가 열심히 하는 모습을 보고 리더 역할을 해달라는 의견을 내서 제가 수락했어요. 제가 중심이 돼서 한번 열심히 해보려고 마음먹고 있습니다. 꼭 바꾸고 싶었습니다. 그런 마음은 항상 있었어요. 매일 아침 출근 투쟁도 하고. 매주 한 번씩 조합원들과 지회 모임을 갖는데 술 한잔하면서 서로 의지를 다지는 거지 특별히 단체 행동 하는 건 없어요. 그냥 만나서 서로 격려하는 수준이에요. 현재 조합원은 31명이에요. 총원이 46, 47명인데 관리직이나 사장과 친한 직원들은 조합에 가입 안 했죠. 그들 중 4명은 저희와 뜻을 같이하겠다고 하고. 비조합원과의 갈등은 없고 오히려 조합원끼리 갈등이 많죠. 적은 항상 내부에 숨어 있습니다. 활동을 잘 안 하는 사람, 무슨 일을 진행하려면 항상 열외에 서려는 사람, 알았다고 대답만 하고 참석 안 하는 사람. 그럴 때 조합원들끼리 얼굴 붉히는 일이 생기는데 저희가 공산당이 아닌 이상 다들 똑같이 행동하라고 할 수는 없죠. 이해하며 지내야죠. 그게 제일 힘들더라고요. 지금도 마찬가지예요. 저도 처음에는 낯을 많이 가렸어요. 다 같은 형제라고 생각하면서 대화하고 조합원들을 위해 한마디하고, 그렇게 지회장으로서 역할을 한 거죠.

선입견 같은 건 없었어요. 노조의 필요성을 느꼈지만 어떻게 하는지 몰랐죠. 하면서 어떻게 진행해야 하는지, 그리고 저희가 어떤 도움이 되는지 알게 됐죠. 지금은 노조는 꼭 있어야 하는 거라고 생각해요. 큰 두려움은 없죠. 처음에는 굉장히 힘들었어요. 매주 회의 있고, 지회 모임에선 술자리가 계속되고, 체력전이었어요, 그때는. 지금은 모임에서 술은 자제하지만 처음에는 술을 먹어야 해서 그게 제일 힘들었죠. 희망연대가 없었으면 저희도 없었죠. 저희 지회가 일어서는 데 많은 도움을 줬어요. 지금 용산지회는 스스로 일어서는 단계에 있고, 방향만 위원장이 잡아주는 상황이에요. 많은 노동자들이 자신이 무슨 불만을 가지고 있는지 몰라요. 저도 몰랐었거든요. 알아야 하는데 알려주는 사람이 없죠. 당장 근무하는 것에 대해 불만이 없을 뿐이지, 개선된 근로 환경에서 더 나은 보수를 받을 수 있는데 몰라서 못 하고 있는 게 대부분이거든요. 저희가 잘돼 전국으로 일파만파 퍼져서 통신 업계가 다 바뀌었으면 좋겠습니다. 몰라서 못 하는 거거든요.

　제가 하사관으로 제대할 무렵 평균 보수를 150만 원 정도 받았거든
요. 그런데 유선방송에 처음 입사했더니 70만 원 주더라고요. 아침 8시
출근에 저녁에는 퇴근 시간이 따로 없었어요. 그때는 컴퓨터가 드물던
때라 일지 작성을 수기로 해야 했어요. 밤 11시에 끝나서 막차 타고 집
에 들어가는 생활을 6, 7개월 동안 했죠. 월급은 70만 원이지만 밥값
빼고 보험료 빼고 나면 60만 원밖에 안 되더라고요. 남보다 더 열심히
했던 거죠, 그래야 그전에 받던 급여만큼 되지 않을까 해서. 처음부터
열심히 일했습니다. 제가 LG파워콤이 내려주는 하도급의 하도급, 다
단계 하도급으로 공사 업무를 맡은 적이 있는데, 당시 공사 대금을 못
받은 사람이 있었어요. 그때 제가 직원들을 데리고 일했는데 돈을 제
때 못 줄 때는 왜 이런 일을 해야 하나 싶었죠. 수금하더라도 200만 원
씩 나눠주고 나면 제가 가져갈 돈은 150만 원밖에 안 되더라고요. 지
금 70만 원 주는 데는 없을 거예요. 보통 경력직을 뽑거든요. 저는 당
시 초보자였고 신입 사원이었으니 아무것도 몰랐죠. 지금의 통신 업
계도 초보자한테 120~130만 원가량 줄 거예요. 그다음이 150, 180,
200만 원, 제일 많이 받는 사람이 250만 원. 그 이상 넘어가는 사람은
없어요. 저임금이죠. 30년 일한 분이 250만 원 받고, 20년 일했는데
190만 원 받는 분도 있고. 제대로 대우 못 받는 거죠.

　일단은 임금 인상이죠, 고용 안정. 그다음이 근로시간 단축. 저희도
쉬면서 일하고 싶죠. 휴일에는 영화를 본다든가, 여가 생활이 하나도
없어요. 그런 의미에서 통신 업계는 구조를 개선해야 하지 않나 싶어

요. 평일 근무는 지금 개선돼 오전 9시부터 오후 6시까지로 되어 있는데, 그전에는 오전 8시 반 출근에 오후 6시 반 퇴근이어서 항상 1시간씩 더 근무했었어요. 게다가 업무량이 많아서 7, 8시가 되어서야 끝난 적이 많이 있었고. 퇴사한 직원이 있으면 회사가 바로바로 충원을 해줘야 하는데 제때 충원이 안 되니 빠진 사람의 일까지 해야 하죠. 일이 항상 넘쳐났죠. 또 저희 같은 AS기사한테 영업을 강요해요. 영업 실적을 부과하는데 저희 같은 엔지니어한테 영업을 하라고 하니 실적이 당연히 안 좋을 수밖에 없죠. 그나마 저희 회사는 조금 나은 편이고 영업 못 하면 아예 퇴근 못 하게 하는 회사도 있나 봐요. 구조적인 문제는 10년 전이나 지금이나 똑같아요. 소수라 힘이 없어서 사업주나 원청에게 하소연할 수 있는 구조가 안 됐거든요. 그런데 노동조합이 생기면서 여럿이 뭉쳐 그들을 상대할 수 있게 돼 참 좋습니다.

큐릭스는 직원에게 안전 교육을 시켜요. 새로 직원이 들어오면 항상 안전교육을 시키죠. 다른 회사들, 스카이라이프나 LG파워콤—지금은 LG유플러스로 바뀌었는데—은 교육이 거의 없습니다. 씨앤앰도 마찬가지예요. 안전 장비를 지급하지도 않아요, 전봇대에 올라가서 위험한 작업을 하는데. 저도 두 번 전기 먹은 적 있죠. 그러다 보면 굉장히 위험하다는 걸, 생명의 위협을 느껴요. 보상은 없죠. 전봇대에서 떨어져 다치거나 죽은 사람도 있고, 감전된 사람도 많고. 그런데 안전 대책이 전혀 없어요. 특히 철로 된 전봇대는 비가 올 때 습기가 남아 누전이 되거든요. 오르다가 쇠 부분을 만지면 바로 고통을 느끼죠. 그럴 때는 내려와 담배 하나 피우면서 '죽을 뻔했구나, 죽을 고비를 또 넘겼구나' 한숨을 돌리죠. 다음 집으로 이동하면서 장갑 하나 바꿔 끼고 또 전봇대에 올라가는 거죠. 젖은 장갑을 벗고 마른 장갑으로…. 요즘 입사하는 직원은 전봇대에 잘 안 올라가려 하죠. 힘든 작업은 거의 안 하려고 해요. 그러다 보니 안전사고는 많이 줄었죠. 그런 일은 원래 하면 안 되는 작업인데, 저는 할 줄 알다 보니 자신도 모르게 습관이 되어 하는 거죠. 전봇대 작업은 고소차에 올라가서 해야 하는데 저희는 사다리 놓고 올라가서 그냥 안전벨트 맨 채로 직접 작업하죠.

고객과의 관계는 잘 모르겠어요. 제가 지금 지원 업무를 맡고 있어서 AS는 하지 않아요. 다른 사람이 안 나올 경우 대체 근무라고 해서 일주일에 하루 정도 근무하는데 지금은 잘 모르겠어요. 고객이 어떻게 바뀌었는지. 그리고 지역이 자주 바뀌다 보니…. 동자동엔 쪽방촌이 있는데 거기는 힘들게 사는 사람들이 많아요. 반면 한남동이나 이촌동 같은 부촌도 있죠. 부촌에 가면 정이 없어요. 거기는 주인은 거의 없고 일하는 아주머니들만 있어요. 그런데 후암동이나 동자동에 가면 조금 부족하게 사는 분들이 물이라도 한 잔 주는 정이 아직 남아 있죠. 같은 용산구라도 빈부 격차가 나죠. 있는 사람이 더 야박하게 굴고, 조금 모자라게 사는 사람이 따뜻하게 대해주는 것 같아요. 그럴 때 고마움을 느끼죠.

설날, 추석 찾아가서 안 나오는 TV를 고쳐주었을 때, 누구라도 같은 생각이겠지만 보람은 느끼는데 힘이 들죠. 설날에 나와서, 추석에 나와서 근무해야 하는구나 싶죠. 고객은 고맙게 생각할지 모르겠지만 저희도 명절 때 가족들이랑 같이 보내고 싶을 것 아니에요. 그게 애로 사항이기도 하고 제일 뿌듯한 때이기도 하죠. 서비스업이라 그게 양날의

칼 같아요. 휴일인 줄 아는 고객은 접수를 안 하지만 당장 TV 보려는 사람은 바로 접수합니다, TV 안 나온다고. 한번은 기분 나빴던 적이 있어요. 서빙고에 신동아 아파트라고 있는데 거기는 회장님들이 주로 살아요. 방문한 저를 보고 운전기사가 문을 열어주는데 사모님이 나오면서 신문지를 바닥에 한 장씩 깔더라고요. '신문지 깐 데만 밟고 들어오라'고. 그때 굉장히 기분이 나빴죠. 똑같이 AS 해주고 나왔죠. 저도 같은 인간인데… 발 잘 닦고 다닙니다, 냄새도 안 나고. 신문지를 까는 걸 보면서 참 가슴이 아팠습니다.

인터뷰

04

송규웅

　저는 이 일 하기 전에 시계를 했었어요. 학교 다닐 때 시계 내부를 한 번 뜯어본 적이 있었어요. 그때는 태엽 시계였죠, 배터리로 가는 게 아니라 태엽, 기계식. 그 돌아가는 모양이 참 오묘하더라고요. 그래서 우리나라 최고의 시계 기술자가 되겠다는 심정으로 오랫동안 시계를 하다가 케이블TV에 입문하게 되었죠. 제가 전남 출신인데, 당시 전라도에서 최고의 시계 기술자가 되겠다고 마음먹었는데 못 이룬 거죠. 중간에 기계식이 없어지고 다 전자시계로 바뀌면서 큰 의미가 없어졌어요.

　1992년부터 케이블 업계에서 일했습니다. 시작할 때는 30대였죠. 경력은 22년인데 여기 근무 연수는 그렇게 안 쳐주죠. 유선방송에서 일하다가 1999년 11월 '경동' SO에 들어갔습니다. 그곳에서 일하면서 경기 동부 지역은 거의 돌아다녀봤죠. 이후 고용 승계가 됐는데 씨앤앰 측으로부터 많은 계략과 무언의 협박을 받았어요. 아웃소싱을 나가지 않으면 다른 곳으로 발령을 낸다고. 저는 유선방송 때부터 AS를 했는데 다른 데로 보직 변경되어 발령 나면 가도 할 일이 없잖아요. 아웃소싱을 나가면 그만큼 혜택을 준다는 꾐이 있었죠. 많은 사람들이 그 꾐에 넘어가 동참했어요. 그래서 '미드넷'이라는 회사, 직원들이 주주로 참여한 주식회사를 만든 거예요. 직원들의 지분이 조금씩 들어간 거예요. 미드넷은 복지 혜택도 있었고, 영업 수당도 SO에 있을 때보다 많았는데 계약 기간 3년이 끝나고 나서는 갑과 을밖에 안 남더라고요. 그전에는 SO에 남은 직원들과 계속 잘 어울렸고 저녁에 퇴근하면 술 한잔할 수 있는 사이였는데, 계약 기간이 끝나고 나자 관계가 멀어졌어요. 형, 동생 하는 사이는 없어지고 갑을만 남은 거죠. 그러다가 미드넷이라는 파트너사도 잘하고 있었는데 SO의 이사 한 사람이 꼬드겨서 '기가 네트워크'와 미드넷을 합병했어요. 씨앤앰에서 잘린 다음 갈데가 없는 사람인데 합병을 해서 한 자리 맡으려고 했던 거죠. 합병이 되어 어쩔 수 없이 기가 네트워크에 왔지요.

사회생활을 하면서 노조는 처음 가입해봤습니다. 여태 노조가 없었냐고 하는 사람들이 많아요. 노조가 없었다는 건 이제까지 그만큼 권리를 못 찾고 일을 했었다는 거잖아요. 적극적으로 참여해서 꼭 투쟁에서 승리하라고, 오히려 많은 이들이 용기를 줬어요. 활동가들 애쓰는 모습을 보고 감동받고… 월요일엔 저희가 모여서 30분 동안 집회 했는데, 노조위원장도 와서 연대 발언하고…. 벅찬 감동이 밀려오면서 눈물이 쏟아지더라고요. 우리가 중요한 일을 하고 있다는 그런 생각이 들었어요. 시위와 집회는 사실 노동 환경 개선을 위해 하는 거잖아요.

218

주위의 많은 분들이 애쓰기 때문에 가능한 거죠. 그분들이 없었다면 저희가 이 활동을 할 수가 없잖아요. 아침 일찍 찾아와서 자기 일처럼 도와주고 저녁엔 교육도 시켜주고, 그런 이들이 없었더라면 저희가 여기까지 오지 못했을 거예요. 바꿔나가야죠. 저희보다 열악한 환경에서 일하는 노동자도 많잖아요. 어려운 부분이 없었어요. 당당한 거죠. 투쟁은 권리를 찾기 위해 하는 거니까, 당당하죠. 노조가라고 있잖아요. 그 가사를 듣고 있으면 가슴이 찡해요. 저희를 대변하는 가사잖아요. 부끄러운 마음은 없고 오히려 감격스러웠어요. 지나가는 많은 사람들이 보면서 '저 사람들은 생존권을 위해 투쟁하는구나' 생각했겠죠. '아침부터 뭐야, 저 사람들…' 그렇게 나쁜 말을 하며 지나가지는 않았을 거예요, 분명히, 통행이 좀 불편하긴 했어도.

사장이 빨리 현장에 나가라고 막말한 적도 있었어요. 제가 차마 여기에서 표현을 못 하겠는데… 아무리 대표이사라 해도 직원한테, 직원도 나이 먹고 가정도 있는 40대인데 그렇게 막말하는 건 아니지요. 한 번이 아니에요. 그건 탄압이죠. 예전에는 빨리 현장에 출동하라고 해도 그렇게까지 막말은 안 했는데…. 그 팀장이라는 분에게 암암리에 노조 탈퇴하라고 말했다는 거예요. 그래서 부지회장이 전화해서 '이건 분명히 노조 탄압이다' 따진 적도 있었어요. 그리고 AS 차량에 GPS를 달아서 추적을 하는 거예요. 근무지 이탈을 하면 뭐라고 하면서…. 일하다 보면 근무지 이탈을 할 수도 있는 거잖아요. 현장에서 잠깐 벗어날 수도 있고, 특별히 개인 사정이 있거나, 아파서 병원에 가느라고 그럴 수 있잖아요. 그런데 GPS를 달아서 다 보고 있는 거예요. 사실 외근직이면 그 사람에게 맡겨야죠. 어차피 일 밀리면 그 사람이 다 맡아

219

서 처리해야 하는데. 그것까지 감시를 한다는 것은 사실 사람을 노예로 만드는 거죠. 속박인 거죠.

안전 장비도 본인이 사야 해요. 신발도 그렇고. 그런데 공사팀은 보호 장구를 주는 것 같아요. 요즘 들어서 그래요. 아까 신고 있던 신발도 회사가 준 겁니다. 예전에는 안 주었는데 AS기사에게도 지급한다고 하대요. 아마 노조가 생기자 그게 문제시될까 봐 미리 대처하는 게 아닌가 싶어요. 전봇대에 올라갈 때 한전 관리 요원이나 안전 요원이 나오는 경우가 있어요. 보호 장구를 안 하고 올라가면 걸립니다. 벌금을 물어요. 케이블TV는 설치하러 높이 올라가지는 않죠. 전기는 높이 올라가죠. 케이블TV와 파워콤은 전봇대에 올라가는 높이가 달라요. 파워콤은 제일 상단에 있고 케이블TV, SK 같은 통신사는 그 밑에 있거든요. 그러니까 그렇게 높이 올라가진 않습니다.

정직원이 다치면 대표이사가 먼저 다쳤느냐고 사과부터 하잖아요. 그런데 설치기사는 정직원이 아니라 일용직이에요. 설치기사가 다치면 사비로 다 처리해야 해요. 치료비와 일 못 한 비용까지. 일하다 보면 TV를 망가뜨리거나 해서 고객에게 피해 줄 때도 생기잖아요. 그걸 다 설치기사가 감당해야 하죠. 그런 문제가 있어요. 작년인가, 어떤 설치기사가 일하다가 TV를 떨어뜨려서 발등을 다쳤는데 자기 돈으로 치료하고, 못 한 일도 자기가 다 부담하고… 그러다가 퇴사까지 당한 사태가 있었습니다. 아직까지 해결 안 되고 있어요. 그 일용직 직원이 사정을 청와대 신문고에까지 올렸는데 아직까지 해결 안 되는 걸 보면 회사가 그만큼 근로자에게 혜택을 안 준다는 거죠. 근로자로 안 보는 거죠. 그런 애로 사항이 있습니다. 저는 조합원이라고 보직 변경되었어요. 오늘 출근했을 때까지도 그 업무를 하는지 몰랐어요. 거기 가서 일하라고 시키는데 뭘 해야 하는지, 해머와 드릴 하나 가지고 일하라고 하는데…. 하다못해 폐기물을 담으려면 빗자루라도 하나 있어야 일할 것 아니에요. 아무런 대책도 없이, 케이블 기사한테 시킬 일이 아니죠.

신체적 조건 때문에 일이 힘듭니다. 광케이블 철거할 때 셋이 나가면 전봇대 구간마다 잘라서 내린 다음 말아버리면 쉬운데, 혼자서 1킬로짜리 전선을 내리려고 하면 구간마다 올라가서 끌어내려야 하지, 밑에서 당겨야 하지, 또 줄이 안 따라와서 돌아가야 하지…. 전봇대에 올라가서 1킬로짜리 전선 30개를 끌고 자르고 하다 보니 업무가 힘듭니다. 사실 노조에 가입했다고 받는 무언의 압력이죠. 과중한 업무도 노조 탄압이 아닌가 하는 생각이 듭니다. 오랫동안 걸어야 하니, 신체적인 조건 때문에, 다리가 아파서 집에 가면 저녁도 못 먹고 자버릴 때가 있어요.

그렇지만 꿋꿋하게, 노조가 있는 이상 투쟁에서 승리하리라고 믿고 버티고 있습니다. 노조가 없었으면 회사를 그만두려 했어요. 예전에 했던 일을 알아보고 있었거든요. 승리해서 정당한 권리를 요구할 겁니다. 법으로 보장된 권리 아닙니까? 주 40시간이 정당한 노동시간 아닙니까? 기가 네트워크 공사팀 중 두 사람만 주 40시간 일하고 있어요. 이것도 어떻게 보면 왕따, 탄압인 것 같아요. 똑같은 공사팀 근로자인데, 다른 사람들은 일찍 출근해서 늦게 퇴근하는데, 그 두 사람만 토요일에 안 나와도 된다는 거예요. 저희는 토요일에 일하면 수당이 나오는데 회사는 그 돈이 아까워서 그런지 '일이 없으니까 나오지 말라'고 하죠. 주 5일 근무하는 게 좋기는 해요. 그런데 토요일에 안 나가면 월급에서 30만 원 정도 줄어드니까.

저는 그동안 운동을 못 해봤어요. 먼저 건강해야 하잖아요. 건강을 위해 운동을 좀 하고 싶고 그다음 자기 계발. 내일모레면 은퇴할 나이인데 첫째가 자기 관리죠, 건강관리. 지금까지는 그럴 시간이 없었죠. 그동안 공사팀으로 옮긴 뒤로는 오전 7시에 출근, 오후 7시 넘어서 퇴근했어요. 12시간 넘게 일한 거죠. 요즘 12시간 넘게 일하면서 회사에 몸 바치는 데가 어디 있습니까? 60, 70년대도 아니고….

예전에는 AS를 하다 보면 점심 값 받을 때도 많았어요. 안 받는다고 해도 성의라면서 받으라고 하죠. 요즘은 그런 것이 많이 없어졌어요. 그만큼 삭막해진 거죠. 경제가 어려워서 그런지 그런 것이 많이 없어졌어요. 하남에서 일할 때는 더 많이 받은 적도 있어요. AS를 갔다가 안 고객 한 분이 나중에 케이블을 추가로 달아달라고 연락 왔어요. 디지털 TV 5대, 인터넷 1대를 추가로 설치한 거예요. 설치는 다른 사람이 하고 저는 접수만 했는데, 잠깐 들르라고 하더라고요. 영업 실적을 올려줬으니 제가 고마운데, 그분이 점심 값 하라고 10만 원을 주더라고요. 그런 사례도 있어요. 진상 고객도 상당히 많습니다. 기억은 잘 안나는데, 하남 쪽인가 그런데, 직원들이 다 알 정도였습니다. 그런 진상이 없어요. 다른 통신사를 해지하고 저희한테 넘어온 고객인데, 그 진상이 말도 못 해요. 기사가 약속한 시간에 딱 맞춰서 못 가면, 콜센터와 씨앤앰 본사에 전화해요. 전화해서 높은 사람을 찾아요. 그 사람은 가전 분야에서도 유명해요. TV가 고장 나면 전화해서 높은 사람을 찾아요. 하다못해 저번에 일했던 팀장은 그 사람 집에 아침 10시에 찾아가서 오후 7시까지 사과하다가 온 적도 있습니다. 어쩌다가 그 사람이 해지를 했는데, 그때 전산 기록에 남겼어요. 절대로 가입시키지 말라고. 그런데 얼마 안 지나서 콜센터가 가입을 받았어요. 다른 통신사도 워낙 진상을 부리니까 가입을 안 받는 모양이에요.

개한테 물린 적도 많아요. 하남에 있을 때였는데 진돗개를 풀어놓고 키우더라고요. 주인은 괜찮다고 그러는데 주인만 괜찮은 거죠. 외부인이 오면 개가 물 수도 있는 거죠. 그 개한테 허벅지 뒤쪽을 물렸어요. 자그마한 마티즈에게 뒤꿈치를 물린 적도 있고…. 또 AS 갔다가 개가 오줌 싼 것을 모르고 밟아서 편의점에 가서 양말 갈아 신고 간 적도 있고…. 에피소드야 많죠. 제일 기억에 남는 게, SO에 있을 때였는데, 아침에 고객과 전화로 약속을 잡고 가잖아요. 점심 무렵에 간다고 AS를 잡았어요. 고객 집에 갔는데 점심을 해놓은 거예요. 삼겹살까지 구워놓은 거예요. AS 해주고 도란도란 이야기하다가 벽에 걸린 사진을 봤는데, 결혼식 사진이 있더라고요. 결혼식 사진에 아는 분이 있는 거예요. 같은 교회에 다니던 처녀였는데 거기가 시댁이었던 거예요. 그래서 많은 이야기를 나누었죠. 그렇게 만나기 사실 힘들잖아요. 제가 아는 사람의 시댁에 AS 갔던 거예요.

인터뷰

05

윤성대

저는 경제학과를 나왔습니다. 군대에 있을 때 IMF 사태가 터졌어요. 경제학과 간 이유는 졸업하면 경남은행에 취직이 잘 된다고 하기에 별로 관심은 없었지만…. 그 뒤 경남은행이 합병돼버렸어요. 과에서 공부 좀 한다는 친구도 계약직으로밖에 못 들어가고, 아니면 투기성 사모펀드나 펀드 매니저 쪽으로 많이 갔어요. 이건 아닌 것 같다는 생각이 들어서 흔히 말하는 알바 전공을 살렸죠. '현장직으로 가야겠다.' 인테리어 일을 시작했는데 월급 110만 원, 세금 떼고 100만 원을 받았어요. 당시 갓난아이가 있었는데 도저히 생계가 안 되더라고요…. 사장이 1년 지나면 급여를 올려주겠다고 약속했는데 말뿐이고, 그러면서 자기는 BMW 뽑아서 타고 다니고. 직원들이 집단으로 그만뒀어요. 그 뒤 대학도 나왔으니까 현장 말고 사무실로 가보자는 생각에 작은 회사에 이력서를 냈어요. 그때 잘 안 돼서 '내 길이 아니라서 안 되나 보다' 자포자기하는 심정이 됐죠. 그런 와중에 한 친구가 케이블 일을 같이 해보자고 해서 울산에서 서울로 올라오게 됐어요. 처음에는 좋았죠, 일한 만큼 돈을 가져갈 수 있었으니까. 그때는 열심히 하면 되겠지 생각했는데 점점 상황이 안 좋아지더라고요. 제가 정말 하고 싶은 일은 기술자로서 설치하고 서비스를 제공하는 일인데… 자꾸 영업을 강요해요. 영업 못 하면 돈이 안 되고. 회사가 이것저것 들먹여서 돈을 떼어가는데, 그렇게 일한 몫을 못 받고 돈 떼이는 게 제일 싫죠. 그건 어떻게든 싸워 지키지만 그 점 때문에 이 업계에 대해 실망하게 됐죠. 사람들 만나는 건 좋았어요. 고객들 만나서 이것저것 인생사도 들을 수 있고.

노조에 대한 반감, 저도 그런 게 있었어요. 제가 울산 출신이에요. 울산에선 현대자동차, 현대중공업을 부자 노조라고 부르잖아요. '돈 많은 사람들이 왜 또 시위해서 급여 올려달라고 그러냐.' 다른 공장에서 일하는 사람들은 '저 사람들 정말 잘사는 사람들이다, 나이트 가도 작업복 입고 가면 부킹 순위 1위다' 그래요. 울산은 정말 그런 분위기예요. '우리는 정말 힘들어서 못 살겠는데 저들은 돈도 잘 벌면서 왜 만날 시위하느냐.' 그런 게 있었어요. 솔직히 저도 왜 그들이 파업하는지 이해 안 됐어요. 하지만 이유를 일일이 다 이해할 수는 없지만 정말 현장에 가서 일하는 걸 보면 그들도 힘든 면이 있고…. 제가 그들과 대화하면서 느낀 게 뭐냐면, 계약 기한은 정해져 있고, 회사는 중국으로 옮기네 마네 하고, 비정규직을 계속 뽑아 인원 대체하면서 정리 해고를 하니까, 다니는 동안 최대한 정당한 대가를 받아야 하겠다는 마인드가 있더라고요. 저희 비정규직과는 조금 거리가 있지만 이해됐어요.

여기 에이티센터 앞에서 기아자동차 비정규직 노조가 집회를 열거든요. 그걸 보면 경찰이 어떻게 과잉 대응하는지 알 수 있죠. 경찰이 한번 오면 완전히 길이 막혀서 정체되거든요. 일대가 아수라장이 돼버려요. 아수라장 되는 원인은 집회하는 사람들이 아니라, 흔히 말하는 닭장차 있죠, 경찰에게 있어요. 집회 참석하는 인원이 100명이면 전경도 100, 200명 오면 될 텐데 1000, 2000명 오는 거예요. 아예 닭장차가 도로를 막아버리는 거지. 집회하는 이들은 교통 상황에 전혀 불편을 안 주거든요. 그런데 시민들은 이를 모르고 '저 새끼들, 집회한다고 이게 다 뭐냐' 그런 반감을 가질 수 있죠.

저는 대학생 때부터 아르바이트를 많이 했어요. 현대자동차, 에이티센터 바로 옆에서 비정규직 시위하고 파업 투쟁했어요. 현대자동차에서 아르바이트 할 땐 시간제 고용이었어요. 울산 사람들은 현대자동차에서 알바 한 번 안 해보면 울산 남자 아니라고 하거든요. 그때 실제로 정규직과 비정규직의 차이를 봤어요. 업무는 열악한데 근무시간은 훨씬 길고. 그중에는 조금이라도 더 벌려고 정규직한테 남는 식권을 얻어다 팔아서 급여에 보태는 사람도 있었어요. 그걸 보면서 '이게 정말 비정규직과 정규직의 차이구나' 생각했죠. 같은 일을 하면서 아니, 더 힘든 일을 하면서 더 많은 시간을 근무하는데 급여는 3분의 1밖에 못 가져가는 거죠. 대우도 안 해주고. 저는 그때부터 관심이 많았어요.

음악도 록 음악을 좋아하다 보니 사회에 대한 반감도 있지만 그렇게 생각했어요. 모든 사람은 다 평등하잖아요. 평등한데, 정규직과 비정규직을 나누는 건 차별이라고 생각해요. 모든 기본적인 권리는 동등하게 주어져야 한다고 생각합니다. 비정규직이라는 건 사 측이 자기 편의대로 만들어낸 거죠. 쉽게 말해 정치권 의원님들이 도장 꽝꽝 찍고 망치 두드려서 만들어낸 거잖아요. 대학 시절부터 불합리하다고 생각했어요. 제가 나온 학교를 운동권 대학이라고 하는데 당시엔 그런 줄도 몰랐어요. 록 밴드는, 잠깐 밴드를 했었거든요, 지금은 직장 때문에 못 하는데, 록 밴드는 거의 다 좋아합니다. 국내 밴드는 별로 안 좋아해요, 사운드 가든이나 펄 잼, 컬트 좋아해요. 크리스 코네르, 아주 좋아합니다.

제 나이면 정년퇴직할 때예요. 통신 업계가 정신적으로도 노동 강도가 세다 보니 10년 전만 해도 젊었을 때 바짝 벌고 나이 되면 자기 장사를 하러 나가는 패턴이었어요. 외주 업체를 차린다든지, 컴퓨터 AS점을 차린다든지. 제 나이 되면 주위에서 '형님, 이제 나와바리 물려주시고 나와야 하는 것 아닙니까' 그랬죠. 예전에는 젊은 사람도 굉장히 많았어요. 지금은 제 나이가 평균이고 젊은 사람은 일이 힘들어서 하지 않으려고 하죠. 초짜라고, 그런 이는 이틀 일하고 나선 관두고. 업계 자체가 고령화되었고, 인력도 귀해지고 있어요. 그런데 사 측은 이러한 사정을 모르고 사람 대하기를 정말 뭣같이 대하죠. 저는 사람 만나는 것 좋아해요. 대학 졸업한 뒤 계속 사람 만나는 일을 해왔고, 대학 다닐 때도 방역 아르바이트라고 집집마다 돌아다니는 일을 했었어요. 사람 만나는 걸 좋아해서 하는 일이예요.

노조 잘 되어서 안정되고 나면 그때는 자연을 벗 삼아 살고 싶습니다. 사업자가 될 생각은 전혀 없습니다. 사업자를 낸다는 건 새로운 갑이 된다는 건데, 저는 직원은 직접 고용해야 한다고 생각해요. 사업자를 낸다는 건 직접고용에 턱, 층계를 하나 더 만드는 일이예요. 그래서 저는 안 해요. 그런 걸 목표로 삼지 않아요. 협동조합의 형태가 다양하게 제시되고 있는데, 기사들이 십시일반해서 협동조합을 만들자고 하는 업체가 있어요. 월급 사장을 두고 기사들에게는 정상적인 급여, 4대 보험 주고, 연말 정산해서 배당한 지분대로 기사들이 나눠 갖는, 그런 협동조합 형태에 찬성해요. 그렇게 되면 정말 자기 일이라 생각하고 열심히 할 거예요. 하지만 전부 저와 같은 생각은 아닐 거예요. 저도 씨앤앰지부가 만들어졌을 때 반신반의했어요. '그 사람들은 정직원인데 외주 업체를 위해 노조를 만들어줄 리 있을까.' 흔히 사장단은 '씨앤앰이 교섭 조건 높이려고 너희들 이용하는 거'라고 막 이야기했죠. 인간은 다 똑같을 수 없고, 다 진심일 수 없으니까요. 저는 궁극적으로는 직접고용이 되어서 케이블방송 비정규직지부가 없어지고 씨앤앰 지부의 정규직 조합원이 되어야 한다고 생각합니다.

실질적으로 기사들이 주장하는 것은 고용 안전이에요. 저희가 노조를 만들자마자 사 측이 말하는 게 있어요. AS기사는 급여를 수당 없이 통 월급 식으로 주고 '그래도 너희는 원급이다' 하면서 직원으로 생각해주는데, 그런 분이 서너 명밖에 안돼요. 다른 직원들한테는 '너희들은 직원이 아니다, 도급이다'라고 말해요. 몇 년 동안 시간을 다 갖다 바쳐서 일했는데 고작 얻어 듣는 소리가 이런 거예요. 기사도 4대 보험 보장받고, 다른 업체처럼 일한 만큼 받아가는 걸 원하지 큰 것 바라는 게 아니에요. 한데 사 측이 그렇게 나오니까 기사와 조합원도 점점 반감이 심해져서 '안 되겠다, 더 강하게 나가자'고 하는 거예요. FM대

229

로, 회사가 흔히 말하는 것처럼 '법대로' 해보자는 거예요.

지금 저희는 비조합원이 5명밖에 안 돼요. 그중 2명은 가입하고 싶어도 못 하는 사람들이에요. 신용 불량자라서 자신의 이름이 아니라 가족의 이름으로 근무하는 사람…. 사장은 이 업계에서 유명한 짠돌이예요. 돈 한 푼 나가는 걸 싫어하고, 만약 어떤 사람이 흠이 있거나 만만히 보이면 부려먹습니다. 야간 업무 등을 떠넘기는 거죠. 처음에는 좋게 이야기하다가도 저희가 따지면 딱 잘라서 답변하는 식이에요. 그런 점 때문에 기사들이 굉장히 힘들어하고…. 본사에서 약간 인센티브가 내려오면 자기가 얼마를 떼어먹은 다음 줘요. 그러면서 엄청 생색을 내요. 할당 건수를 못 맞추면 차감을 하면서도 자기가 준 것만 이야기하죠. '나는 주는 사장이다.' 그래서 직원들이 많이 지쳐요. 피곤하죠. 지금 지회는 근무시간을 저희 조합원에게 맞추라고 주장하고 있고요. 저는 딱 잘라 말합니다. SK 다닐 때는 새벽 2, 3시에도 전봇대에 올라가 작업을 해본 적이 있어요. 비 오는 날, 번개 치는 날 전봇대에 올라가는 건 다반사고. 제가 그런 불합리한 점에 대해 아주 민감해서 씨앤앰에 오고 난 뒤로는 근무시간을 지키려고 노력하고 있어요. 회사가 뭐라고 하든 간에 일단 근무시간 지나면 '내가 못 하겠다'고 말합니다. 돈이 안 되더라도 그런 식으로 하려고 하죠. 물론 근무시간에는 고객에게 서비스를 확실히 해주려고 노력하고 있습니다.

통신 업계는 책임 소재라는 게 있는데 모든 의무 사항은 직원에게 있고, 그걸 주도하는 권리는 사 측에게 있어요. 그 권리라는 게 뭐냐면, 만약 저희가 부당한 업무를 받으면, 업체가 작다 보니 사장이랑 직통이 돼요, 설득하듯이 못 하겠다고 이야기하면, 사장은 '알겠다, 일단 하지 말고 있어라'고 하죠. 그런 다음 SO 본사에 보고하죠. 그러면 본사에서 지시가 내려와요. 사장은 '일단 해라. 나는 안 해주고 싶은데, 무조건 하라니 어쩔 수 없어' 말하죠. 한데 문제가 발생하면 모든 책임은 기사가 지는 거예요. 모든 책임이 기사에게 옵니다. 돌아달라고 요청해도 회사는 모른 체합니다. 기사라면 이런 일을 한 번씩 당했을 거예요. 도둑 취급받거나 기물 파손을 했다고 항의를 받으면 모든 게 기사의 책임입니다. 기사 스스로 해명해야 해요. 저도 일하다가 도둑 취급받은 적이 있어요. 형사고발까지 한다고 하기에 제가 회사에 도와달라고 했는데 전혀, 걱정하는 눈빛으로만 쳐다보면서 아무것도 안 해주더라고요. 혼자 처리했죠.

장마철엔 특히 힘들고요. 비 온다고 해서 작업을 하지 않으면 어차피 제 일이니까 밀리게 될 수밖에 없죠. 기사들은 대부분 비 맞고 작업합니다. 양손을 다 써야 하기 때문에 우산을 쓸 수도 없고, 우의도 입기 어려워요. 작년에 정말 비가 많이 왔을 때 고객한테 양해를 구하고 슬리퍼를 신고 일한 적이 있었어요. 옷이 다 젖어버려서요. 고객은 이해해주지만 회사는 이해 안 해줘요.

이 동네는 비싼 차가 많아서 운전을 조심히 해야 해요. 이 일 하면서 참 웃긴 게 뭔 줄 아세요? 보통 차 사고가 나면 서로 잘못을 미루면서 싸우잖아요. 저희는 그걸 못 해요. 자기가 일하는 동네니까, 가입자일 수도 있으니까. 얼마 전에 사고 났는데 제 과실이 분명 아니지만 별말 안 했어요. 오히려 다친 데 없냐고 물어보고…. 이 동네요? 잘사는 사람은 굉장히 잘살고, 직장 때문에 피치 못해 와서 어렵게 사는 사람도 있어요. 특히 젊은이 중엔, 사람마다 다르지만, 알뜰히 사는 사람도 있어요. 너무 생각 없이 사는 젊은 분, 그런 사람도 꽤 있어요. 여기는 인간미는 없어요. 오히려 못사는 동네에 가면 밥이라도 먹고 가라는 고객이 있는데, 여기 오면 꼭 '뭔가 꼬투리를 잡아서 하나라도 더 얻어낼 수 없을까' 하듯이 대해요. 기사들은 대부분 그렇게 느낄 거예요. '차라리 못사는 동네에 가는 게 편하다.'

지역마다 다르지만 팁을 받을 때가 있어요. 외국은 팁이라는 문화가 보편화되었지만 우리나라에서는 팁을 주고받는 경우가 거의 없는데, 간혹 팁 주는 분이 있어요. 기러기 아빠였는데 자식들 외국에 보내놓고 혼자 골방에서, 통화료도 아까워서 채팅으로라도 아들의 얼굴 보겠다고 인터넷을 설치한 사람이었어요. 그분이 땀 흘려 일했다고 1만 원을 주더라고요. 오히려 잘사는 집에 가면 기사를 하인 부리듯 해요. 자기 집에 제품 서비스를 하러 온 사람을 마치 머슴 부리듯 대해요. SK에서 일할 때 송파 방이동에 갔다가 그런 일이 있었어요. 한나라당─지금 새누리당─국회의원인 백발에 연로한 분인데, 제가 성함은 모르는데, 옛날 흑백영화 시절에 군대 장교 역할로 많이 나온 분이에요. 목소리 들으면 누구나 알 수 있는 사람이에요. 그분 집에 설치하러 갔는데, 설치가 안 되는 집이었어요. 5미터 거리밖에 안 되는데 저랑 직접 대화를 안 하고 집사를 통해 이야기를 전달하더라고요. 그리고 훈시하듯이, 아랫사람한테 훈화하듯이 말해요. 저는 일을 못 해서 돈도 못 벌고, 시간은 시간대로 허비하는데 30분 동안 훈화 말씀을 하더라고요. 그런 취급을 당할 때도 있어요.

개한테 얹혀사는 사람, 짐승에게 얹혀사는 사람도 많아요. 강아지를 70마리나 키우는 집도 있어요. 〈TV 동물농장〉에도 나왔대요. 방 안 쓰레기를 치우지 않아 발 디딜 틈 없는 쓰레기 하치장 같은 집도 있어요. 그냥 신발 신고 들어오라고 하더라고요. '이 사람은 어떻게 살까' 그런 생각 드는 곳도 있고. 요즘 젊은 사람들 중엔 마니아도 많죠. 조그마한 원룸에 없는 것 없이, 흔히 말하듯이 풀세트로, 벽 전체를 TV, 홈시어터, 스크린으로 가득 채워놓고 사는 사람. 얼마 전에는 내곡동에 있는 삼성전자 부사장 집에 갔었어요. TV 3대에 8000원짜리 케이블 하나 설치하려고 세 번 갔어요. 공사팀은 설치하는 데에 한나절을 보냈어요. 사모님이 그렇게 이야기하더라고요. '요금이 8000원인데 이렇게 일하고 가면 남는 게 있어요?' 남는 게 없죠. 기사들은 서초동 재벌이 사는 집에 자주 가죠. 가보면 외제를 쓰는 집이죠. 전부 독일제, 스위스제, 창틀도 외제죠. 차는 당연히 외제차고. 그래도 이 삼성전자 부사장은 매너 있더라고요. 원래 가입할 때 고객한테 신분증을 받아야 하는데, 어떤 사람은 '내가 누군지 모르냐, 누구더러 신분증을 내라고 하느냐' 하면서 화를 내거든요. 그런데 그분은 신분증을 복사해놨다고 주더라고요. 외국인이더라고요. 외국인 등록증을 주었는데 캐나다였나, 이거 개인 정보 유출인가요?

한솥 도시락이라는 데, 거기 값도 싸고 밥도 괜찮아서 자주 가는데, 배지를 딱 달고 가니까 가게 사장이 '노동조합 하느냐, 열심히 해라, 나도 회사 다닐 때 했었다'고 격려해주더라고요. 정말 힘이 났어요. 그분 말고는 아무도 알아보는 사람이 없었어요. 하물며 같은 통신 업계에서 일하는 사람도 시큰둥하다고 해야 하나. 저희는 전 직원이 현장에 나가기 때문에 아침에 출근할 때부터 배지를 달고 들어가요. 사무실 여직원은 이게 문제가 돼요. 하루 종일 사장과 가까운 곳에서 일하다 보니 사장 눈치를 볼 수밖에 없죠. 현장 직원들이 나가고 자기들끼리 남으면 상당히 힘들어하는 것 같아요. '노조, 어떻게 좀 빨리 안 끝나느냐, 어떻게 좀 안 끝나느냐' 그러죠. 조합원이지만 배지를 직접 달지 못하고 책상에 붙여 두죠. 주위에서는 '노조원이니까 사장에게 아닌 건 아니라고 말하고 커트해라' 하지만 잘 안 되죠. 한 명은 이모뻘, 다른 한 사람은 막내동생뻘 되는데 마음이 약해서 '그냥 좋게좋게 말로 하면 안 될까' 하고 나오죠. 여직원은 이전에는 잔업 수당 자체가 없었어요. 일이 많으면 많은 대로 했었으니까. 가장 큰 어려움은 가입자의 전화를 받는 스트레스예요. 현장 기사는 '일이 포화 상태라서 더이상 못 한다'고 넘기고, 회사는 '왜 이걸 처리 안 하냐, 기사들 쪼아라' 하며 여직원한테 넘기죠. 불만 사항이 있는 고객과 통화하다 보면 대놓고 쌍욕 하는 사람도 있어요.

저는 〈나꼼수〉를 정말 좋아하는데 김어준 씨가 쫄지 말라고 그러잖아요. 쫄 필요 없습니다, 우리도 크면서 사춘기 때 부모에게 한 번씩 대들고… 하고 말하죠. 이건 비유가 조금 이상하긴 한데, 처음에 아버지한테 대들 때는 겁나잖아요. 한번 대들고 나면 아버지가 들어주는 경우도 있고. 일단 쫄 필요 없어요. 과감히 용기를 가지고 하면 될 것 같아요. 제가 하고 싶은 말은, 우리나라 국민이나 저희 조합원이나 전부 바보라고 생각합니다. 포드캐스트에서 '이 세상의 변화를 시도하는 시발점은 지식인이지만 그 변화를 일으키는 사람은 바보다'라는 말을 들었어요. 그럼 바보를 각성시키느냐, 아니냐가 문제죠. 바보 온달 이야기를 보면 공주가 바보를 각성시키잖아요. 각성시켰는데도 '그냥 이렇게 살래' 하면 정말 바보가 되는 거예요. 각성한 것을 열심히 밀고 나가고 배우고 해서 장군이 됐어요. 조합원, 노동자들이 각성해서 바보에서 장군으로, 능력을 발휘하는 인물이 되면 좋겠습니다. 쫄지 말고 파이팅, 투쟁!

조합원에게 부탁하고 싶은 게 있어요. 저희가 정당한 권리를 되찾으려고 이렇게 노동조합을 하고 있지만, 그렇다고 해서 가입자, 소비자에게 피해를 주면 안 돼요. 최대한 친절히 일하되 감정 노동의 선을 넘지 않는 선에서 완벽한 서비스, 완벽이라는 건 없겠지만, 완벽에 가깝게, 깔끔히 서비스를 해줘야 나중에 저희가 파업을 할 때도 고객이 이해해주리라고 생각합니다.

인터뷰

06

전동열

저희를 기사라고 부르잖아요. 뭐, 흑기사, 백기사도 아니고, 좀 엔지
니어라고 불러주면 고객도 저희를 대우하는 게 달라질 텐데…. 그렇잖
아요. 삼성전자는 대기업 다닌다고 엔지니어라고 부르잖아요, 막 대하
지도 않고. 저희들보단 나을 것 같아요. 저희에게 장롱이나 장독을 옮
겨달라는 고객도 있어요. 심지어 전봇대에 올라가 일하고 있으면 도시
가스에서 나왔냐고 물어봐요. 유선방송 초창기에는 이렇게까지 대접
받지는 않았거든요. 요즘은 많이 각박해졌어요. 땀을 뻘뻘 흘리며 일
하고 있어도 물 한 잔 안 주는 집이 많아요. 심지어 저희가 방에 들어
가면 에어컨 끄는 집도 있어요. 사람들이 요즘 그렇잖아요, '고객은 왕
이다'라는 게 머릿속에 콱 박혀 있어요. 터무니없는 요구를 하는 고객
도 있거든요. 그렇잖아요, 케이블TV 1대 신청해놓고 3대를 공짜로 연
결해달라고 하면 누가 해주겠어요? 저희가 그걸 안 해주고 나오면 민
원 전화를 걸어요. 그게 왜 불친절한 건가요? 사 측은 민원이 들어왔

으니 저희에게 시말서 쓰라고 하죠. 불합리하게 당하는 게 정말 많아요. 물론 고객도 중요해요. 하지만 그걸 너무 악용해요.

회사에 젊은 사람이 많지 않은데 솔직한 말로 권하지도 않죠. 급여나 근로시간에 문제가 많아요. 신입 사원이 들어오면 커피 한잔 마시면서 이야기하죠. '이 일을 하다가 다른 일을 찾아보는 게 낫지 않느냐.' 항상 그래요. 저희는 스스로 3D 업종에 있는 사람들보다 못하다고 이야기하거든요. 사고 나면 저희 스스로 알아서 수습해야 하고, 민원이 터지면 혼자 뒤집어써요. 불합리하죠. 그렇다고 시간외 수당을 받으면서 제대로 일하는 것도 아니고요. 저는 열정을 갖고 이 일을 했다고 볼 수 있거든요. 물론 말단에서부터 시작해 사업자도 한번 내어보고, 저 나름대로는 '여기서 오래 일하다 보면 기회가 생겨서 나도 크게 한번 해볼 수 있지 않을까' 생각도 했어요. 사람이라면 그런 생각을 한번 해볼 수 있는 거니까. 그런데 가면 갈수록 미래가 없다는 생각이 들었어요. 앞으로 근무 조건이 나아진다면 장기근속을 해볼 생각도 있는데… 일단은 그렇습니다.

개인적으로 케이블 업계에 노조가 생겼으면 좋겠다는 생각을 오래전부터 해왔어요. 저희야 노동법을 자세히 알지도 못하고 전문적인 것은 더더욱 모르는데, 올해(2013년) 3월 초 정규직 노조가 비정규직도 같이 가자는 취지로 조금씩 접근해오면서 저희도 같이 참여하게 됐죠. 지금 4개월 정도 된 것 같네요. 아직 뚜껑을 열어보지 못했고, 목표를 이룰 때까지 열심히 투쟁하려 합니다. TV나 언론 매체를 통해 노동조합이라는 말을 가끔 접하기는 했는데, 저한테 딱 닥치니까, 저는 그랬어요, 기분이 좋더라고요. 근로기준법이 뭔지 아예 몰랐으니까요. 저희는 주당 몇 시간 근무하는지 세어보지도 않고 일해왔어요. 법정 근로시간을 규정한 법이 있는 줄도 몰랐죠. 민주노총 희망연대노조에 가서 교육받으면서 조금씩 알아가고 있어요. 저도 따로 검색해서 알아보고 있고요. 물론 노조에 들었다고 해서 다들 적극적으로 활동하는 건 아니에요. 노동운동이라고 특별히 하는 건 없고, 제가 좀 더 말을 많이 한다는 정도죠.

지금 임금 체불된 지 몇 개월 됐어요. 정직원은 별로 없고 대부분 하도급이에요. 외주 기사, AS기사도 그렇고 주주도 그렇고. 주주가 돈을 못 받은 거죠. 배당금이 얼마인지도 모르죠. 지회장과 부지회장이 주주인데, 제가 보기에는 '아인서비스'가 이 문제를 해결할 방법은 없어 보여요. 사장은 돈 없다고 하면서 골프는 잘 치러 다녀요. 회사 돈으로 5000만 원 넘는 차를 샀고, 총괄도 마찬가지고. 모든 유지비는 회사 돈에서 나오는 거잖아요. 자기들끼리 골프 회원권을 사서 돌리고 골프채도 주고. 이건 어딜 봐도 빤하죠. 설마 자기 돈 들여서 하겠어요, 다 회사 돈으로 하겠죠. 기사들이 벌어다 준 돈으로 생색내면서 장난을 치고 있는 거거든요. '너희가 영업 몇 건 해오면 상품권 얼마나 주겠다.' 저희는 그걸 회사가 주는 돈이라고 생각 안 해요. '우리가 번 걸 다시 돌려받는 것'이라고 생각하거든요. 회사는 급여를 주면서 한 번도 급여명세서를 보여준 적이 없어요. 제가 아인서비스에서 일한 지 3년이 넘었는데 지금까지 한 번도 급여가 맞은 적이 없어요, 단 한 번도.

7차 교섭을 끝으로 결렬된 상태예요. 사장은 교섭에 딱 세 번 나왔어요. 1차 교섭은 상견례 겸해서 이뤄졌고. 사장과 측근들은 노조가 결성됐다는 사실에 부정적인 생각을 갖고 교섭에 임했고, 교섭에 성실히 임하지도 않을뿐더러 앞서 교섭에서 진행된 이야기를 전달받지도 않았다고 하고, 회사에 돈이 없다는 말만 되풀이하죠. 임금 체불을 해결할 방안을 내지도 않고, 주주 총회를 언제 열겠다는 확답도 하지 않고. 그래서 교섭이 결렬되면서 쟁의 조정 신청 들어갔어요. 아인서비스 사장은 경영에 대한 의지가 없어 보여요. 저희는 사장이 바뀌었으면 합니다.

영업비도 그래요. 아인서비스는 100퍼센트 준다고 했거든요. 그런데 다른 협력사의 영업비는 어떤지 알아봤는데 차이가 있어요. 실제 100퍼센트가 아니라 아인서비스 안에서 100퍼센트인 거죠. 아인서비스 내부에서 많이 빼먹은 거예요. 착취가 분명히 있어요. 지금은 100퍼센트 안 주고 할당 건수에 따라 줘요. A-TV, ISP, VIP, DTV, 이게 기사별로 건수가 정해져 있어요. 이걸 채워야 100퍼센트 주는 거예요. 안 채우면 계속 차감되죠. 설치비도 '1건에 얼마 준다, 기술 지표가 안 좋으면 65퍼센트 준다' 하면서 자기들 맘대로 하죠. 정해진 돈을 그대로 주지 않아요. 영업도 그래요. 저희가 하는 일은 서비스업이지만 영업 중요해요. 중요한 건 알고 있어요. 하지만 돈 가지고 사람을 이용하는 건 잘못된 거죠. '영업을 못 하면 몇 프로만 주겠다'는 식이죠.

작업복. 항상 아침에, 노조 생기기 전에는 꼭 1시간씩 회의를 했는데요, 안 좋은 이야기를 듣고 나가요. 복장 청결히 하라는 이야기. 복장이나 주면서 청결히 입으라는 이야기를 해야죠. 기사 조끼를 보면, 동서울로 나갈 땐 동서울이라고 적힌 조끼를 입어야 하는데, 북부 씨앤

240

앰, 노원 씨앤앰, 이렇게 쓰여 있는 걸 입어요. 복장을 지급받지 못하니까 전에 일하던 곳에서 받은 옷을 입을 수밖에요. 심지어 티브로드 복장을 입는 경우도 있어요. 티브로드랑 저희랑 작업복이 똑같아요, 로고만 다르고. 케이블 사업자끼리 단체로 맞춘 거예요. 광고도 돈 모아서 함께 하고 작업복도 통일했어요. 작업복을 저희가 사야 해요. 제가 회사에 한번 말한 적이 있어요. '씨앤앰 작업복은 백화점에서 나오느냐. 뭐가 이렇게 비싸냐.' 풀세트로 맞추면 18만 원이에요. 거의 20만 원 돈이죠. 그걸 기사들이 어떻게 사요, 당장 자기 사복도 못 사 입는 판에. 저는 옷을 사본 지 5년이 넘었어요. 작업복만 입고 다녀요. 그리고 유류비도 저희가 내야 하고요.

저도 물론 도급 기사이지만, 정직원을 안 한 이유가 급여 때문이에요. 정직원의 급여 수준이 정말 낮아요. 한 달에 200만 원도 안 돼요, 150만 원, 이래요. 경력자라고 해봐야, 많아야 170, 180만 원. 생활이 안 되죠. 요즘 돈 1만 원으로 살 수 있는 게 있나요? 돈도 아니죠. 저는 180만 원 받은 적도 있어요. 케이블 업계도 성수기가 있고 비수기가 있다 보니 매달 급여가 달라요. 물론 맡은 지역에 일이 많은 기사는 고정 수입을 가져가기도 하는데…. 도급이 정직원보다는 나은데, 유지비 빼면 남는 것도 없다고 봐야죠. 300만 원 받는다고 해봐요. 거기서 세금 3.3퍼센트 떼고, 유류비, 통신비, 식비, 기타 잡비 등을 제하면 남는게 없어요. 자재비도 저희가 내거든요. 이것도 웃긴 일이죠. 남의 일을 가는 것도 아니고 씨앤앰의 일을 하는 건데. 거기다가 검수까지 받아요. 검수도 시정 조치로 끝나지 않고 패널티를 받으니까 아무래도 검수받다가 걸리면 기분이 안 좋죠.

저희가 이루려는 목표가 있는데 되든 안 되든 씨앤앰에게 요구하고 있는 거예요. 될 거라고 보고 있어요. 목표의 100퍼센트는 아니더라도 50퍼센트 이상은 이뤄지리라고 생각하고 있어요. 안 되더라도 계속 노조를 잘 이끌어나가서 목표를 달성하려고 끝까지 노력할 거고. 그리고 비조합원과 대화를 좀 더 자주 해서 모르는 것을 알려주면서 같이 해나갈 생각이에요. 사 측과 친분이 두터운 직원은 노조를 꺼리는 경우가 많죠. 지금 노동자들은 그래요. 사 측이 급여를 올려준다고 하면 그 얼마 안 되는 돈에 현혹되죠. 당장은 자기한테 이익이라고 그것 때문에 안 움직이는 사람도 있죠.

친구 아버지가 유선방송 사업자였어요. 중학교 1학년 때 친구인데 계속 봐왔죠. 제가 손재주가 좋아서 자연스럽게 관심이 가더라고요. 중학교 3학년 때부터 알바 하면서 조금씩 계속 배웠죠. 시간 남으면 따라다니기도 하고. 그러다가 군 제대하고 나서 이 일을 병행해오다가 여기까지 오게 됐네요. 큐릭스, 티브로드, 씨앤앰에서 일하다가 다시 티브로드에 한 반년 정도 다녔어요. 저는 오래됐어요. 예전에 없어진 두루넷, 이런 것도 다 겪었고. 저는 노조가 생기기 전에 씨앤앰의 협력사에서 계속 근무했어요. 팀스, NC(CJ헬로비전 경남방송), 타코스 텔레콤에서도 일해봤고. 경기권까지 많이 돌아다녔죠. 몇 년 전에는 주로 동서울 쪽에서 일했고.

노조가 생겨야 고용 보장도 되고, 혜택도 받을 수 있잖아요. 불안하잖아요. 하루하루 일하다가 잘못하면 짤린다는 불안을 안고 살아가야 하니까. 노조 활동으로 불합리한 게 많이 없어졌으면 하지요.

와이프는 항상 그러죠. 뭘 해도 좋은데 앞에 나서지 말라고. 그냥, 나설 사람이 없어서 나서는 것뿐이에요. 앞에 나서면 타깃이 되겠지만 이미 찍힌 상태라 끝까지 한번 갈 때까지 가보려고 해요. 이기적으로 생각하면 노조 활동을 할 필요도 없죠. 와이프한테 항상 이야기해요. '우리를 위해서 노조 활동 하는 것 아니다, 아이를 위해서 하는 거다.' 딸이 초등학교 4학년이에요. 가정통신문을 받아왔는데 아버지가 케이블TV에서 일한다고 하기가 너무 창피하더라고요. 케이블TV에서 일한다고 하면 사람들은 허드렛일 하는 줄 아는데…. 케이블TV를 연결해주러 가서 장롱도 옮겨주고, 못도 박아 주고…. 사람들의 인식이 그렇잖아요. 저는 딸 앞에서 당당하게 제 직업을 말하고 싶은데…. 물론 딸도 아빠가 뭘 하는지 알고 있지만, 교육적인 면보다 일상적으로 솔직하게 접근하고 싶은 아빠가 되고 싶다는 거죠. 뭘 숨기는 아빠가 아니고. 예전에 그랬잖아요. '너희 아버지, 뭐하시니?' 하고 물어보면 '저희 아버지, 어디 좋은 데 나오셨어요' 하고 거짓말 많이 했잖아요. 전 그렇게 하고 싶지는 않거든요.

이 일은 고객을 상대로 하는 서비스업이잖아요. 물론 주말에 저희가 일을 안 하면 고객이 불편할 거예요. 주말에 TV가 안 나오면 그것만큼 끔찍한 게 어디 있겠어요. 당직 AS기사 있는 게 맞아요. 한데 당직이라는 개념이 긴급한 상황에 대처하는 일이라고 생각해요. 물론 일이 그렇게 많지는 않아요. 비상 근무자가 있어야 한다는 말은 맞는데 실질적으로는 당직 체제가 정상 근무보다 더 심해요. 당직은 소수 인력이 나오는데 업무 양이 어마어마하다는 거죠. 어떤 기사는 평일에는 별 계획이 없다가도 주말에만 많다며 굳이 주말에 모든 약속을 잡아요. 그러니 주말에 일하고 있으면 너무 서글픈 거죠. 남들은 주말에 가족끼리 놀러 다니는데 나 혼자 뭐하고 있나 싶죠.

이쪽 계통에서 일하다 보면 허리에 무리가 많이 가는 것 같아요. 안전 바를 메고 전봇대를 올라가니까. 그리고 무릎. 매일 오르락내리락하고 높은 데서 뛰어내리는 경우도 많아서 무릎이 안 좋아요. 예전에 글루코사민을 먹어본 적도 있어요. 서브탭 지역이라는 게 있어요. 전봇대의 선을 연결해서 집집마다 단자를 만들어놓는, 이를테면 전봇대를 타야 하는 지역을 말하죠. 저는 크게 다친 적은 없어요. 담에서 내려오다가 다리를 접질려서 보름가량 치료받은 정도죠. 일반 가정 주택이 한 3, 4층 되잖아요, 제일 높은 전봇대가 그 정도였어요. 저는 고소공포증이 있어요. 놀이기구를 하나도 못 타요. 처음 이 일을 시작할 때 '전봇대를 타야 한다면 좀 곤란할 것 같다' 싶었죠. 지금은 많이 나아졌죠. 무섭긴 무섭죠. 올라가면서 감전되지 않도록 항상 조심해야 하고, 뭐, 사고라는 건 모르는 거잖아요. 팔 부위가 많이 다치죠. 철근이나 철사가 튀어나와 있으니까. 상처가 정말 많아요. 다치는 사람도 더러 있는 것 같아요. 오토바이를 타고 다니며 일하는 기사는 더 조심해야 하죠. 요즘 노조 만들었다고 회사 차량을 없애고 오토바이를 타라고 하는 사업장도 있어요. 기사들에겐 오토바이가 위험해요. 장비를 많이 가지고 다니다 보니…. 비 오면 일하기가 진짜 힘들어요. 일정을 어지간히 조율해주면 좋겠는데 그런 날 일이 더 많은 것 같아요. 비 오는 날엔 안전 문제가 있으니까 회사가 이를 배려해 다음 날로 연기해줘야 하는데….

　광진구에서 10년 넘게 일하고 있어요. 요즘은 일이 없어요. 들리는 바에 의하면 노조가 생긴 뒤부터는 일을 방판사(방문 판매 사원)로 다 뺀다고 해요. 오전에 한두 건 하고 있어요. 이곳은 빈부 격차가 심해 보여요. 외국인 근로자나 독거노인도 많아요. 혼자 사는 노인에게 돈 받고 설치해주기가 참 그렇더라고요. 예전에 유선방송에서 일할 때는 무료로 설치해주는 시스템이 있었어요. 큐릭스 초창기에만 해도 있었어요. 지금은 독거노인한테 디지털 유선방송을 팔아요. 사용법도 모를 텐데, 그건 좀 아닌 것 같아요. 이건 19금 이야기인데, 유선방송에서 일할 때는 제가 젊었잖아요. 오후 6, 7시쯤 제가 고객 집에 찾아갔는데 한 여성이 샤워 가운을 입고 문을 열어주더라고요. TV대를 진열장에서 빼는데 뒤에서 무슨 소리가 나기에 뒤돌아봤더니 그분이 나체로 서 있는 거예요. 신발도 신지 않고 뛰쳐나왔어요, 큰일 날까 봐. 깜짝 놀랐죠. 뒤에 서서 샤워 가운을 벗고 있는 거예요.

　이주 노동자도 많이 살아요. 제일 많은 동네가 아무래도 자양 4동, 예전의 노유동이죠. 사람들이 '황비홍들이 많이 산다'고 이야기하죠. 조선족, 파키스탄인, 일본인 등 요새는 다국적 동네가 되어 있어요. 중곡동엔 통일교 신도가 많이 살고. 파키스탄 사람은 처음 보면 아버지뻘처럼 생겼는데 알고 보면 저보다 나이가 어린 경우가 꽤 있더라고요. 친해져서 4년 동안 알고 지낸 파키스탄 출신 동생이 있었는데 어느 날 자기 나라로 돌아간다고 전화 온 적도 있고.

　에피소드라고 할까요, 예전에 시간이 남아서 어느 기사랑 같이 일하러 나간 적이 있었어요. 소파 위쪽 창문으로 선이 들어와야 하는데 손이 안 닿더라고요. 함께 간 기사가 설치하려고 어쩔 수 없이 소파 위로 올라갔어요. 그런데 고객이 기사를 반강제로 끌어내리더라고요, 냄새난다고. 그럴 땐 참… 이건 아닌데 싶죠. 뭐 하러 이 짓을 하나. 일하다가 경찰서에 끌려간 적도 있어요. 저녁 깜깜할 때 담을 타야 할 때가 있는데 가택 침입죄로 신고가 들어왔다고. 반지하 주택 중엔 화장실 창문이 밖에서 바로 보이는 집이 있잖아요. 일하다 보면 우연치 않게 눈이 마주치는 경우가 있단 말이에요. 그럼 경찰서로 끌려가죠. 경찰서에 가서 진술서 쓰고 나오죠. 예전에 그런 일이 참 많았어요. 어떤 기사는 자기가 케이블을 설치한 집에서 여자가 죽은 살인 사건이 났어요. 거기에 기사 장비가 있었대요.

인터뷰
07

임성욱

저희 지회는 조합원이 20명 정도 돼요. 처음 노조를 만들게 된 계기는… 다들 아시겠지만, 어느 분의 권유가 있었어요. 솔직히 저한테는 첫 직장이고 그전에는 장사를 했었는데… 말문이 막히네요. 설치와 AS 분야가 약간 다르긴 해도 궁극적인 목표는 고용 안정, 고용 보장이에요. 그리고 가장 중요한 게 임금 문제. 저희가 노동시간이나 노동량에 비해 합당한 대우를 받지 못하는 게 가장 큰 이유예요. 케이블 업계는 오래되었는데 왜 이제야 노조가 생기는지 모르겠어요. 앞으로 투쟁이 잘돼, 아직 모든 게 타결되지는 않았지만, 고용 보장이나 임금 인상 문제가 잘 해결됐으면 좋겠습니다.

교섭은 지금 10차까지 했는데 지지부진해요. 입장 차가 너무 크기 때문에 그 간격을 좁히기 힘들거든요. 회사는 당연히 해줘야 하는 부분은 법에 저촉하니 마지못해 해주는데, 임금 문제는 모르쇠로 일관하면서 될 대로 되라는 식으로 나와요. 저는 입사한 지 2년, 케이블 업계에서 일한 지도 2년밖에 안 됐어요. 그동안 정말 힘들게 일했어요. 식구를 생각하면서 좋은 날이 오겠지 하며 버텼는데 마침 그때 노조가 생겨 연락이 왔어요. 시기가 맞아떨어졌다고 생각해요. 3년이나 준비했다고 하더라고요. 그런 만큼 차근히 진행이 됐고 이제 막판 교섭 타결이 남았어요. 저희는 많은 걸 바라지 않아요. 이전처럼 일을 하겠지만 월급을 조금 더 올려달라, 주 5일 근무를 보장해달라, 이게 다예요. 사 측은 들어줄 수 없다고 하죠. 회사 운영이 어려워 임금을 올려줄 수 없다는 얘기만 하고. 저는 파트너사 사장들이 케이블 업계 아웃소싱으로 팀원들 끌고 나와서 그동안 배불리 먹고살았다고 생각해요.

전에는 케이블 업계가 이직률이 높았어요. 일은 힘들고 월급은 적은 데다 밤늦게까지 일해야 하니. 지금 노조 만들어진 뒤에야 오전 9시부터 오후 6시까지 노동시간이 정해졌지, 그전에는 퇴근 시간이 따로 없었어요. 저는 이 회사에 들어왔을 때 일 처리가 미숙하다 보니까 일주일 동안 따라다니면서 일을 배웠어요. 팀장이 옆에서 일일이 가르쳐줬단 말이에요. 그런데 일주일 안에 배울 수 있는 기술이 아니에요. 상황마다 대응하는 게 다 다르니까. 저 혼자 하면 기존에 해오던 사람들과 똑같이 할 수 없어요. 남보다 늦게 퇴근하고 회사에 일찍 나와서 앞으로 무슨 일을 해야 하는지 업무 조율을 해야 하죠.

첫 달 급여가 50만 원이었어요. 15일밖에 일하지 않은 돈이었지만 그래도 금액이 너무 적었단 말이에요. 그만두려고 했어요. 연봉 협상을 하는데, 저는 연봉이라는 걸 태어나서 처음 받아봤거든요, 그 금액이 많은지 적은지 가늠을 못 할 정도였어요. 그전에 장사할 때는 수중에 들어오는 돈이 매번 다르다 보니 월급에 대한 개념이 없었거든요. 제가 케이블TV에서 일하려고 한 이유 중 하나가 낮에 일하고 싶어서 였어요. 5년 동안 햇빛을 못 봤거든요. 가게에 저녁 6시쯤 나가서 새 벽 5시에 집에 들어오는 식으로 살다가 회사에 들어갈 마음을 먹은 거 죠. 그때 당시 인터넷 모집 공고에 쓰여 있던 금액은 월 250만 원이었 어요. 뭘 이렇게 많이 주지 의아해했는데, 나중에 알고 보니 설치 외주 업체로 일하면서 받는 금액이더라고요. 처음에는 4대 보험이 된다고 해서 직원으로 입사했는데, 월급이 너무나 박봉인 거예요. 제가 운영 하던 가게의 알바 월급 정도, 그렇게 적은 금액이더라고요. '하루만 더 버티자'며 해온 게 지금 2년이 지난 거죠. 그동안 기사들이 정말 많이 바뀌었어요. 노조가 만들어졌으니 얼마간 임금 인상 문제가 확정되고 주 5일 근무제가 제대로 시행되면 정말 인간답게 일할 수 있지 않을까 생각해요. 지금 정년이 57세라고 알고 있는데, 그때까지는 아니더라도 40대, 50대까지 일할 수 있는 그런 회사가 됐으면 해요. 적어도 들어왔 다가 금방 나가는 회사는 되지 말아야죠.

노조라는 개념 자체를 몰랐어요. 노조라는 말은, 지금은 계속 들어 서 괜찮지만, 조금, 뭐랄까, 북한스럽다, 선뜻 다가서기 힘든, 그런 것 이어요. 노조가 많이 있었다면, 어느 중소기업이나, 크고 작은 회사에 노조가 다 있었으면 귀에 익었을 텐데 그렇지 않잖아요. 지금도 마찬 가지죠. 저희도 시작하는 단계이긴 하지만, 노조가 활성화되어 있지는 않잖아요. 제가 노조에 들어 진행되는 상황을 보고 나니 '이게 정말 노 동자를 위한 조합이구나' 생각이 들어요. 노동자, 저희에게는 '빽'이 없잖아요. 사장이나 총괄 같은 사람은 회사를 운영하면서 분명히 씨앤앰에 뒷줄을 대고, 빽도 만들고, 로비도 했을 거예요. 그런 게 밖으로 드러나진 않지만 분명히 있을 거라고요. 그런데 저희들한테는 노조가 빽이 되는 거죠. 동등한 입장에서 얘기할 수 있는 장치가 생겼다고 생각해요. 예전에는 항상 사장이나 총괄, 직급 높은 이들이 명령조로 '너희들, 이렇게 해, 안 하면 돈을 깔거야' 얘기했는데, 노조 생긴 뒤로 그런 말을 들어본 적이 없거든요. 교섭할 때 태도를 봐도 속은 여우지만 얼굴엔 양의 탈을 쓰고 있죠. 예전에는 겉도 여우고 안도 여우였는데, 그래도 지금은 겉은 양으로 바뀌었어요. 그런 점이 노조의 힘이라고 생각해요. 동등한 입장에서 얘기하고 큰소리 칠 수 있고, 노조가 없으면 제가 어떻게 사장한테 뭐라고 큰소리 치고, 대꾸하고, 덤벼들겠어요. 노조를 등에 업은 채 지회장이라는 타이틀을 달고 대표 노릇을 하니까 회사가 저를 함부로 못 한다고 생각해요.

교섭이나 타협을 하다 보면 안 되는 부분도 있을 테고, 그건 저희 지회도 마찬가지인데, 계속 지지부진하면 조합원들이 지치거든요. 먼저 지친 사람이 나가떨어지게 돼 있죠. 저는 조합원들한테 그랬어요. '쫄면 죽을 거다. 사장이 지금 이렇게 우리를 막 대하고, 뻥카 들고 있으면서 배팅을 튕기는데, 그쪽은 쫄면 죽을 거다.' 교섭이 지지부진한 게 보이면 조합원들 사기가 떨어지는 게 눈에 보여요. 흔들리는 게 눈에 보여요. 말은 그러지 말라고 하지만 저 또한 심중이 흔들리죠. 그렇다고 저희가 기댈 수 있는 곳은 어디에도 없어요. 어느 노조든, 어느 조합원이든, 어느 지회 조합원이든 다 마찬가지라고 생각해요.

비조합원과 조합원의 사이는 좋다고는 말 못 하겠어요. 그렇다고 나쁘지도 않아요. 오늘 팀장과 조합원들이 함께 있는 자리에서 언성을 높이고, 언쟁이 벌어졌어요. 저희가 태업을 하고 민원 문제가 생길 때 그걸 처리하는 사람은 구조상 비조합원일 수밖에 없거든요. 제가 비조합원한테 '그런 일 하기 싫으면 조합에 들어와', 아니면 '우리가 운동하는 것에 대해 불만을 갖지 마' 말하는 건 아니라고 생각해요. 서로 입장 차이가 있는 거죠. 그쪽은 '너희들이 이렇게 하면 내가 힘들어져, 왜 그렇게 해, 지금 노조 타결 안 하고 있는 거야? 교섭은 잘되고 있는 거야?' 말하죠. 고생하는 저희 생각은 안 해주죠. 저희도 태업 때문에 비조합원이 겪는 고초를 생각 안 하고. 그러면 충돌이 일어날 수밖에 없거든요. 서로 얼마나 이해하고 풀어가느냐에 달려 있는데, 타결이 되면 술 한잔 먹으면서 풀어야죠. 그건 제가 볼 때 하루면 끝난다고 생각해요. 중요한 건 언제 타결이 되느냐, 어떻게 보면 이제 시작일 수 있지만, 자칫 지루해질 이 전쟁이 언제 끝나느냐 하는 거죠. 그날이 비조합원과 조합원이 다시 뭉칠 수 있는 날이라고 생각합니다. 한 회사에 몸담고 있는 구성원으로서 빨리 그렇게 되면 좋겠어요.

쟁의 기간이 길어질수록 힘든 건 저희 조합원이에요. 저희들은 거의 다 결혼했고, 결혼 안 한 총각도 있지만, 한 달 벌어서 한 달 쓰며 생활하는 경우가 대부분이에요. 지금 야간 당직도 안 서고 쟁의 활동 때문에 회사도 비워놓다 보니 월급 걱정이 안 된다면 거짓말이죠. 시간이 걸린다고 해서 '이러다가 돈 너무 못 받으니까 포기해야지' 할 수는 없죠. 한번 들고 일어났는데 죽이 되든 밥이 되든 해결을 보고 마무리를 해야죠. 기존에 하던 업무가 걱정된다고 여기에서 멈추면, 지금 이렇게 된 상황에서 저희는 살아남을 수 없죠. 쟁의의 강도를 더 높여서 회사가 교섭에 적극 나서도록 만들어야죠. 원청이 도급 단가를 올려주든가, 회사가 저희 조건을 수용해주든가, 아니면 우리가 임금안을 낮추든가. 뭐, 이뤄질 수 있는 방법이 그렇게 많지 않더라고요. 제가 봤을 때는 현 사회에서 불가능하거든요. 일단 파업, 쟁의 행위를 통해 회사를 압박해야 하는데 그렇게 하면 서로 손해이지 않을까 싶어요. 지금 쟁의 활동하는 동안에 가입자가 많이 떨어졌을 거예요. 서비스업이라 서비스가 제대로 이뤄지지 않으면 금방 문제가 생기거든요. 민원도 나오고. 저희가 쟁의 행위를 나갔을 때 그 민원을 책임지고 껴안아야 하는 쪽은 비조합원이죠.

그런데 저희가 비조합원한테 업무를 떠넘기는 바람에, 과도한 업무에 시달리는 그들을 조합원으로 만드는 게 아닌가, 조금 그런 생각이 들어요. '우리가 이런 식으로 하는 게 그 사람들을 회유하고 협박하는 건 아닌가' 그런 생각이 들 때가 있어요. 비조합원은 자신들의 주관대로 스스로 선택하는 게 맞다고 생각합니다. 예전에 노조가 없었을 때에는 형 동생 하는 친한 사이였는데…. '지금 도와주면 고맙고 절대 피해 가지 않게 하겠다. 지금 얘기해두지만 나중에 타결이 돼서 불이익이 생기는 경우엔 커버를 해주겠다.' 제가 말은 그렇게 하지만 나중에 그들이 노조에 가입하면 속으로 너무 얄미울 것 같아요. 그렇지 않아요? 사람 마음이 그렇잖아요. 매일 밤 10시, 11시까지 회의하며 집에도 못 들어가고 다 같이 잘 되자고 희생을 하는 사람들이 있는데…. 그걸 알아달라는 건 아니지만, 힘을 실어달라고 그렇게 부탁하고, 그렇게 얘기했는데도 모른 체하던 사람들이 나중에 가서 '조합원 임금은

30만 원 올려줬는데 우리는 20만 원밖에 안 올려줬어. 10만 원 더 받으려면 노조 가입해야 해' 하는 식으로 나오면 너무 얄미울 것 같다는 거죠.

오늘 팀장이 '도대체 언제 타결되는 거야, 교섭이 잘되고 있기는 한 거야?' 하고 언성을 높였는데 할 말이 없죠. 솔직한 말로 그 사람도 어차피 회사 밑에서 일하는 사람이잖아요. 사람이 나쁜 건 아닌데… 팀장은 어찌됐든 회사 입장에 설 수밖에 없는 거예요. 노조 가입을 안 한 상태에서 회사가 시키는 대로 저희한테 전달하고 지시하는 처지죠. 저희가 갑갑한 줄 알면서도 그렇다고 속사정을 쉽사리 얘기 못 해주고. 저희한테 '노조 측이 그렇게 하고 싶으면 해'라고 말하지 못 하는 거죠. 이건 노조에 가입하면 끝나는 문제인데 싫다고 하니…. 그러니까 결론은 어떻게든 빨리 타결이 돼서 나중에 보란 듯이 내세우고 싶어요.

씨앤앰에 처음 들어왔을 때는 돈 무서운지 몰랐어요. 월급 150만 원 받아도 불만이 없었어요. 생활이 힘들고 부족한 줄 알아야 불만도 생기는 건데, 그게 딱 2년 걸리더라고요. 2년 지나고 나니까 힘들더라고요. 결혼하고 집 장만하는 데 들어간 돈이 엄청났죠. 결혼하면서 부모님한테 손을 안 벌렸거든요. 일해서 번 돈과 전에 호프집 5년 동안 운영하며 벌어놓은 돈, 가게를 누나한테 인계하면서 받은 돈을 합쳐 결혼 비용에 썼어요. 살면서 아기가 태어났는데, 양육비가 장난이 아니더라고요. 모아둔 돈은 조금씩 다 나가고 지금 받는 돈으로는 얼토당토않은 거예요. 제가 여기서 200만 원 받는다 쳐도 그전에 쓰던 씀씀이가 있죠. 그러다 보니 충당이 안 되고 지금 밑바닥까지 왔다고 생각해요. 이제는 돈 무서운 줄 알죠. 동생들과 밥 먹을 때도 '뿜빠이' 하자고 해요. 예전 같았으면 '형이 낼게' 하면서 제가 냈을 텐데 이젠 그렇게 못 하죠. 동생들도 쉽사리 자기가 쏜다고 말 못 해요. 다 고만고만하게 돈 벌고, 한 달 벌어 한 달 생활하니 어쩔 수 없는 거죠. 20대 초반 나이에 그 월급을 받으면 큰돈일지 몰라도 매달 보험료다, 전화비다, 그것만 해도 돈이 얼만데요. 쪼들리거든요. 이 얘기를 사장한테 했어요. 이렇게 힘들다고 감정적으로 호소를 했어요. 그러니까 사장이 자기가 더 힘들다고 해요. 1년에 1억 2000만 원 손해를 본대요. 재무제표와 손익 계산서를 보여주겠다는 말을 되풀이해요.

노조가 추진하는 행사에 참석해 빨간색 조끼를 입고 다들 광화문에 모여 투쟁가 부르는 모습을 보는데, '이렇게 많은 사람들이 같은 생각을 가지고 같은 곳을 보면서 가고 있구나' 하는 생각이 들면서 전율을 느꼈죠. 약해지던 마음을 다잡을 수 있는 계기였어요. 혹시 타결이 안 되고 지지부진한 채 끝나더라도, 그게 만족스럽지 않은 성과라 해도 일단 이룬 게 있다고 봐요. 케이블 업계가, 파트너사의 많은 노동자들이, 그리고 실질적으로 씨앤앰을 이끌어가는 주축이 이룬 거죠. 무에서 유를 창조하듯 이미 많은 것을 이뤘고, 그리고 조금씩 더 이뤄가고 있다고 생각합니다.

케이블 업계 말고도 노동자들은 대부분 열악한 환경에서 일하고 있다고 생각해요. 그렇기 때문에 노조는 어느 직장이든 다 만들어야 한다고 생각해요. 제가 예전에 호프집 운영할 때 쓰던 알바들이 생각나요. 그들한테도 노조가 있어야 할 것 같다는 생각이 요즘 들어요. 그때 애들한테 왜 그렇게 했지, 좀 더 잘할 수 있었을 텐데 하는 생각이 들더라고요. 원래 대가리 위치에 있으면 그런 걸 잘 모르거든요. 밑에 내려와서 땅바닥에 있어봐야 '대가리에 있었을 때가 시원했구나, 거기가 공기가 좋았구나' 하고 느끼는 법인데…. 지금 사장은 그 자리에 너무 오래 있는 것 같고, 밑에 내려와본 적이 없는 것 같아요. 그렇기 때문에 밑에서 일하는 사람의 고충을 이해하지 못하는 거죠. 솔직한 마음으로, 사장도 기사와 같이 나가서, 똑같이 전봇대 올라가면서 일을 해봐야 한다고 생각해요. 그래야 힘들게 일하는지도 알고 교섭에 더 성실히 임하지 않겠어요? 제가 아무리 얘기해도 씨알도 안 먹히거든요.

인터뷰

08

박현주

여성 조합원은 사무실에서 전산 관리를 맡아요. 예를 들어 지사와 정산을 하거나 콜센터가 꽂아주는 콜이나 민원, 독촉을 실시간으로 전산상 확인해서 현장 기사에게 전달하는 역할을 해요. 고객의 민원 전화도 받고, 전반적으로 그런 일을 하고 있죠. 입사했을 당시 씨앤앰이 인터넷을 처음 도입했는데 그걸로 영업을 시작했어요. 결혼하기 전에는 신동아 화재보험에서 근무했죠. 스물네 살에 결혼해서 아이 낳고 여기는 서른 넘어서 들어왔어요. 아이들 어느 정도 키워놓고 아르바이트로 한 달만 해달라기에 들어왔는데 그때 발을 담근 뒤 아직까지 못 빼고 있는 거죠.

저는 교회에 다니니까 주일에 일을 못 하는 애로가 있었어요. 그때는 여직원이 10명 정도 있어서 제가 일요일에 순번이 걸리면 다른 쉬는 평일, 공휴일과 바꾸든지, 아니면 토요일 당직이랑 바꿔서 근무했어요. 어쨌든 일요일 날 근무 안 하면서 계속 다닐 수 있었어요. 그런데 회사가 여직원을 줄이거나 강제 퇴사시키는 과정에서 인원이 줄어 스트레스가 가중되고 너도 나도 관두겠다는 바람에 일요일 당직을 바꿀 수 없게 된 거예요. '그래, 그럼 난 여기 못 다니겠다.' 사장과 담판을 짓고 작년(2012년) 7월 31일 퇴사했는데, 한 달 쉬고 나서 다시 '기가'에 입사하게 됐어요.

기가는 처음에 왔을 때 임금 지급이 엉망이었어요. 월급이 내역과 다르게 나와도 따지는 사람이 아무도 없어요. '내 월급이 틀리게 나왔다. 명세서 주라'고 하면 준다는 말만 해놓고 그냥 안 주는 거고. 약간 공산당 같은 체계더라고요. 지금 관리 총괄하는 사람이 있는데 그자가 모든 걸 좌지우지하다 보니까 여직원들은 찍소리 못 하고 시키는 대로 하고 있는 거예요. 한데 저는 성격이 좀 와일드한 편이기도 하고 그런 식으로 근무해보지 않아서 '아닌 건 아닌 것 같다' '이건 못 할 것 같다' 자기주장을 분명히 했죠. 다른 직원들이 대리 만족을 하는 거지. 자기들은 한 번도 '이건 아닌데, 이건 못 하는데' 그런 말을 못 해본 거예요. 연차를 쉬더라도 월요일은 빼고, 또 저희는 설치 업무를 하다 보니까 이삿날이 바쁘잖아요, 이삿날은 안 되고, 누가 쉬면 안 되고, 조퇴도 안 되고. 안 되는 게 너무 많은 거예요. '이상하다. 그런 법이 어디 있어.' 하루 전이라 하더라도 급한 일이 생겨서 '내일 이런 일이 있어서 쉬어야 하겠다'고 연차를 내면 '그러냐. 업무 대리하고 가라' 하면 될 텐데 '일주일 전에 연차를 안 냈기 때문에 너는 쉴 수가 없어' 이런 식으로 나오는 거죠.

강제 조항이 너무 많았던 것. 그런 부분도 너무 부당했고 회사에 대한 신뢰를 잃게 만들었어요. 기본 업무에 더해 추가 근무나 영업을 하면 인센티브가 나오는데 이 일만 해도 그래요. '오렌지'는 몇 번을 일했으니 얼마를 지급한다, 근무 빠진 날은 직원이 '이러저러해서 빠졌어요' 하면 '이건 계약이 해지됐기 때문에 너한테 영업비를 못 줘' 하고 답을 주면서 직원을 이해시켜줘요. 한데 여기는 직원이 100건을 해서 10만 원을 받았으면 왜 그렇게 나왔는지도 모르고 명세서도 못 받고. 간혹 '이상하다, 내가 영업을 이만큼 했는데 왜 영업비가 이렇게 조금이냐' 하고 따지는 직원이 있으면 '어, 그래. 확인해볼게. 어, 좀 덜 나갔네' 하면서 임의로 얼마를 더 준다든지. 회사에 대한 신뢰가 떨어질 수밖에 없죠. 그러다 보니 영업을 더 하고 싶어도 해봐야 자기만 손해 본다는 생각을 갖게 되고 영업하고 싶은 의욕도 떨어지는 거고. 일할 마음이 안 나죠.

견디기 힘들어요. 업무가 단순 전산 일뿐이라면 쉬울 텐데, 요즘 친구들은 컴퓨터를 잘하니까 금방 배우잖아요. 기술적인 건 잘 배우는데 어떤 문제에 봉착했을 때, 그러니까 고객과 문제가 생겼을 때 어떻게 처리해야 하는지 모르죠. 그건 시간이 가면서 노하우가 쌓이는 거라서 가르쳐줄 방법이 없어요. 환경 자체가, 신입을 교육할 수 있는 시스템이 안 되어 있어요. 옆에 앉혀놓고 '이렇게 하는 거야, 전화 받아봐, 이렇게 말하면 돼' 가르쳐야 하는데 젊은이들이 와서 견뎌내기 어려운 거죠. 그러니까 20대 초반 친구가 들어오면 계속 이직을 하는 거예요. 'E플러스' 같은 경우는 6개월마다 여직원 구해달라고 전화 오는데요. 여직원 3명이 전부 3개월 된 신입이래요. 그냥 전화만 받는 거예요. '네, 케이블입니다.' 거기서 끝인 거예요. 질문을 받으면 답을 못 해요. 그런 어려움이 있어요. 업무 숙지를 빨리 하기 힘들어요. 하는 일이 없으니까 연봉은 적게 준다는 거지. 아무것도 모르니까.

　제가 처음 노조에 가입해 결성하던 시기에는 별로 관심이 없어서 그때는 그냥 그렇게 지켜보자는 심정이었어요. 막상 노조 활동에 참여해본 뒤로는 '정말 필요한 부분이 너무 많구나' 그런 생각을 해요. 지금 교섭 중인 임금안, 여름휴가, 복지 후생에 관한 사항은 이미 5개 업체가 협의했어요. 일단 개별 교섭에 들어가면 사장은 모르쇠로 나오더라고요. 본조에서 간부가 나와서 '너희가 그때 합의하지 않았냐. 그런 부분까지 인정을 안 하겠다는 것이냐'고 따지면 그제야 인정하고. 아직도 노조와 평등한 위치에서 대화하려는 자세가 안 되어 있어요. '너희들은 무시해도 돼, 너희들이 뭘 알아' 이런 식이죠. 저희는 아직 교섭이 안 끝났어요. 여름휴가도 기가는 기본으로 3일 줬어요. 노조 공동안은 '최소 2일을 주고 기존에 한 것보다 후퇴하면 안 된다'는 것인데, 사장은 '여름휴가는 줄 수 없다. 4일을 줄 테니 그걸 다 연차로 대체하라'는 거예요. 이렇게 계속 주장하기에 국장이 교섭에 참여해 '공동 타결안을 실천 안 하겠다는 것이냐'고 따져 물으니 그제야 '2일은 내가 주겠다. 나머지 2일은 연차로 쉬어라'고 또 한 번 말을 바꾸더라고요. 현안 문제도 여러 가지가 있는데, 아직 그것까지 얘기할 만큼 진도가 안 나갔어요. 기본적인 게 해결되지 않으니까. 여기까지 진행되어 있어요.

　솔직히 말하면 노조라는 건 먼 나라 이야기다, 절대 내 삶에 그런 건 없을 거라고 생각했어요. 뉴스에서도 이슈가 되는, 철탑에 올라가 투쟁하는 모습을 보면서, 제가 다큐멘터리를 좋아해서 쭉 봐요, '저 사람들은 어떤 심정일까' 이해가 안 됐죠. 부당한 조건에서 근무하고 있으면서도 '이것은 투쟁해서 쟁취해야 하는 부분이다' 이런 생각 자체를 못 했죠. 그런데 노조에 가입해 활동에 참여하고 하나씩 배워가면서 '이건 노동자한테 꼭 필요한 부분이구나' 알게 됐죠. 가장 크게 느낀 점은 1인 시위 하는 사람은 정말 대단하다는 것. 저희가 다 같이 나가서 할 때도 때로는 창피하고 '꼭 이렇게까지 해야 하나' 주저하는데 저 사람은 얼마나 절실하면 혼자 나가서 저렇게 서 있을까. '정말 대단한 분이고 절실한 거구나. 우리도 절실하지 않으면 절대 뭉쳐서 함께 할 수 없다'라는 생각이 들더군요.

노조 활동하면서 '노동자가 노동을 하는 사람에 그쳐서는 안 된다'는 생각도 들었죠. 못된 사업주가 아무것도 모르는 노동자를 이용해 일만 시키고 급여를 올려주지 않으면서 '딴 데 가려면 가' 이런 식으로 노동자들을 부려먹는데…. 저희는 일한 만큼 권리를 찾겠다는 거예요. 저희가 사장단한테 일하지도 않은 부분에 대해 억지스럽게 더 많은 것을 달라고 요구하는 게 아니잖아요. 그들도 지금까지 그냥 시키면 시키는 대로 하던 사람들이 갑자기 '이건 아니야, 너희는 우리한테 이만큼 더 줘야 해' 요구를 하니까 당황스럽고 자존심 상해서 지기 싫은 거지. '어디 직원 나부랭이가 우리랑 노사 교섭을 하자는 거야.' 이런 식인 것 같아요. 저는 강경 조합원이 아니지만, 앞으로 얼마나 더 일을 할지 모르겠지만, 제가 일하는 동안 근로한 만큼 대가를 받고, 사업주가 근로자의 근로로 이득을 얻어가는 이상 평등한 관계에서 교섭을 해야 한다고 생각해요. 저희는 일을 해주고 사업주는 이득을 얻어가고. 서로가 공생하고 상생하지 않으면 안 되는 관계잖아요. 제가 이 회사를 그만두더라도 회사는 계속 갈 거잖아요. 제 뒤에 들어오는 후배가 이왕이면 좋은 조건에서, 근로 환경은 나쁘고 다를 수도 있지만, 더 잘 대접받고 정당하게 대우받았으면 좋겠어요. '내가 좀 힘들지만 회사가 이만큼 내게 해주니까 즐겁게 일할 수 있다.' 이러한 근무 조건의 초석을 이제야 세운다는 생각을 갖고 있어요.

이제 제가 노조를 해보니 뉴스에서 노조 관련 내용이 나오면 좀 더 자세히 들여다보게 돼요. '왜 그랬을까' 이유를 생각해보며 얘기하게 되죠. 이제 뭐, 주위에선 제가 노조 한다는 걸 다 알죠. 뉴스에서 나온 내용에 대해 '꼭 그렇게까지 해야 하나' 식으로 반응하면 꼭 그렇게 해야 하는 이유를 설명해주고. 지난번에 희망버스, 그 이야기 나왔을 때도 사람들의 반응이 갈리더라고요. 저게 뭐하는 짓인지 모르겠다는 이도 있고, 저희는 '할 만하니까 한다'고 말해요. 비슷한 입장이 돼보니 그 사람들을 대변할 수 있게 되죠. 보는 시각이 '왜 저렇게 만날 시위를 하는 거야, 데모를 하는 거야'에서 '저렇게까지 해야 하는 거구나'로 바뀌는 거죠. 한편이 된 마음이라고 할까, 그런 부분이 생기는 것 같아요.

처음 노동운동 노래를 들었을 때는 너무 과격하다는 생각이 들었어요. '해골 두 쪽 나도 쟁취한다' 뭐, 이런 노래 가사. 언니들은 그랬죠. '뭐야, 노래가 왜 이래. 이런 걸 어떻게 따라 불러. 빨갱이도 아니고 정말.' 가사가 전부 '피, 쟁취' 그런 것이라 처음에는 거부 반응이 들어 그냥 한쪽 귀로 듣고 한쪽 귀로 흘렸어요. 가사를 찾아볼 생각을 안 했죠. 계속 부르면서 가사를 다운받고, 왜 이런 단어가 들어갈 수밖에 없었는지 얘기를 들었죠. '사장들이 하는 행태를 보고 있자니 해골이 아니라 백골을 넣어도 시원치 않다.' 나중에는 그런 생각이 들었어요. 모르는 사람은 노동가요가 무슨 전쟁터에 나가는 노래처럼 들리는데 저희처럼 계속 불러보면 '이렇게 쓸 수밖에 없었구나' 가사를 이해하게 되죠. 이제는 흥얼거리죠, 전부 다 사무실에서. '흩어지면 죽는다' 계속 흥얼거려요. 언니들도 그런 말을 해요. 집에 가서 가만히 있으면 입에서 그 노래가 저절로 흘러나온다는 거예요. 전에는 가사가 거북스러워서 생각도 안 했는데.

저는 사실 즐거워요. 같이 모여서 얘기하고 새로운 것 배우고 노래도 하고. 이런 기회가 아니면 각 지회에 흩어져 있는 지인들을 만날 일이 별로 없잖아요. 한꺼번에 모이다 보니 만나면 '오랜만이야!' '잘 지냈어?' 서로 인사하고, 단상에 올라가면 연호도 해주. 그런 게 굉장히 즐거워요, 사실. 노조 활동을 하면 무조건 나가서 파업만 하는 줄 알았는데. 인식이 그랬죠. 한데 들어와서 보니 노래도 배워야 하고, 모여서 토론도 해야 하고, 각자 역할을 나눠 활동해야 하고. 그런 부분이 굉장히 즐거워요. 임금안을 짜느라고 며칠을 밤 1시, 2시까지 혼자 앉아 있었어요. '내가 지금 뭐 하는 거야. 이러다가 회계사 시험 봐야 하는 거 아냐?' 이런 생각도 하고요. 몸은 좀 피곤하지만 재미있어요, 즐겁고.

정직원은 다 가입했어요. 저희가 노조에 가입하고 노조 활동을 조금씩 하자 사장이 대체 인력을 만들려고 저희와 2, 3층을 분리했어요. 방판 전담 인력을 다 계약직으로 뽑아서 그쪽에 배치한 거죠. 저희와 같이 밥도 못 먹게 하고 간식을 사도 그쪽만 주고. 하다못해 이런 일도 있었어요. 현장 직원들이 업무를 봐줘서 고맙다며 관리팀에게 주려고 피자를 사왔는데, 그 피자를 들고 올라가는 모습을 보고 사장님이 계단에서 가로챈 거예요. '쟤들 주면 안 돼' 하면서 도로 가져갔다는 거예요.

언니들이랑 '우리가 열심히 투쟁해야 하는 것 아니냐' 마음을 다잡고 있죠. 저도 처음에는 막연한 두려움이 있었어요. 앞에서 얘기한 대로 노조에 가입하면 무조건 나가서 파업을 해야 한다는 생각이 머릿속에 박혀 있었기 때문에 처음엔 노조에 대해 거부감이 들었어요. 노조는 그런 것 같아요. 가입을 두려워할 수는 있어요. 처음에는 두려워할 수 있어요. 그게 뭔지 아무것도 모르니까. '이걸 했다가 괜히 회사 잘리지 않을까? 나만 어떻게 되지 않을까? 보복 조치를 당하는 것 아닐까?' 이런 생각이 들어서 두려울 수는 있는데, 노조에 가입한다고 해서 전부 적극 참여하고 파업에 동참하고 그러지는 않는다는 거. 노조원이지만 파업에 참여하지 않을 수도 있죠. 그냥 편하게 생각해서, 일단 노조에 가입하면 최소한 회사로부터 받을 수 있는 불이익을 노조가 막아주는 거죠. 혼자 힘으로는 어쩔 수 없는 일을 조합원 전체가 막아주는 거예요. 그러니까 조금 용기를 냈으면 좋겠어요. 노조에 가입했다고 사장이 불이익 조치를 취한다 해도 노조가 보호해주니 보호막이 생기는 거예요. 노조가 없으면 그대로 불이익을 당할 수밖에 없지만 노조에 가입한 상태라면 노조가 큰 힘으로 회사에 대항해준다는 거죠. 혼자가 아니라 함께한다는 의미로 노조 가입을 적극 권유하고 싶어요.

또 하다 보면 저 같은 경우는 성격이 그래서 그런지 모르지만, 즐거운 일이 많이 있어요. 모르는 사람도 만날 수 있고, 지회 내 업체에서 우물 안 개구리처럼 살다가 다른 쪽의 얘기도 들어보며 소통하고 업무를 공유한다는 측면도 있어요. 업무를 하다 보면 지회끼리 연관되는 일이 생기거든요. 노조 하면서 알게 된 사람한테 전화해서 '이것 좀 해주세요' 부탁하면 '아, 기가의 누구구나' 하면서 흔쾌히 처리해줄 일을 전산상으로 전달하면 언제 될지 몰라 기다려야 하는 거죠. 자기 혼자가 아니라 우리가 된다는 개념에서 노조를 생각하고 가입하면 좋겠어요.

노조가 생긴 뒤로 회사 분위기가 바뀌었어요. 여직원도 아닌 건 아니라고, 부당한 건 부당하다고 얘기하게 되었죠. 회사 업무를 보려면 체계적으로 팀장이 있고, 대리가 있고, 사원이 있고, 이렇게 쭉 내려가야 하는데 기가는 아무 체계도 없이 한 여성이 총괄하거든요. 설치기사들에게 '누구누구 씨 오세요, 계약서 여기' 이렇게 한 명씩 부르면 무조건 가야 하죠. 사무실에서 설치 쪽 업무를 빨리 정상화해야 하니까 강압적으로 지시를 내리더라고요. 그래서 제가 '지금 태업 중이다'라고 말했죠. 현충일은 원래 유급으로 쉬었는데 연차로 처리해서 이를 뺀 채로 급여가 나온 거예요. 그 부분을 해명하라고 사무실에서 대기하면서 태업을 하고 있는데 현장에 나가라고 강압적으로 지시하더라고요. '지금 태업 중이다. 우리가 제시한 문제를 해결하지 않으면 업무

266

에 복귀 안 한다. 업무 지시, 지금 하지 마라.' 그랬더니 '그럼 나가라'
고 막 소리를 지르더라고요. 제가 '나가라고 하지 마라. 지금 저희한테
나가라고 말하는 건 아니다' 그랬더니 알겠다고 그러더라고요. 그전에
는 자동으로 알아서 돌아갔는데 그렇게 안 되니까 하나하나 강압적으
로 공산당처럼 업무 지시를 하는 거예요. 5, 6년 동안 근무한 직원들은
전부터 그렇게 억압받아왔기 때문에 아직까지 뚜껑을 열고 나오지 못
하는 거죠.

　다행히 기가는 저녁 7시 이후에는 당직이 없으니까 밤늦게 근무를
안 해도 되는데 다른 업체는 여직원도 매일 9시까지 당직을 서야 하거
든요. 그러다 보니까 인원이 적으면 적을수록 주 2회 이상 당직을 서
야 하고, 토요일과 일요일에도 그렇고. 공휴일에 당직을 쓰는 게 굉장
히 어려운 부분이고. 지시 사항이나 의무 사항이 특별히 있지는 않아
요. 이를테면 저희가 고객한테 잘못을 해서 고객이 콜센터에 불만을
제기하면 사과 전화를 하라고 한다든지. 전후 사정을 확인하지 않고
'일단 고객이니까 무조건 사과해야 해' 그런 식이죠. 명시적인 지시 사
항은 없지만, 저희는 고객이 억지를 쓴다든지 말도 안 되는 소리를 해
도 대응할 수 없는 형편이죠. 또 어려운 건, 저희 혼자서 환불을 결정
할 수 있으면 고객한테 된다, 안 된다 바로 대답을 하겠지만 저희는 그
게 안 돼요. '일단 본사에 확인하고 가능 여부를 알려 드리겠습니다'라
고 답변하면 고객이 수긍을 안 하거든요. 그런 부분이죠. 저희가 타당
한 이유로 원청에 '이러이러해서 고객은 환불을 원한다'고 얘기를 해
도 원청은 '그건 업체가 잘못한 일이니 당신들이 책임져야 해' 이렇게
나오죠. 정 안 되면 원청과 하청 업체가 반반씩 고객한테 환불을 하자

는 경우도 있고. 그런 게 업무상 어려운 점이죠.

한 직원이 임신을 해서 중간에 출산휴가를 가게 됐죠. 지사에서 내려온 사람이라 연봉이 높았는데 사장이 보기에는 회계 업무라 별다르게 하는 일도 없는 것처럼 보였겠지요. 그래서 사장이 구실을 만들어서 출산휴가 마치고 나서도 아예 출근을 못 하게 퇴사 조치를 했어요. 법적 문제 없이. 제가 있는 동안에도 비슷한 경우가 있었어요. 그 직원도 마찬가지로 지사에서 내려와서 연봉이 높았는데 사장이 보기엔 일하는 게 맘에 들지 않았던 모양이에요. 직원이 출산휴가를 마치기 한 달 전에 나와서 출근을 요청했더니, 사장이 그만 나오라는 투로 '안돼. 이번 달 언제까지 출근할 거면 하고 안 되면 하지 마' 하고 나온 거죠. 그 직원은 알겠다며 출근을 했어요.

제가 오렌지에 있을 때 여직원 셋이 권고사직을 당한 일이 있었어요. 사장이 저한테 처음 한 얘기는 '우리가 인원이 너무 많다—사실 좀 많기는 했어요, 10명 넘었으니까—업무량은 줄고, 회사로서는 어쩔 수 없이 감원을 할 수밖에 없다, 감원 대상을 어떻게 정했으면 좋겠냐'는 거였어요. 제가 관리팀장은 아니지만 관리자로서 이런저런 의견을 냈어요. '문제 있는 직원도 물론 있지만 그렇다고 해서 이들을 하루 아침에 내보낼 수는 없다.' 저는 거기까지만 상의한 거죠. 그런데 어느 날 갑자기 사장이 여직원 셋을 차례차례 부르더라고요. 직원들이 들어갔다 나오더니 바로 짐을 싸는 거예요. 오전 10시였는데…. '우리, 지금 가래' 이러는 거예요. 무슨 말이냐고 물었더니, 사장이 퇴사하라고 했다며 짐을 싸는 거예요. 너무 당황스러운 거지. 제 입장에서는 사장과 그런 얘기를 주고받은 사실을 그들한테 얘기하지는 않았지만 그런 일이 생기니까 당황스럽죠. 여직원들은 일단 나갔어요.

그런데 다음 날 다시 출근을 했더라고요. '이상하다, 어떻게 된 일이지. 얘들이 말일까지 있다가 마감하고 가려고 하나.' 사실은 고용노동부에 신고해서 권고사직 철회 요청을 한 거였어요. '우리는 정당한 이유 없이 절대 퇴사할 수 없다.' 그렇게 된 거예요. 그런 문제가 발생하면서 제가 가운데에 낀 입장이 됐어요. '네가 사장님 편에 서서 우리 이름을 거론하는 바람에 우리가 이렇게 됐다'고 생각한 거죠. 저와 그 여직원들 사이에 갈등이 생긴 거예요. 어쩔 수 없었죠, 억울한 점도 없지 않았지만. 사장은 억지로 그들을 TM실로 보직을 옮겼어요. 그곳에서 3개월 동안 근무하면서 사장한테 '그냥 퇴사할 수 없다, 우리한테 1년치 급여를 달라'고 주장했어요. 사장은 5개월 반만 주겠다고 해서 그것도 법정까지 갔어요. 판결을 받은 다음 그들은 퇴사했어요. 그 직원들은 젊었고 인터넷을 하면서 여기저기서 조언을 구해 그렇게까지 했던 거죠. 그때 그 일은 이 업계에서 최초였어요.

제가 들은 얘기로는, 보통 기가에서는 '일하기 싫으면 가세요, 장비 반납하고 책상 빼세요' 그러면 그냥 퇴사하는 거예요. 그러니까 뭐, 한마디 말도 못 하는 거죠. 사람마다 업무 능력이 조금씩 다를 수 있는데, 자신이 부족해도 여럿이 어우러져서 일을 해나가는 게 있는데, 사장이 맘에 안 든다고 '당신, 내일부터 나오지 마' 하는 식으로 퇴사시키는 거죠. 제가 기가에 온 뒤로 서너 명이 그만뒀거든요. 왜 그만뒀는지, 왜 오늘 아침 안 나오는지 아무도 몰라요. 안 나오는 직원이 있으면 수군거리다가 '사장이 그만두라고 해서 그만뒀대' 하고 덮는 식이

269

죠. 계약직이든 정직원이든 사람으로서, 근로자로서 받을 대우는 아니죠. 회사에 직원이 새로 들어오면 '오늘부터 어떤 업무를 하게 된다. 이름은 어떻고…' 하면서 직원들 앞에서 소개해줘야 하는데, 기가는 새 직원이 입사해도 무슨 일을 하는지, 언제부터 출근하는지 직원들과 전혀 공유를 안 해요. 그냥 위에서 지시하면 '오늘부터 출근하나 보다' '오늘부터 안 나오나 보다' 이러고 끝이에요. 특히 여성 노동자가 입는 피해는 그런 부분이 더 많은 것 같아요.

그런 생각을 자주 하지는 않았는데, 그런 게 있어요. 지회가 현안 문제와 투쟁 방향을 지회원들과 논의하면서 '아침 8시 40분까지 모여서 투쟁 외치고 다 같이 출근하자'고 정했는데 사람들이 많다 보니까 호응도가 떨어질 때가 있어요. 늘 일찍 나오는 사람은 일찍 나오고 늦게 출근하는 사람은 늦게 오고. 그럴 때면 사기가 저하돼서 '내가 이 사람들을 이렇게까지 감싸면서 노조를 해야 하나, 여기서 그만둘까' 하는 생각이 잠시 들어요. 지금은 더 어려워졌죠. 퇴근하고 집에 가야 하는데 회의를 해야 하고, 토요일에도, 전에는 격주로 쉬었는데 지금은 매주 나와서 투쟁을 해야 하고. 사실 지난번 회의하면서 '다 같이 모여서 투쟁하는 시간을 줄여서 좀 쉬게 해달라, 사람이 충분히 쉬고 충전을 해야 다시 힘을 내서 투쟁할 수 있지 않겠느냐, 이번 토요일은 좀 쉬자' 말했더니 다들 그런 취지에 호응해서 쉬는 쪽으로 결론이 났어요. 회의가 밤 11시나 11시 반에 끝나니 집에 들어가면 12시가 되고, 또 임금안을 협의하고 조합원의 형편을 들어주다 보면 개인적으로는 전보다 더 바빠진 것 같아요. 신랑이 '열심히 일은 하되 앞에 나서지는 마라'고 얘기했는데 제가 지금 이렇게 일하는 걸 알면 싫어할 거예요. 얘들은 '어떻게 돼가고 있어?' 그냥 이런 반응이죠. 집에서 이런저런 설명을 해주는 편이라 애들도 특별히 노조 한다고 해서 '엄마, 그런 것 하지 마, 왜 해?' 하는 식으로 거부 반응을 보이지는 않아요. '잘됐으면 좋겠다'고 얘기하죠.

김수민

꿈이요? 어릴 적 꿈은… 누구는 대통령이다 뭐다 있었겠지만, 저는 어릴 적부터 무언가 하나에 집중하면 그것을 파게 돼요. 어느 정도였냐 하면, 어릴 적 〈똘이 장군〉이라는 만화영화를 감명 깊게 봤어요. 그날 이후, TV에서 그 영화가 나온 날 이후부터 좋아하는 동물이 공룡이 됐어요. 지금도 공룡이에요. 유튜브에서 디노사우르 나오는 다큐멘터리를 찾아서 봐요. 집중해서 무언가 하나를 파게 되면 그게 제 일이 되는 거예요. 어릴 적 꿈은 고고학자였어요. 누가 들으면 '이 현실에서 무슨 소리야, 무슨 생각을 가지고 있는 거야. 지금 이 냉정한 사회 현실에 고고학자라니' 할까 봐 어디 가서 말도 못 했어요. 그게 말 못했던 어릴 적 꿈이에요.

노조에 가입하고 지금의 쟁의와 여러 활동을 보면서 느낀 게 있는데요. 저는 영화 보는 걸 참 즐겨요. 어떤 영화 한 편을 봤어요. 정말 생각지도 않은 영화였어요. 며칠 전에 본 거라 아직도 기억에 생생해요.

다들 아실 텐데 〈화려한 휴가〉라고 안성기가 주연을 맡은 영화. 처음엔 보면서도 무슨 이야기인지 몰랐어요. 이게 뭔가…. 그냥 봤는데 광주 사태 얘기더라고요. 정말 국가가 저렇게까지 왜곡하고 저렇게까지…. 지금도 그때의 일이 되풀이되는 것 같아요. 사회 변화를 등한시하는 모습이 그때나 지금이나 다를 바 없어요. 원청은 '돈 한번 던져놨으면 그걸로 할 도리 다 한 것 아니냐' 하고, 회사는 '본사가 지시하고 이렇게까지 했는데, 너희들은 당연히 따라야 하는 것 아니냐. 하도급이 시키는 대로 해야지. 우리도 업무 지시하고 다 넘겨줬지 않느냐' 하고요. 파트너사 사장단들이 어마어마하게 자기 배만 불리고 착취하고 강요하고 쥐어짜면서 그걸 덮는 데만 급급하는 걸 보면, 사실 행동만 다르지 알맹이는 다 똑같다고 봐요. 지금이나 그때나 인식, 사고방식이 변하지 않았고, 깨우치지 못했고, 장 자리에 앉아 있는 사람들의 사고방식이 달라지지 않았다고 봐야죠. 화려한 휴가에 해당하는 광주 사태는 벌써 수십 년 전 일이잖아요. 30년 이상 지났는데도 달라진 게 없어요. 도처에서 비정규직 철폐를 부르짖고 있는 걸 보면 아직도 만연한 거죠. 단지 피부에 와 닿지 않아서 모르고 있다가 지금 돌이켜보면서 처지를 깨우치고 보니 '내가 그 입장이었네' 하고 아는 거죠. 지금 저 사람들이 저렇게 부르짖고 목에 핏줄 세우며 싸우면서 이제야 자각하는 거예요. 저 스스로도 사회 변화에 너무 무지했고 등한시했다고 느껴져요.

며칠 전 교섭 때 얘기 들으셨을 거예요. 기본급 얘기. 101만 5740원, 기본급을 이렇게 책정한다고 제시한 거예요. '이 금액이 어떻게 나왔는지 궁금합니다. 재무 부분을 생각하고 짜셨을 텐데 궁금합니다, 알려주십쇼' 물어봤죠. 그랬더니 '법정 기준 몰라? 시간당 기본급 4680원. 그리고 너희 5일 일하겠다며. 당직 근무 수당까지 더해서 계산하면 209시간이야, 몰라? 곱하기 해봐, 곱하기 못 해?' 하더라고요. 그 순간 이게 뭔가 싶더라고요. 지나가면서 롯데리아 한 번 본 적 있을 거예요. 롯데리아 라이더맨, 오토바이 배달부를 구하는 공고가 떴어요. 시간당 8000원 이상으로 기본급 책정해서 주겠다고. 얼마 전 뉴스에도 나오기에 제가 그것을 스마트폰으로 찍어놨어요. '엇, 이게 뭔가?' 롯데리아 본사는 기본급에 더해, 정직원 수준으로 퇴직금까지 주겠다고 공표했어요. 그런데 교섭하러 나와 있는 자리에, 케이블TV 사장이라는 분이 앉아서 기본급이라고 제시하는 금액이… 뭐라 딱히 할 말이 없어요. 교섭 자리라는 건 노사가 대등한 위치에서, 회사의 중대한 문제, 사활을 걸고서 하는 회의예요. 그런 문제를 논하는 자리임에도 불구하고 교섭 장소가, 아마 '오렌지 정보기술'의 총괄이랑 협의했겠죠, 거기에서 하면 시끄러워서 녹취도 힘들고 이야기가 새어나갈 염려도 없다고 생각했는지, 노래방이었습니다. 세상천지에 노래방을 교섭 자리라고 정하고…. 제가 그분의 표정이나 제스처를 따라하지는 못하겠는데, 일단 문을 발로 차고 나가는 것도 웃기고, 그 자리에서 하는 말이 '어디서 직원 나부랭이가 이런 자리를 만들어, 내가 사장 하는 한 안 돼' 이러는데… 하나하나 짚어보면 말도 못 합니다.

비정규직, 프리랜서라고 부르는 기사한테는 '일 안 나갈 거야? 지금 뭐하자는 거야? 내 사무실 안에서 쟁의 활동이다, 파업이다 노래 부르고 데모질 할 거면 나가' 하죠. 정규직 AS기사한테는 같은 이야기라도 뉘앙스가 다르더라고요. 제가 그것도 녹취를 따냈습니다. '아니, 일 안 나가실 겁니까, 뭐하세요, 얼른 다 나가세요.' 불과 10초, 15초 안에 이렇게 바뀝니다. 이런 일이 비일비재해요. 노조가 생기기 전에는 말도 못 했죠. 오죽하면 저희가 녹취할 생각까지 했겠습니까. 그냥 그러려니, 사장이 좀 괴팍하려니 했죠. 더 웃긴 건 그러면서도 한두 사람 있을 땐 지나가면서 그럽니다. 가다 말고 서서 '어이, 이보게. 내가 아무리 싫더라도 서로 인사 정도는 해야 하지 않겠나?' 하, 사람이 하는 행위 중에 인사라는 게 있죠. 자기가 어느 정도 대우를 받고, 대우를 받기 위해 대우를 해주는 전반적인 노력이 있을 때 우러나오는 게 인사라고 저는 알고 있어요. 행동을 그렇게 하고 교섭 자리에서 그런 태도나 보이면서…. 원청에 가서는 굽실하며 울먹입니다. '강성 노조원들이 왜 저러는지 모르겠다, 업무 달라고 해서 다 주고, 일할 수 있는 여건 다 만들어주고, 들어달라는 거 다 들어주고, 전달해줄 것 다 해줬는데 이 강성 노조원들은 툭하면 뛰쳐나가서 돌아오지 않고, 지시하면 대꾸도 안 하고, 쳐다보지도 않고….' 이런 얘기를 합니다. 웃긴 건, 2, 3일 동안 시위하면서 알게 된 건데, 저희들이 녹취 자료, 서류 뽑고 동영상 찍어서 본사 담당자에게 보내줬는데, 그걸 보고 나더니 '어, 이놈 봐라. 우리 앞에서 그러기에 노조한테 다 전달한 줄 알았는데' 하는 겁니다. 여태 오렌지 정보기술 주식회사 대표이사의 손을 들어주었는데 '노조가 왜 저렇게까지 할까' 의문을 가졌다는 거예요. 울화가 치밀더라고요, 울화가. 조합원들이 목소리 쥐어짜며 발언하고 머리 밀어가면서 떠드는 모습을 보며 그저 자기들 욕심을 채우려는 것으로 안 거죠. 참 답답합니다.

276

웃긴 건요, 정말 그러면서도 저희가 '전면 파업한다' 그러면 또 움찔해요. 솔직히 움찔하는지 어떤지도 모르겠어요. 전면 파업하자고 하면 해요. 저희는, 아시겠지만, 정직원도 아니고 건 바이 건으로 일하기 때문에 일을 해야 돈이 나오지 일을 안 하면 돈 못 받아요. 문제는 그 돈의 구조예요. 그것도 하청 업체, 하도급의 병폐지. 그나마 좀 낫다고 하는 지회에선 55퍼센트 가져가요. 정말 특출하게 일만 하는 분도 있어요. 이 부분은 좀 편집했으면 좋겠는데, 많이 버는 분한테서 회사가 52만 530원씩 벌어가요. 55퍼센트인데도 그 정도예요. 그 한 사람만 가지고도 회사는 한 달에 얼마를 챙기는 거예요. 적게 버는 사람은 한 150, 160만 원 정도. 그런 사람을 20명 모아봐요. AS는 제쳐놓고 설치만. 그러면 벌써 한 달 수익금이 얼마예요. 그 사람들 수입이 오르락내리락 하느냐, 그것도 아니에요. 그 페이스 그대로 유지해요. 한두 해 일하던 사람들이 아니니까. 이제 막 시작했거나 지역적 편차가 있는 곳이나 비수기 끼고 하는 사람들은 한 160, 170만 원 안쪽으로 벌어요. 그 사람들도 그 페이스 그대로 간단 말이에요. 업 앤 다운이 있어봤자 아무리 많아도 30, 40만 원이에요.

거기에 영업비라는 게 있죠. 회사가 영업을 강요하는데, 솔직히 강요 안 해도 저희가 한 푼이라도 더 벌어서 처자식 먹여 살리려고 알아서 해요. 그런데 강요를 하면 뭔가 그런 게 있어요. 아시잖아요, 부당노동행위에 영업 강요에. 그렇게 아등바등시키지 않아도 하게 될 일인데 건 바이 건으로 착취를 해가죠. 한데 저희한테 돌아오는 복지 부분이 터무니없어요. 우스갯소리 하나 더 할게요. 어떤 회사는 초복이고 중복이고 말복이고 '날도 덥잖아, 삼계탕 한번 쏠게, 가자' 그런대요.

꼬장꼬장하던 사장이 복날이라고 삼계탕 한번 쏘겠다고. 한번은 '수박 괜찮은 게 내가 아는 농장에서 왔더라. 몇 박스 왔으니까 한번 쪼개서 먹자' 그런대요. 저희 사장이요? 초복, 중복 끝나고 며칠 지나고 나서 위에서 뭐가 왔나 봐요. 고생하는데 이거라도 좀 드시라고. 그때 제 기억으로, 참외 몇 개였나, 수박 두 통이었나, 그것도 무른 걸로. 날이 더운데 과일이 온전하겠어요? 걔네들이 언제 사서 보관하다가 가져왔는지 모르겠지만 단맛 하나도 없었고, 그 수박 한두 통 잘라서… 그게 뭐 대단하다고 생색내더군요. 귤도 몇 개 갖고 왔나, 요만한 양파 봉다리에… 하, 참… 솔직한 심정은 면상에다가 집어던지고 싶었어요. 사람이 사람 대우를 해야지.

저희 집 가훈이 그래요. '생각이 바뀌면 인생이 바뀐다.' 언제 한번 어떤 분이 묻더라고요. 노조란 무엇인가? 저는 가훈을 적었어요. 노조가 있기 때문에 생각이 바뀌었고, 생각이 바뀌었기 때문에 내 미래와 인생을 다시 한 번 설계하면서 잘못된 걸 고쳐보게 됐다. 지금의 내가 안일하게 생각했던 부분을 깨우치게 되었고 능동적으로 생각을 바꿀 수 있었다. 놓치고 있는 것을 돌아보게 되었고, 나 스스로 바뀌어야 한다는 생각을 갖게 만들었다. 노조에 대한 생각이 있긴 있었어요. 가지 많은 나무에 바람 잘 날 없다는 옛말이 있듯이 노조라는 하나의 공동체를 끌고 가려면 사실 말도 많고 탈도 많을 거예요. 하나의 계획을 운영하고 추진하려면 무수한 시간과 노력이 들어가요. 한두 명의 힘으로는 안 돼요. 여러 사람이 필요하고 또 사람을 움직일 수 있는 주요 인물이, 선동이라고 할까, 조장이라고 할까, 리더십을 발휘해야 해요. 이

건 이렇게 하는 게 옳다, 이걸 이대로 하지 않으면 우린 도태되고 안 좋은 환경에서 살아갈 수밖에 없다는 걸 깨우치게 해야 한단 말이죠. 그런 생각을 해봤어요.

노조를 하면서 사실 힘든 점도 있어요. 새벽 5시 현장에 나가는 대로 선전전이라는 걸 시작해요. 지금 저희는 오렌지 정보기술 대표이사라는 사람을 깨우쳐주고 싶어요. 저희의 피부에 와 닿은, 발등에 불이 떨어진 이 문제를 빨리 해결하려고 해요. 그래서 이 노조의 힘을 빌려 당장 해결하려고 일어났어요. 새벽 5시부터 선전전 하느라 남들 출근하기 전에 미리 진을 치고서 피켓, 선전물을 가지고 '노조에 가입한 다음부터 우리가 무슨 부당한 대우를 받았는지 알았다, 지금 우리가 타결을 보면 이런 것들이 바뀐다, 노후와 미래, 그리고 지금의 인생을 보면 이런 것들이 바뀔 수 있다'며 나서고 있어요. 지금 저희와 같은 입장에 처한 다산콜센터, 에이티센터가 있고요, 부당노동행위를 받거나 권고사직으로 퇴사한 뒤 1인 시위하는 분들이 있어요. 인력도 없고 지원도 없어서 투쟁 기금 모아서 한 목소리를 내고 싶은데 누구 하나 들어주지 않는 입장에 있는 분이 많아요. 그런 사람들을 찾아다니면서 기자회견을 하고 있어요. 케이블방송 비정규직지부에선 저희가 선봉에 섰고 그다음 티브로드. 모두 교섭 중이에요. 발등에 불이 떨어져서 새벽 5시에 나와 있다 보면 내가 지금 여기서 뭘 하고 있나 싶기도 해요. 생각 같아서는 사장의 멱살을 잡고 '당신, 정신 차릴래, 아니면 지금 같이 살래?' 하고 싶은 마음인데 말귀를 못 알아들어요. '당신, 사람 아니야?' 얘기해도 부족한 마당에 내가 지금 선전물 들고 뭘 하고 있는가 싶죠. 한데 그때마다 생각이 바뀌어요. 한번은 그걸 들고서 읽는 사람 입장에 서서 읽어봤어요. 이거, 꼭 줘야 하겠구나, 몰랐던 내가 지금처럼 변했듯이 이 내용을 꼭 전달해야 하겠구나 하는 마음이 들더라고요. 기자회견에서 내가 내 주장을 하겠다고 하는데, 비가 온들 눈이 온들 먼지가 분들 태풍이 분들 뭐가 문제겠어요.

'우리 발등에 불이 떨어졌는데 지금 남의 회사 앞에서 내가 무슨 짓을 하고 있나' 싶을 때면 '이건 남 얘기가 아니야. 내 입장이나 저들의 입장이나 다를 게 없어. 그래서 나온 거야. 저분들한테 힘 실어주자' 생각해요. '화나는 이야기 하나, 가슴 속에 사무친 울화병 나는 얘기 하나를 하는데, 들어주는 이가 한 사람이라도 있으면 힘이 될 거다. 그분들이 무너지기 전에 힘을 실어주는, 이야기를 들어주는 사람이 있으라고 희망연대라는 게 있고 노조라는 게 있다.' 그걸 알게 됐어요. 지칠 때마다 '내가 여기 왜 있지' 하면서도 그분들을 찾아가서 입장을 들어보면 '이거 남 얘기가 아니야, 그래, 열심히 하자' 이런 결심을 하게 돼요.

한편으론 좋은 점도 있어요. 노조가 생긴 뒤 동료애가 생겼어요. 원래 저희는 오전 7시, 7시 반이면 출근해요. 회사의 부당한 업무 시스템 때문에 일찍 나오는 것이기도 하지만, 일찍 와서 장비를 타고, 오더 받고, 고객에게 사전 연락을 해서 약속 잡고 해야 하니까. 내근 직원에게 잡힌 스케줄을 보여주며 상황에 맞게 수정 요청합니다. 이렇게 스케줄 조정을 하고 나오는 데 걸리는 시간이 짧게는 10~20분, 길게는 1시간 정도예요. 하루 일과 중 동료라는 사람을 보는 게 그때가 다예요. 그동안에 알 수 있는 건 '저 사람, 이름이 이렇구나. 저이가 무슨 동 기사래. 주문장 보니까 저 사람이 무슨 동을 맡고 있구나' 하는 정도지요. AS와 설치는 부서가 달라서 더 가관입니다. 예전에는 '저 친구, 이름이 뭐더라, 어디 맡지? 어느 동 AS기사 누구야? 이름이 뭐야?' 이렇게 물어서 알았었는데, 이제는 서로를 다 알게 됐죠. 진짜 회사 동료가 된 거예요. 저 사람 어느 회사 사람이다, 무엇을 맡고 있고, 어느 동 담당이다. 이렇게 얘기할 수 있게 된 거죠. 동료애가 커졌습니다.

지금 교육차장을 맡고 있는 분이 제 죽마고우예요. 한 고향에서 태어나 같은 동네에서 자랐으니 서로에 대해 모르는 게 없습니다. 심지어 너무 잘 알다 보니 한마디 던지면 무슨 대답이 나올지 미리 알아서 말수조차 줄일 정도로. 저는 친구의 권유로 입사해서 지금 이 자리까지 오게 됐어요. 어느 날 친구가 저한테 건의를 했어요. '지금 노조를 준비하고 있다. 몇몇에게 이야기를 해서 비밀리에 준비해야 한다, 노조 계획이 드러나서는 안 된다. 하지만 너한테는 얘기를 하겠다, 너를 잘 알기 때문에.' 듣고 나서 아, 좋은 일이 곧 시작되는가 보다 했어요. 지금도 마찬가지인데 저는 나서고 싶지 않았어요. 위원장과 국장이 있는데, 나이순으로 보면 저는 중간쯤이에요. 저는 나서지 않았는데 어쩌다가 발언할 기회가 있었어요. '남의 일이 아니고 내 일이다, 누군가 이 얘기를 듣고 알아줬으면 좋겠다, 그것으로 인해 변화가 생기면 좋겠다'라는 취지로 내지른 말이었는데, 그때 발언이 노조 간부들한테 좋은 느낌을 줬나 봐요. 쟁의차장, 쟁의부장을 하라고 하는데 저는 일반 조합원으로 남겠다고 했어요. 그 말씀 꺼낸 분들을 일일이 찾아가서 얘기했어요. 노조의 꽃은 조합원이고 노조의 힘은 조합원이라고 저는 알고 있어요. 간부는 나서야 할 때가 있지만 또 넘지 말아야 할 선

같은 게 있어요. 조합원은 그런 게 없어요. 저는 그걸 알아요.

조합원끼리 모임도 갖고 민주적으로 의견을 제시하면서 나아갈 방향을 모색하고, 좀 더 나은 길을 찾아내려고 노력하고 있다고 봐요. 처음에 노조 가입하고 한 달 동안 그런 생각을 했어요. 10여 년 넘게 이일만 해온 분들인데, 전략, 전술 안 해본 거 없는 분들이 시키는 건데 안 되는 일이 뭐가 있겠느냐, 결과가 좀 늦게 나오는 것뿐이. 솔직히 털어놓자면, 취지에 공감해 참여했는데도 불구하고, 저는 두 가지가 마음에 걸렸어요. 인터뷰에서 이 이야기를 해도 될지 모르겠는데 첫째, 만약 파업을 하게 되는 상황까지 몰아간다면, 가급적이면 파업하지 않는 쪽으로 전략을 펼 테지만, 어떡하나 하는 생각이 들었어요. 그래서 그 대비책으로 조합원들이 투쟁 기금을 모았어요. 지금 당장 일안 하면 돈 한 푼 안 생기는데도 투쟁 기금을 모았어요. 기금을 모으지 못한 지회도 있어요. 어디라고 밝히긴 좀 그렇고. 저희 오렌지 정보기술 조합원들은 99퍼센트, 아니 100퍼센트 낸 걸로 알고 있어요. 전 조합원 중 30~40퍼센트가 아직 내지 않은 걸로 알고 있는데 그게 마음에 걸리더라고요. 만약 파업을 시작하면 투쟁 기금으로 버텨야 하는데 '기금도 내지 않으면서 당장 파업만 하겠다고 나서는 데가 있다면 무슨 생각을 하는 걸까. 지금 자기가 먹는 밥도 투쟁 기금을 낸 사람의 밥을 얻어먹는 건데 그런 줄 알고 있을까.' 그게 또 하나 맘에 걸렸어요. 정말 무언가 내지르려고 간, 쓸개 다 빼주고 물러설 곳도, 더 이상 잃을 것도 없는 상황에서 악에 받쳐 들고 나가야 할 상황인데, '이 사람들은 정말 이게 피부에 와 닿아서 하는 걸까' 하는 생각도 없지 않아 있어요.

282

이 머리 보이십니까? 날 더워서 깎은 머리가 아닙니다. 제가 이걸 깎을 심정까지 갔기 때문에 깎은 거예요. 욱해서 깎은 것도 아닙니다. 저희 오렌지 정보기술의 기사 모두 느껴요. 처음부터 드세게 나가는 사람도, 모나게 내지르는 사람도 없었습니다. '적당히 하겠지, 설마 사 측이 그렇게까지 하겠어' 했다가 문제가 점점 표면에 드러나고 저희도 저희 나름대로 깨우치고 자각하게 됐을 때, 또 가정 형편과 지금 받고 있는 대우를 되돌아봤을 때 느끼는 게 다들 있지요. 평상시 자식과 배우자에게 느꼈던 마음. '이거밖에 못 벌어 와? 좀 더 늦게 들어와도 되니까 더 벌어 와. 오늘은 왜 이렇게 일찍 왔어? 일찍 들어오면 불안한 거 몰라?' 지금 와서야 얘기하는 건데 요즘 이런 얘기를 들었습니다. '왜 당신이 나서? 왜 당신이 머리를 깎는데, 다 깎는다고 깎아야 해? 당신이 뭔데 그 자리에 나서서 머리를 밀었어? 당신이 와이프가 없어, 가족이 없어? 당신이 그 자리에 왜 나서?' 저는 꿋꿋이 한마디했습니다. '내가 깎을 거야. 아니, 이건 깎아야 해. 내가 지금 당신 들으라고, 웃으라고 얘기하는 거지만 우리가 지금 한두 명이 아니야. 지금 우리가 선봉으로 나섰어. 희망연대 통틀어서 500여 명이야. 처음으로 발 벗고 일어선 사람이 500여 명이야. 나중에 이게 몇 만 명이 될지 몰라. 당신은 나더러 거기 왜 나서냐고 하지만 난 나서야 하겠어. 내가 안 나서면, 내가 이 머리를 안 밀면 안 될 것 같아. 스스로 돌아봤을 때 마음에 우러나서 하는 거야. 내가 머리를 깎고 소리를 질러, 내 목소리, 우리의 목소리, 지금 노조원들의 목소리를 더 많은 사람들이 듣고 이야기한다면, 머리 깎는 게 그 방법 중 하나라면 나는 진즉 그랬어야 했어. 삭발, 이거 아무것도 아니야. 머리는 금방 자라. 그러면 난 또 깎을

판이야. 말로만 그런 거 아니야.' 이런 긴 이야기를 하고 싶었지만 저는 거두절미하고 '내가 결정한 일이야. 내가 깎을 거야. 자네가 이해해 줬으면 좋겠어.' 이 한마디 말로 배우자를 달랬어요. 아침에 모자를 들고 나가는데 와이프가 그러더라고요. '왜? 오늘이 그날이야?' 그러기에 '다녀올게, 다녀와서 보자' 하고 모자 쓰고 나왔지만 티가 났던 모양입니다. 저녁에 그런 말을 하더라고요. '벗어봐. 깎았으면 보여줘야지.' 웃으면서 얘기하더라고요. 만약에 심각한 얼굴로 얘기했으면 모자 안 벗었을 거예요. 한데 웃으면서 넘겨주며 받아주더라고요. 그래서 벗었어요. '어때? 시원해 보이지?' 우스갯소리도 했어요. '야, 머리 깎을 돈 굳었다.' 아들이 지금 초등학교 4학년인데 보고 웃으면서 '이야, 우리 아빠 봐라' 하는 거예요. 그때 저는 느꼈어요. '아, 우리 가족이 이해해주는구나. 철없고 뭘 몰라도 아빠가 하는 일을 이상하게 안 보고 억울하게 안 봐주는구나. 오죽했으면 아빠가 저랬을까 하고 이해하는구나. 아빠가 하는 행동을 있는 그대로 봐주는구나.' 그게 고마웠기 때문에 발언할 때 나설 수 있었어요. 시작을 했으면 끝을 봐야지 하는 마음으로. 가족의 든든한 후원을 받은 거죠. 그냥 이런 말은 해요. 사실 어느 누구나 마찬가지이겠지만 '이번 달은 그렇다 쳐도 다음 달은 어쩔 거냐' 하는 생각도 들어요. 처음에야 그런 말 다 듣고 나오겠지만 마음속으로 그래요. '어떻게든 되겠지. 설마 500여 명이 길거리에 나앉겠냐. 시작이 있으면 끝이 있고, 뭔가 있기 때문에 시작한 거고, 그거 하나 보고 이 악물고 지금 달려가는 거잖아. 염려 마, 가장이 하는 일이고 내가 하는 일이야. 그냥 믿고 따라와, 나도, 조합원도 위원장과 국장 믿고 따라가는 거야, 똑같이. 믿고 따라가는 거야.' 그런 신

노는 땅 위에서 파업 중 : 노조 결성과 현장

뢰 없었으면 노조도 이미 깨졌을 겁니다. '가족들이 나를 가장으로 인 정한다고 생각하면 자식도 와이프도 알아서 따라오도록 만들어야지.' 그게 삭발할 때 감상이었습니다. 이상입니다.

또 한 가지 마음에 걸리는 게, 정신 상태의 무장이에요. 제가 몇 차 례 집회에서 발언한 적이 있었어요. 지회장의 부탁으로 회의와 토론 내용을 정리하려고 집에서 잠 설쳐가며 내용 구상을 하고 진짜 속에 서 올라오는 것을 있는 그대로 제시했어요. 발언하려고 단상에 올라갔 는데… 눈앞에 펼쳐진 모습은 정말, 발등에 불이 떨어졌는지도, 지금 당장 가족이 굶어 죽는지도 안중에 없는 것 같더라고요. 제가 오죽했 으면 세어봤겠어요. 여섯 번째 줄 뒤부터는, 아, 이건 뭐, 야구 보는 사 람, 게임하는 사람, TV 보는 사람, 뒤로 젖히고 자는 사람, 옆사람과 수 군거리는 사람, 이건 참, 정신 무장부터 하지 않으면 안 되겠다 싶더라 고요. 앞에선 발언하는데 저 뒤로 빠져서는 뒷짐 지고, 고개 숙이고, 담 배 하나 피워 물고 앉아서 노닥거리고 있고, 저는 열이 받쳐 목에 핏줄 세워 가면서 고래고래 소리를 지르는데, 본사 들으라고, 지사 들으라 고, 오렌지 정보기술 대표이사 들으라고 목청 높여 소리 지르는데, 우 리가 무엇 때문에 나왔는지 지나가는 사람들에게 알아달라고 얘기하 는데…. 이 두 가지는 정말 맘에 걸렸어요. 이 두 가지가 빨리 개선되 어야 시간이 단축될 겁니다. 처음부터 각오했다면 제가 보기에는 지금 이 시간까지는 안 왔을 거예요. 지금 저 같은 생각을 갖고 있는 사람 이 반만 됐으면 12곳 지회의 타결은 한 달도 안 돼서 다 끝났을 겁니 다. 그 정도로 악에 받쳐야 해요. 이렇게 가면 안 됩니다. 빨리 깨우쳐서 빨리 변해야 해요. 차일피일 미루면서 하루라도 그냥 보내면 집에서 지금 저희만 바라보고 있는 가족, 처자식에게 뭐라고 말할 겁니까? 누구나 물어봤을 거예요. '언제 끝나? 언제 해결돼? 언제 이게 돼?' 누구 하나 명쾌한 대답을 못 해주잖아요. 한 달 안에 '쇼부'를 볼 수 있었을 텐데…. 저는 그게 제일 마음에 안 들어요.

그리고 오렌지 정보기술 동료들에게 하고 싶은 얘기가 있습니다. 다른 게 아니라 노조가 만들어지기 전에는, 물론 제가 입사한 지 얼마 안 돼 그럴 수도 있지만, 옆 동은 누가 AS를 맡고 있는지, 누가 설치를 하고 있는지, 동료의 나이와 이름을 모르고 있었죠. 지금은 노조라는 하나의 목적하에 끈끈한 동료애로 뭉쳐 있죠. 저희가 목적을 이룬 뒤에도 지금처럼 돈독하고 끈끈하게 지냈으면 해요. 예전처럼 설치하다 말고 'AS가 하겠지' 하고 미루고, AS 하다가 '나중에 설치가 알아서 한 번 또 손댈 텐데' 하고 미루지 말고, 자신이 자발적으로 나서서 동료의 힘을 덜어주면 동료애가 오래 지속되지 않겠나 싶어요. 이 얘기는 꼭 하고 싶습니다. 변치 말자고…. 그리고 아까 말했죠, 제 바람이자 꿈, 서로서로 오래 건강하자고. 그래야 무슨 일을 해도 오래 같이 살 수 있을 것 같다고…. 그 얘기 꼭 전하고 싶습니다.

인터뷰

10

공본국

군인 되는 게 꿈이었습니다. 제가 갈 수 있는 상황이 안 됐고 부모님과 약간 트러블이 생겨서…. 해군사관학교를 가고 싶었어요. 학교 다닐 때 운동을 했었고, 그다음 경찰이 될 뻔한 상황도 있었고. 꿈이라는 게 지금은 소박해요. 딸 하나, 집사람, 동생들이랑 부모님 아무 탈 없이 건강하고. 우리 딸… 지금은 우리 딸이 꿈이에요. 지금은 딸을 꼬시죠, 경찰관 되라고. 싫다고 하는데도 꼬시는데…. 친척 중 군인이 몇 분 있고, 아버님이 경찰관이셨어요, 외가 쪽도 군인이 많았고. 어렸을 때부터 제복이 눈에 많이 익었던 거예요. 그 일을 해야 했었는데 상황이 안 됐죠. 제가 못 했으니까, 아들은 없으니 딸이라도, 요새는 여성도 군대에 가니까…. 그런데 잘 안되더라고요.

통신 업계는 아주 오래전 한 스물 살쯤, 그러니까 군 제대한 뒤 이쪽 일을 잠깐 했죠. 삼성에 좀 다니다가 그다음 자영업을 했고. '오렌지'에 들어오기 전에 자영업을 했으니까 직장 생활은 오랜만에 한 거죠. 제가 이 회사에 들어온 지 얼마 안 됐기 때문에 이런 내용은 들어서 알 뿐이지만 우선 본 것부터 말할게요. 일단 AS팀. AS 직원은 정직원이지만 회사는 지급한 차량을 오토바이로 교체한다고 해요. '오토바이 면허가 필요하다. 오토바이를 운전 못 하는 사람은 그만둬라' '오토바이 면허를 따면 30만 원 준다, 한 번에 따면 20만 원 준다' 그런 얘기를 하더라고요. 우스갯소리이지만 예전에 오토바이 대리점 하는 사람을 알았는데 그 사람이 그랬어요. 오토바이 1대 팔릴 때마다 과부 1명 생기는 셈이라고. 그 정도로 위험한 건데 회사는 전혀 고려 안 하죠. 회사가 어렵다고 차량을 오토바이로 대체한다는 건 어불성설이에요. 정말 어렵다, 어렵다고 해서 여직원 3명도 강제 해고했어요. 설치팀도 마찬가지예요. 설치 단가가 60퍼센트에서 55퍼센트로 내려갔어요. 남들이 보기엔 5퍼센트가 얼마 안 돼 보이겠지만, 설치기사가 20명인데 직원 1명당 5퍼센트면 30만 원가량 빠지는 거죠. 20만 원에서 많게는 30만 원, 20만원을 평균으로 잡으면 400만 원이 그냥 앞에서 까진 겁니다. 5퍼센트 손해를 보면서 저희가 받은 혜택은 아무것도 없어요. 회사가 지원을 더 해주거나 여직원을 늘려서 서포트 해준 것 없죠. 아무런 이유 없이 단가를 5퍼센트 깎아버린 거예요. 그 한마디에 사장 눈앞에 400만 원이 그냥 생긴 거죠. 저희는 수긍했으니 아무 말도 못 하고.

제가 짧은 시간 일하긴 했지만, 사장한테 무슨 피해를 줬을까 생각해봐요. 설치를 하면 저희가 55퍼센트, 회사가 45퍼센트를 나눠 갖는데 그 돈으로 대체 무얼 지원해주었나. 저희가 계산해보니 한 달에 사장한테 설치 단가로 들어가는 돈이 5000, 6000만 원 정도더라고요. 저희는 말하자면 돈 벌어다주는 직원이죠. 무에서 유를 창조한 건데, 아무것도 없는 곳에 가서 설치를 해서 돈이 생긴 건데 저희가 왜 핍박을 받아야 하는지 모르겠어요. 처음에는 그냥 그러려니 했죠. 아까도 말했지만 직원들이 다 사람 좋고 착하다 보니 사장이 어떤 액션을 취해도 그냥 넘어갔어요. 그런데 사람이 하나 쌓이고 둘 쌓이고 셋 쌓이면 웃음이 사라지잖아요. 좋은 사람도 한 번 화가 나면 확 내지르는 것처럼 저희가 그런 상태까지 온 거예요. 같은 공간에서 일을 할 수 없는 상황까지 온 거죠.

타결이라는 개념부터가 달라요, 저희 같은 경우는. 임금 인상도 좋고 고용 보장도 좋지만, 저희는 한 사무실 안에서 사장과 총괄 팀장하고 공존할 수 없는 상황이다 보니 그 이상 투쟁을 하는 거죠. 임금 보장, 고용 보장, 정규직 전환도 중요하지만 그보다 중요한 건 그들과 같이 일을 못 한다는 거예요. 그래서 씨앤엠 쪽에 사장 퇴출을 요구하는 거고. 저희는 사장 때문에 일을 못 하게 되어서 다른 지회보다 더 많이 장외 투쟁을 하는 거죠.

일단 교섭이라는 건 노사관계의 기초 아닙니까? 동등한 위치에서 만나서 얘기를 하는 자리죠. 단적인 예로 사장이 '직원 나부랭이가 왜 이 자리에 와서 앉아 있냐' 했다는 거예요. 상식 이하의 이야기죠. 처음엔 그렇게 박차고 나가서 교섭이 깨졌어요. 그다음 교섭 자리는 노래방에서 열렸습니다. 유명하죠. 그때 민주노총에서 온 분이 얘기하더라고요. 노래방이라는 건 전례 없는 얘기랍니다. 간혹 이야기가 잘 풀려서 노래방에서 음주하면서 뒤풀이했다는 얘기는 들어봤어도 노래방을 교섭 자리로 정했다는 건 처음이라고. 그만큼 저희를 무시하는 거죠. 사람으로 인정 안 하죠.

교섭 자리에 나오면 서로 의견을 물어보고 요구를 하면 '이건 이렇게 되고 이렇게 되니까' 하고 얘기해야 하지 않겠습니까. 그런데 사 측은 '이건 안 돼, 이것도 안 돼' 왜 안 되는지 아무런 설명도 안 하면서 그냥 나가버리는 겁니다. 교섭을 6차까지 하고 쟁의 기간이 닥쳤는데 6차 때는 사장이 안 나오고 총괄이 나왔습니다. 총괄은 권한이 없어요. 형식상 사장이 나올 수밖에 없는 상황인데 자기가 나오기 싫으니까 대리인을 보낸 거죠. 원래 대리인을 보낼 때는 위임을 하는 겁니다. '가서 교섭을 해라. 만약 그쪽이 이러이러한 요구를 하면 이런 정도까지는 맞춰주고' 하면서 자세히 지시해서 내보내야 하는데, 이 총괄은 지시받은 것도, 권한도 없다는 겁니다. 얘기하면 그냥 듣고만 앉아 있고. 그러면 어떡합니까. 저희가 얘기하면 뭐든지 '나는 힘이 없다, 권한이 없다' 이런 말만 되풀이하죠. 노사 간 교섭은 정말 중요한데 이 사람들에겐 안중에도 없습니다. 말하자면 사람 취급 안 하면서 '너희들은 떠들어라, 나는 신경 안 써' 하다 보니 사태가 여기까지 오게 됐죠.

처음 투쟁 나갔을 때 전체 14개 지회가 다 나왔잖습니까. 5일째인가, 6일째일 때 다들 복귀했는데 저희만 남아 있었습니다. 저희 오렌지만 다른 지회에 가서 선전전도 하고 연대했어요. 양재동에도 갔고 여러 곳에 나갔죠. 그때 '우리 오렌지는 사장과의 문제도 해결하지 못했으면서 다른 지회에 가서 연장전을 해야 하느냐' 하는 불만의 목소리가 있었어요. 인간이다 보니 어쩔 수 없죠. 지금 사장과 싸우고 있는데 이 힘을 다른 데에다 쓰고 있다는 생각이 들지 않겠습니까. 그럴 때 가끔 힘들었죠. 약간 힘든 와중에도 사장 얘기가 나오거나 '사장이 오늘 사무실에서 어떤 액션을 취했다, 무슨 얘기를 했다' 그러면 갑자기 힘이 나요. 아까 말씀하신 것처럼, 사람이 가진 힘이 똑같을 수는 없지 않습니까. 힘이 들어도 한 목표를 향해 가는 거죠. 저희는 딱 하나입니다. 그 사람을 퇴출시키는 겁니다. 저희는 구호가 딱 하나 있습니다. '장사장이 퇴출되는 그날까지!' 임금 인상, 그런 것 필요 없어요. 구호가 단 하나이기 때문에 힘들 때는 그 생각을 하면서 다시 힘을 얻죠.

처음에는 '난 내 할 일만 하면 된다'는 식으로 설치기사들 전부 개인플레이를 했어요. '내 오더만 갖고 나가서 일하면 되니까, 이거만 벌면 된다' 하면서 나머지 일은 등한시했어요. 그런데 이번에 노조가 생기면서 옆의 동료를 보게 된 거죠. 요새 저희가 쟁의 투쟁하는 바람에 오더가 줄었는데도 같이 합니다. 그전에도 그런 일이 있었지만 지금은 더 그렇습니다. 이게 주문장이지만 돈입니다. 서류이지만 이게 돈이랑 똑같습니다. 설치하는 대로 돈이 나오니까. 그 돈이나 다름없는 주문장을 서로 나눌 정도로 지금은 단합이 잘 되어 있어요. 아침에 출근하면 저희가 오더 체크를 해요. 칠판에 시간을 적어놓고 일이 없으면 지원을 나가는 식으로 해요. 지금 저희는 사장 때문에 단합이 더 잘되고 있어요. 우스갯소리로 이런 얘기를 했어요. 나중에 사장이 퇴출될 때 감사패 하나 만들어주자. '귀하는 우리 노조원들을 더 강하게, 융합하게 만들어주었고, 친목을 다지게 해주었다.' 감사하다고 감사패를 만들어서 주자.

저희는 콜센터 여직원이 전화를 받아줘야 일을 하는데, 제가 오기 전에는 5, 6명이 근무를 했대요. 지금은 4명이 받습니다. 2명이 줄어든 거예요. 여직원도 스트레스가 많습니다. 예전에는 1개 동이나 1개 동 반만 맡으면 됐는데 지금은 4개 동을 맡으니까 지치죠. 회사가 투자를 안 하는 거죠. 여직원을 더 뽑아서 앉혀놓는 게 일종의 투자거든요. 왜? 월급이 나가니까 오너의 입장에서는 투자죠. 그런데 그런 일은 절대로 안 합니다. 지금 선에서 어떻게든 더 줄이는 거예요. AS기사도 줄이고. 지금은 완전 과부하 상태가 돼버린 거죠. 기계로 따지면 고장 난 거예요. 단적인 예로 AS기사들이 얼굴에 생기가 도는 젊은 애들이었는데 지금은… 썩었다고 해야 할까, 너무 힘이 듭니다. 인간이 할 수 있는 업무량을 넘어선 거죠. 과부하가 일어난 겁니다. 설치팀도 마찬가지예요. 돈은 돈인데, 돈만 바라보며 살면 사람 쓰러집니다. 몸도 쉬어야 해요. 저희는 '퐁당퐁당'이라고 부르는데, 이번 주 일요일에 나가서 일하면 그다음 주는 쉬는 겁니다. 어쩌다 보면 한 달에 한 번밖에 못 쉴 때도 있어요. 동료가 먼저 쉬겠다고 하는 바람에 일을 더 하면, 나중에는 입에 거품 물 정도로 피곤하더라고요.

그것만 보더라도 사장이 저희를 프리랜서라고 생각한다면 정중히 부탁해야 해요. 직원이 아니잖습니까. '누구누구 씨 이번 주 일요일에 나와서 일 좀 해주시면 어떻습니까.' 이렇게 정중히 부탁하는 게 정상입니다. 그게 없어요. 칠판에 일요일 당직이라고 쓰여 있어요. 직원이 아닌데 왜 당직을 맡아야 하는지 이해 안 가는 거죠. 추석 같은 명절도 마찬가집니다. 이번 구정에도 못 쉬었습니다. 하루 이틀 쉬고, 앞당겨 쉬거나 뒤에 쉬는 정도. 직원 아니라고 하면서 일 시킬 때는 직원처럼 부려먹고. 어려울 때는 직원이 아니라고 하고. 말에 어폐가 있어요. 그 사람은 아까 말씀하신 것처럼 오너 기질이 없는 사람이에요.

설치기사나 AS기사나 마찬가지이지만 노조에 가입해본 사람이 거의 없어요. 몇 프로도 안 될 거예요. 경험이 없으니 노조 활동을 어떻게 해야 할지 모르는 거죠. 띠 두르고 조끼도 입어야 하는데… 처음에는 좀 쑥스러웠습니다. 지금은 쑥스럽지 않아요. 자동이 됐어요. 어디에 간다, 뭐 해야 한다 그러면 자동. 사무실에서도 마찬가지예요. 엇, 시간 됐네 하고는 자동으로 입습니다. 묻어나는 거죠. 저도 노조를 잘 모르고 다른 운동도 잘 몰랐어요. 저도 결혼했지만 남편이 노조 한다고 하면 좋아할 아내는 아무도 없을 겁니다. 금전적인 문제나 집안 생활이 걱정되죠. 남편이 잘리면 어떻게 하나… 다 그렇게 생각합니다. 집사람도 제가 처음 나갈 때 반대 많이 했죠. 주변에서도 '너, 괜히 그러다가 잘리면 어떡하느냐' 그런 얘기 많이 했고.

집사람이 열성적이진 않지만 저를 응원하게 된 계기가 있었어요. 삭발식 있지 않았습니까. 일요일에 집사람과 함께 컴퓨터로 그 광경을 보게 된 거예요. 집사람이 아무 소리 안 하더라고요. 화장실 갔다 와보니 집사람이 클릭하면서 계속 그걸 보고 있더라고요. 그러더니 월요일에 가방 하나를 주더라고요, 옷가지랑 팬티랑 러닝셔츠 들어 있는. '너, 할 거 해라' 하며 가방을 싸준 거예요. 집을 나오면서 '이 가방 내려놓는 날이 끝나는 날이다' 생각했죠. '하려면 열심히 해라, 따지지 말고' 그렇게 혼잣말하며 나왔죠. 집사람은, 제가 모자를 쓰고 나갔더니, '왜? 당신도 머리 자르려고? 투쟁하는 건 좋은데 머리는 자르지 마' 그러더라고요.

동료들도 다 마찬가지예요. 가끔 동료들이 제수나 형수하고 통화하는 걸 듣게 되는데 누구 하나 '왜 거기 있어!' 하는 사람 없습니다. 차 안에서는 '열심히 해' 하는 소리가 다 들리지 않습니까. 가족도 다 옆에서 응원해주고. 동료끼리도 마찬가지예요. 힘든 것 있으면 챙겨주려 하고. 저는 이번이 처음이지만, 어떤 때 보면 다들 오래전부터 해오던 사람들 같아요. 지금 능숙히, 다들 능숙히 잘하고 있습니다. 집사람이 가방 주면서 그런 말을 할 때 콧등이 시큰하더라고요.

앞에서 얘기했는데 저희 하나도 급해 죽겠는데 '다른 데에 가서 연대하라'고 하면, 솔직히 힘들고 그렇잖아요. 그런데 현장에 도착해보면 거기에 심취하게 돼요. 예전에 양재동 농협 앞을 지나는데 한 여성 노동자가 부당 해고를 항의하고 있었어요. 그 얘기를 듣고선 계속 사측을 욕하게 되는 거예요. 저희가 노조 활동하기 전이었으면 '아니, 한 여자가 떠들고 있네' 하며 그냥 지나쳤겠죠. 연대하러 나가기 전까지는 '우리가 거길 왜 가야 하나' 했으면서 막상 현장에 도착하면 심취하게 되죠. 욕을 하는 거죠. 저번에 다산콜센터 투쟁에 연대하러 갔을 때도 마찬가지였습니다. 몰랐던 거잖아요. 다산콜센터 직원이 힘든 게 뭐 있나 했죠. 거기는 평가 시험을 본대요. 처음 들었어요. 그것도 없애긴 없었는데, 한 번씩 시험을 본다고 해요. 평가한다며 화장실도 가지 말라고 하고. 저희 처지가 이렇다 보니 과부 사정은 홀아비가 안다고, 현장에 가보면 금방 이해하게 돼요. 지금은 그 스피커에서 나오는 소리, 달콤하다는 표현은 좀 너무하지만, 울리면 듣게 되고 지시하면 따르게 되고 그렇게 됐죠. 다른 거 없습니다. 저희 오렌지의 형 동생과 함께 일하는 저는 아무튼 자랑스럽고 행복한 사람인 것 같아요. 제가 회사 생활을 안 하다가 10여 년 만에 하게 됐는데, 좋은 동료를 만나서 고맙고 아무튼 자랑스럽고 사랑합니다. 투쟁!

저는 공부를 하고 싶어요. 경영학을 배워보려고 생각 중이에요. 시
간 내서 방통대도 좀 다니고. 한데 방통대는 일요일밖에 갈 수 없더라
고요. 여건이 되면 공부를 좀 해보고 싶어요. 어렸을 땐 과학자가 되고
싶었어요. 부수고 만드는 걸 좋아해서 그런 걸 하고 싶었어요.

부모님이 처음에는 그랬죠. '왜 나서서, 왜 네가 굳이 총대를 메냐,
총대 안 메고 뒤에서 하지 왜 그러냐.' 차츰 설명드렸어요. 지금 이렇
게 우리 회사 직원들이 모처럼 단결이 돼 모였고 누군가 나서야 하는
데, 아무도 안 나서면 흐지부지될 것 같았다. 그런 마음이 계속 교차하
다가 얼떨결에 하게 됐다고. 솔직히 제가 한다고 많이 달라지진 않을
거예요. 당시에는 대표가 필요했어요. '나를 대변할 사람이 생겼구나.
앞으로는 이 사람한테 말하면 되겠구나' 하면서 모일 중심이 있어야
했죠. 그게 첫 번째 계기였어요. 안 나설 수 없더라고요. 안 나서면 지
금까지 겪어온 케이블 업계의 부당한 대우를 바꿀 수 없잖아요. 그래,

나라도 나서서 한번 해보자. 그러다가 제가 나섰습니다. 얼떨결에 나섰지만 부지회장도 도와주고 해서 이 자리에 모인 것 같아요.

처음에 사 측은 '씨앤앰이 CJ로 넘어갈 것 같다. 너희가 여기서 노조에 들게 되면 씨앤앰에서 제재가 들어와서 CJ로 못 넘어갈 수도 있다. 그러니 좀 참아달라'고 얘기했어요. 그런데 지금 와서는 뭐, 그런 말을 한 적 없다고 발뺌하죠. 그 사실을 노조도 알게 됐지요. 회사 측은 '정규직으로 전환해준다'고 하는데, 정규직으로 가는 건 좋아요, 좋은데, 임금 협상도 없이 일방적으로 통보하는 식으로 '너희는 얼마 받아라' 하는 건 아니라고 봐요. 저희가 이전에 도급으로 일할 때도 일방적으로 '너희들, 사업자 내라, 그렇게 안 하려면 나가라' 통보하는 식이었고, 지금도 '정규직으로 전환해줄 테니 이 금액에 맞춰서 하고, 안 하려면 나가라' 해요. 그러고 나서 며칠 안 돼 직원 뽑는다고 취업 공고를 냈더라고요. 뭐, 그런 식이에요. 저희 AS 팀원이 지금 17명이에요, 팀장이 4명이고. 팀원들과 얘기해보니 '아무리 정규직이 좋다 해도 이 월급으로는 우리가 못 먹고 산다'라는 결론이 난 거죠. 한 달에 식대, 유류비, 휴대폰 비용 다 포함해서 240만 원을 준다고 하더라고요, 241만 원. 지금 받는 것보다 60만 원 정도 차이 나요. 지금까지는 이력이 나서 그냥 있었던 건데, AS기사는 경력이 평균 10년, 오래한 분은 14년, 절반 이상이 경력 8, 9년차예요, 지금 와서 일방적으로 '정규직 전환해줄 테니 돈 이렇게 받고 일 나와라, 안 하려면 나가라' 하는 거죠. 일방적인 통보죠.

저도 그 얘기를 듣고 나서 팀장들과 전화를 했어요. 다들 회사의 압박이 있다 보니 조심스럽게 얘기하더라고요. 그럼, 마음을 터놓고 얘기해보자, 실질적으로 얘기를 해보자고 하는데 그때 노조 얘기가 나왔어요. 그럼 좋다, 우리 어차피 뭉친 거 18명 다 모여서 가보자. 그래서 국장 오고, 위원장 오고 해서 얘기를 들었죠. 듣다 보니까 '이게 회사의 실태구나' 싶더라고요. 이때까지 저희한테, CJ 건도 그렇고 정규직 건도 그렇고, 숨기려고 무슨 짓을 했는지, 덮으려고 어떻게 회유했는지 알겠더라고요.

지금 노조 만든 지 2주밖에 안 됐다고 그랬잖아요. 제가 보기에는 얼마 안 된 기간치고는 활동이 많았던 것 같아요. 그동안 회사가 설치, AS, 철거 담당을 나눠 서로 이간질시켰더라고요. 막상 40명 인원이 다 모여 얘기하다 보니 '어? 나는 그런 뜻으로 말한 게 아니었는데' 알겠더라고요. 오해가 있었고, 오해가 커지다 보니 거리가 생겼고, 그래서 우리가 뭉치지 못했구나. 허심탄회하게 태성지회 아래서 모든 걸 터놓고 얘기하다 보니 '이런 일은 우리가 오해했구나' 느꼈어요. 오해를 풀고 나서는 조합원끼리 친해졌어요. 생전 전화번호도 몰랐던 사람들끼리 번호를 주고받고, 힘든 일 있으면 같이 도와주고, 그러면서 점점 결속이 되는 것 같더라고요. 지금은 지회 카페에 들어와 얘기도 많이 나누고, 카톡으로도 자주 대화해요. 그 와중에 친분 있는 사람들은 만나서 술도 한잔하고. 조합원은 40명 정도이고, 비조합원으로는 사무실 여직원… 반(半)직원이라고 있어요. 4대 보험은 되지만 이것저것 떼고 나면 훨씬 못 미치는 월급을 받는 직원이 한 20명 됩니다. 설치와 AS, 철거기사는 지금 전원 조합에 들어와 있어요.

일단 AS팀이나 설치팀이나 다들 쌓여 있는 게 너무 많았어요. 억압

받고 부당한 일을 겪더라도 얘기 못 한 채 쉬쉬하고. 사 측은 팀장을 통해 지시를 내리는 식으로 억압했죠. 단적인 예로, 영업 못 하면 '남아서 전단 붙이고 가라' '전단 못 붙이게 하면 아파트 단지에 가서 뿌려라' 시키죠. 하루 이틀 일이 아니에요. 제가 8년 넘게 이 회사를 다녔는데 매번 그랬던 것 같아요. '다른 데도 그렇게 하고 있구나, 내가 이러한 대우를 받아도 당연한 거구나' 처음에는 그렇게 생각했었죠. 그런데 모여서 얘기하다 보니 부당한 게 보이는 거예요. 예전에는 저희가 서로 얘기를 안 했다고 그랬잖아요. 설치팀과 AS팀이 모여서 얘기해보니 '당신 AS팀은 이러이러한 부당한 일을 당했네요. 설치팀은 이러이러한 부당한 일을 당했고요' 알겠더라고요. 그러면서 순식간에 불이 붙었어요. 한 분이 '그래, 하자' 말씀하더라고요. AS팀은 그날 조합하겠다 그러더니 그다음 날 가서 바로 8명이 가입원을 다 썼어요. 그다음다음 날 설치팀은 저희 얘기 듣고 전부 쓰겠다고 하더니 교육받고 썼어요. 쌓였던 게 한 방에 빵 터진 거라고 보면 되죠. 이렇게 갑자기 빵 터지는 게 드물다고 하더라고요. 그게 사 측이 만들어준 자리라고, 우스갯소리로 그런 말도 해요. 사장한테 상 주자고, 우리를 결속하게 만들어줘서 고맙다고, 상 한번 주자고.

현재 근무 조건 중 먼저 근무시간에 대해 이야기할게요. 지금은 좀 풀리긴 했지만 노조 만들기 전에는 아침 8시에 나와서 회의를 했어요. 9시쯤 장비를 주섬주섬 챙겨서 나가죠. 오전에 일을 하게 되면 점심을 제때 못 먹고 오후 2, 3시에 먹게 돼요. 오후에는 또 일이 남아 있으니까 밤 8시, 늦으면 9시까지 일하죠. 하다 보면 이렇게 일하는 게 당연하게 생각돼요. 부당한 업무를 계속하다 보니까. 근무시간 확정짓는 게 급선무일 것 같아요. 업무를 차츰차츰 효율성 있게 줄여나가는 게 최우선이고, 그다음 임금이죠. 내가 일한 만큼 대우를 받고 임금을 받는 것, 그게 그다음이죠. 그렇게 생각해요.

저희는 몇 명 빼고는 설치, 철거, AS팀은 90퍼센트가 사업자로 되어 있어요. 처음엔 회사가 '가족처럼 같이 살자, 더 잘 해줄 테니 같이 살자, 너희도 도와다오' 그러더라고요. 구체적으로는 '회사가 힘들다, 대출을 이렇거나 받아서 힘들다, 25만 원을 전체적으로 차감하겠다'고. 그래서 저희가 그랬죠. '그래, 회사가 힘드니까 차감하겠습니다. 대신 나중에 좋아지면 올려주세요.' 두 달 차감하더니 나중에 가서는 안 되겠던지 인원을 감축해서 차감 비용을 대체하더라고요. 힘든가 보다 하며 이해했어요. '회사가 힘들다는데 도와야지, 같이 살아야지. 매번 가족, 가족 하는데 이럴 때 가족 해야지.' 저희는 아무것도 요구하지 않았어요.

저희가 '노조가 생겼으니 한번 인사하러 가겠다'고 회사 측에 공문을 보냈는데 '너희들은 우리 직원 아니다, 직원이 아니니까 직원이 있으면 공문을 다시 보내달라'고 답변이 왔더라고요. 그걸 보니 '우리가 가족 아니었나' 하는 생각이 들더라고요. 오늘도 따졌어요. 실장한테 '저희가 가족이에요?' 물었어요. 그러니까 가족이 맞대요. 그러면 가족이 인사하겠다는데 왜 그러세요? 왜 그런 식으로 얘기하세요? 우리 가족처럼 같이 가자면서요. 그랬죠. 말만 그렇게 하고 막상 뒤돌아서면 다른 생각 한 거죠. 단지 저희를 소모품, 시간 되면 밀어내야 할 소모품, 기계도 그렇잖아요, 기계가 오래돼 녹슬고 그러면 버리잖아요, 얼마간 닦아서 쓰지만 결론적으로는 버리는 소모품이라고 생각하는 것 같더라고요. 직원이 아니라고 말한 그 공문을 보자 조합원들은 전부 격분했어요. 오늘 카톡에 몇 달치 올라올 글이 한꺼번에 올라 왔어요, 어마어마한 양이죠.

오늘 와서 마지막으로 저한테 황당한 얘기를 하는데 '작업자'라는 거죠. 저는 작업자라는 말이 왜 나왔는지 모르겠어요. 회사와 직원 사이에 왜 저희가 작업자라는 말을 들어야 하는지 모르겠어요. 어디에 그런 용어가 있는지 궁금해요. 작업자. 그냥 헛웃음만 나오더라고요, 너무 황당해서. 작업자라는 말이 무슨 말일까, 슬프기도 하고. '내가 8년 동안 이런 사람들과 일을 했구나, 이런 사람들하고 대화하고, 팀장이라는 자리에 앉아서 팀원들한테 열심히 하자고, 회사가 살아야 우리가 산다고 그랬구나.' 그게 너무 슬프더라고요.

팀장한테는 업무 지시가 많이 들어와요. 특히 영업 때문에 자주 불려가요. 팀장들을 불러 모아 회의를 하면서 영업 못 하는 사람을 '제도 실적자'라고 불러요. '너희 팀에는 제도 실적자가 있다. 어떻게든 실적을 만들어와라' 그래요. 그러면 팀장은 영업 못 한 팀원한테 가서 전하죠. 그 사람은 그냥 AS나 설치 같은 자기가 맡은 일만 해도 되는데 영업 때문에 회사에서 최하 평가를 받는 거죠. 아무리 일 잘하고 고객이 만족하더라도 영업 못 하면 최하 취급을 받는 거예요. 업무 끝나는 대로 회사가 파준 저희 핸드폰 번호가 나오는 전단을 찍어요. 그걸 아파트에 가서 돌리고. 잘할 때는 칭찬 한마디도 없다가 못 했을 때만 뭐라고 하죠. 그것도 공개적으로 할 때도 있어요. 회사가 보기에 영업 실적이 딸리는 것 같으면 공개적으로 회의 자리에서 지적해요. 보험회사 영업하듯이 해라, 그런 얘기를 하더라고요. 팀장은 매번 회의에 들어가 그런 말을 듣고 와서 팀원을, 지금은 부당한 짓이라는 걸 알지만, 소위 '쫀다'고 하죠, 옴짝달싹 못 하게 닦달하는 거예요.

AS기사와 설치기사, 상담원은 기본적으로 다 감정 노동을 한다고 생각해요. 가입자와 얘기를 해야 하고 그러다 보면 '클레임'도 있을 거고 그것에 대처해야 하는 상황이 돼요. 감정 노동인 게, 친절에 대한 고객 만족 지표가 있어요, 그 점수로 사 측이 평가하기 때문이죠. 저희가 잘못해서 점수를 못 받는 게 아니라 고객의 감정을 잘못 건드려서 '기사가 마음에 안 들었다, 불친절하다' 말이 나오면, 그거 한 번이면 끝이에요. 전후 사정 들어보지 않고. 고객 위주의 AS, 고객 위주의 만족이죠. 기사가 나름대로 열심히 일하고 친절하게 했다 하더라도 고객이 조금이라도 감정이 상하면 불만족이 되는 거죠. 단적인 예로 '좀 늦게 방문하겠다'고 미리 전화했어도 나중에 가서는 '실질적으로는 늦었으니 불만족이다' 그래요. 그게 다 점수에 반영되어 기사 개인별로 평가돼요. 사 측도 그런 얘기를 해요. '회사가 당신들 개개인을 평가하고 있다. 불친절은 회사가 지표를 내는 부분이니까 더 신경 써야 한다.' 누가 불친절한지 얘기하지는 않지만 사례를 반복적으로 언급하는 거죠. 그래서 어떻게든 고객의 요구에 맞춰 해주고, '온 김에 이것도 걸어주세요, 커튼 좀 걸어 주세요' 하면 바쁜 와중에도 불만 사항이 나올까 봐 해주고. 고객은 그걸 당연한 일로 생각해요.

인터뷰

12

노용수

　강남권에 원래 4개 업체가 있었거든요. 개포동에 스페이스 검이라는 회사가 있었고, 철거는 유선이라는 회사가 맡았는데 통폐합 과정에서 '태성'이 살아남은 거죠. 얼마 지나지 않아 세안과 태성, 2개 업체로 통폐합되어 강남을 양분하게 됐어요. 흡수 통합이 된 거죠. 힘든 건 뭐, 다른 직원도 마찬가지이지만 어떻게 보면 돈보다 쉬는 게 먼저예요, 일요일에 쉬는 것. 다른 SO의 직원은 한 달에 일곱, 여덟 번 쉬는데 저희는 세 번 쉬어요. 한 달에 네 번 쉬어보는 게 어떻게 보면 가장 큰 소원이죠. 근무시간이 오전 9시에서 오후 6시라는 구분은 정해져 있어요. 설치팀과 AS팀은 그 시간을 지키는 것 같아요. 철거 업무는 특수성이 있어요. 보통 아침에 짐을 다 싸서 나가야 하기 때문에 제일 바쁜 날은 오전 8시 출근해서 사무실에서 8시 반에 출발해요. 1시간에 너덧 집을 다니며 오전 시간을 보내거든요. 오전에만 열둘, 열세 집 다녀요. 차량으로 다니기엔 시간이 부족하기 때문에 어쩔 수 없이 오토바이를 타고 다닐 수밖에 없죠. 철거팀은 그런 식으로 일하고 있어요.

오전 8시부터 오후 6시까지만 일하자는 생각을 항상 가지고 있었거든요. 그걸 지키려고 저 자신과 약속을 해요. 그래서 오후 5시나 5시 반이면 업무 마감하려고 사무실에 들어가서 짐 정리해요. 설치팀과 AS팀은 사무실에 안 들어가도 되지만 철거는 철거한 기기를 무조건 반납해야 해서 6시까지 들어가요. 그런데 회사 측이 오후에 시간 나면 전화 설치나 신규 설치를 하는 설치팀을 도우라고 요구하더라고요. 처음에는 도와줬어요. 한데 어느 순간 이건 아니다 하는 생각이 드는 거죠. 제가 어떻게 보면 철거팀의 총괄인데⋯. 그래서 그랬죠. '우리 일만 하자. 도와준다고 우리한테 돈 더 주는 것도 아니고.' 철거팀인데도 설치팀의 일을 도와주다 보면 퇴근 시간을 훨씬 넘기게 되죠. 업무가 많을 때는 미친 듯이 돌아다니는 거예요. 오토바이를 타고 다니면서 중앙선 침범하고 신호 위반하고. 강남 케이블이라는 이름을 뒤쪽에 달고 있는데도 어쩔 수 없을 때는 그냥 웃겨요, 저 자신이. 그렇게 일하고 있는 저 자신이 웃기고. 사람이 시스템에 적응하려면 당연히 그래야 한다고 생각하는 거죠. 오더가 쉴 새 없이 꽂혀도 무조건 일해야 하죠. 10건이든 20건이든 30건이든 끝내야 하니까. 그렇게 안 하면 회사가 왜 안 했냐고 따져 물을 게 훤히 보이니까, 이유도 다 남겨야 하고. 결국 10년 넘게 그런 식으로 일해왔어요.

제가 처음 서울 올라와서 일한 곳이 에스원이라는 보안 업체였어요. VIP의 집에 가서, 이름만 들면 아는 재벌, 연예인, 회장님을 경호하는 일이죠. 한 4년 일했는데, 제가 술을 좀 좋아하거든요, 정신 차리고 보니까 통장에 300만 원밖에 없더라고요. 그때 스물일곱이었거든요. 어떻게 살아야 하나 고민하다가 선택한 게 장사였어요. 제가 영업을 잘 못 했어요, 그때는 말을 못 했죠. 그것도 1년 하다가 돈이 떨어지니까 잘 안 되더라고요. 그래도 없는 돈에 한 달 동안 여행을 다녔죠, 생각을 많이 하면서. 그리고 올라왔죠. 그때 아마 두루넷이 가장 활발하던 시기였던 것 같아요. 돈 많이 주던 때였죠. 전봇대 타가면서, 1건에 2, 3만 원씩 받았어요. 많이 버는 사람은 1년에 1억 원씩 벌던 시절이었어요, 그 시절이. 어떻게 보면 거기도 마찬가지죠. 재하청이라 돈도 좀 뜯기고, 소송도 걸어보고. 그러다가 좀 쉬었죠. 쉬고 있는데 연락이 왔죠, 강남 케이블이라는 유선방송 회사에 다니는 후배한테서. '형, 와서 일 좀 해줘. 여기 돈도 잘 주니까.' 그때부터 시작한 거죠. 그때는 하도급 계약을 한 게 아니고요. 3.3퍼센트, 뭐라고 얘기해야 하나, 정규직이요? 아니요, 정규직은 아니죠, 건 바이 건이라고, 서류만 떼면서 3.3퍼센트를 준 거죠.

저는 이 분야에 관심이 많았어요. 다른 친구들에 비하면 관심이 많았죠. 저는 항상 좋게 생각을 했었거든요. 이번 계기로 지회장도 해보고. 하고 싶은 일 중 하나였어요. 저는 일반 노조원보다 앞장서서 활동하고 싶었거든요. 아까도 얘기했듯이 '태성 사장한테 상을 줘야 하겠다'고 생각해요. 처음에 지부장이 공원으로 왔었어요. '친구들을 데리고 한번 노조에 가입해보는 게 어떻겠느냐'고 하기에 '좋다, 나도 생각은 있다. 해보자' 대답했죠. 제가 태성에서 나이 많은 축에 끼는데 '젊은 친구들이 하겠다는데 형이 되어 안 할 수 없다, 도와주자'고 생각했어요. 두 차례 교육에 참가하고 이런저런 얘기 듣고. 그러면서 좀 느꼈죠. 생판 모르는 사람도 만나서 몇 마디 나누다 보면 이 사람이 거짓말을 하는지 안 하는지 보이잖아요. 사람들이 진실해 보이고 그때부터 조금씩 마음의 변화가 일어나기 시작했어요. 일주일 동안 잠을 못 자고 술도 많이 마시면서 고민 많이 했어요. 그런데 가면 갈수록, 지금도 마찬가지이지만, 잘했다는 생각이 들어요. 설레어요, 일이 어떻게 진행될지 설레죠. 간부 입장이 돼보니 많은 걸 생각해야 하더라고요. 일반 노조원이 하는 말에 신경이 많이 쓰여요. '어떤 동요가 일어나는 게 아닐까, 이런 생각을 얘기해줘야 하는데, 앞으로 진행 과정을 알려줘야 하는데.' 어제도 팀원들과 밤 9시까지 술 마시면서 이러저러한 서운한 점을 이야기했어요. '알았다, 미안하다, 그런 거구나.' 힘은 들어도 재미있어요. 시간도 금방 가고… 재미있어요. 이제 마흔 넘었는데 그동안 인생에 대해, 자기 자신에 대해 생각할 시간이 없었잖아요. 고마워요, 노조원들한테도.

태성지회는 AS팀, 설치팀, 철거팀이 서로 만날 시간이 없었어요. 회사 측이 회식을 시켜주지 않고, 금을 딱 그어버리니까요. 노조 일을 하면서 '역시 사람은 대화가 필요하구나. 만남이 필요하고, 오해를 풀 수 있는 시간도 필요하고, 술 한잔 같이 하는 것도 필요하구나. 그렇게 하면 오해한 부분도 다 풀어갈 수 있구나' 알게 되었어요. 왜 태성 사장이 사람들이 뭉치는 걸 싫어했는지 알겠더라고요. 저희는 감정 노동, 육체노동 두 가지 일을 다 하거든요. 저희의 말에 따라 고객이 다르게 나오는 거예요. 저희 말을 듣고선 기분이 나빴다, 그러면 고객이 돌변

해요. 몰아가는 거예요. 그러면 방법이 없어요. 미안하다, 죄송하다, 그렇게 가는 거죠. 뒤돌아서서 '내가 미안한 짓을 한 것도 아닌데, 죄송하다고 할 필요가 없는데' 생각하죠. 그게 힘들어요. 말을 조심해야 하죠. 말 한마디에 모든 게 걸려 있어요. 행동도 조심해야 하고. 기사들이 뭉쳐서 쉬지도 못해요. 쉬고 있으면 지나가는 사람이 보고 고객센터에 민원을 넣어요. 기사들이 모여서 담배 피우고 있다고. 모여서 대화를 할 수도 있는 거잖아요.

지금 막 노조를 만든 다른 지회 친구들은 겁을 먹고 있어요. 저희의 전철을 밟고 있는 거죠. 제가 후배들한테 그랬어요. '나는 네 형이다. 만약 너희가 노조에 들어가서 잘못된다면 내가 진짜 나쁜 놈이다. 노조 하는 게 잘못된 길이 아니다. 해도 된다. 자기 인생을 걸어서 해도 된다. 괜히 겁먹지 마라.' 세안에는 제 전화 피하는 사람도 많아요, 만나지 않으려는 사람도 많고. 저를 만났다고 하면 사 측이 불이익을 줄까 봐 그래요. 그래서 저도 피해요. 그런 정보는 빠르거든요. 누군가는 또 볼 것 아니에요. 저도 많이 접근을 하거든요. 하지만 노조 들어오기 전까지는 겁이 나는 거죠. 십 년 넘게 몸에 밴 것을 빼기 두려운 거죠. 사실 노조 들어오는 게 별것 아닌데. 자신감도 생기고 믿을 만한, 속된 말로 '빽'이 생기는 건데. 그렇죠. 처음에는 그런 말을 못 믿었죠. 사장이 나를 피하고 노조를 피하고, 간부가 누구를 피하는 게 느껴져요. 피해 다녀요. 눈도 못 마주치죠. 어제도 사장, 실장, 이사를 보고 제가 웃으면서 안녕하세요 했더니 '안녕' 하고 바로 고개를 돌리더라고요. 웃기더라고요, 참. 어떻게 보면 이게 법대로 하는 건데, 이게 무슨 잘못인가 하는 생각을 좀 해요. 후배들아, 좋은 직장 만들어 드릴 테니 걱정

마라, 파이팅. 분위기는 정말 좋아요. 어떤 동생이 '형, 이런 분위기만
쭉 만들어주세요' 그러더라고요. 그럴 때가 가장 가슴이 뭉클해요.

처음엔 조합원 18명이 서울 서대문 민주노총 사무실에서 여섯 차례 모임을 가졌어요. 그전에는 개별적으로 희망연대 본조와 씨앤앰지부의 정직원들과 모임을 가졌고. 그 모임에서 '한 번쯤 특정한 공간에서 다 같이 만나자' 제안이 나왔어요. 그래서 모인 게 작년(2012년) 12월 쯤이었어요. 겨울에 개별적으로 계속 만났는데 그때만 해도 보안 때문에 어느 지회인지, 누가 누군지도 서로 몰랐어요. 민주노총 사무실에서 18명이 모였을 때도, 지회마다 1명이면 18개 지회이겠지만 지회별로 3명도 나오고 2명도 나와서, 처음에는 8개 지회에서 나왔던 것 같아요, 회의 아닌 회의를 했어요. 무얼 논의해야 할지 몰랐죠. 노조를 만들어서 상황을 공유하는 게 아니라 지금 현실에 대해 '거긴 어때요? 우리는 그래요, 거긴 안 힘들죠? 우린 힘들어요, 우리도 힘들어요' 이 정도의 상황을 공유하다가 뭐가 됐든 노동조합을 만들어보자고 모였으니까. 헤어지고 난 뒤 생각나면 모이고 또 모이고 해서 여섯 차례 만났죠. 그전에도 노동조합을 만들겠다는 생각은 가지고 있었지만 혼자라는 부담감이 다들 컸던 거죠. 나중에 10개 지회가 모여 이야기를 나누다가 '이 정도로 생각을 가진 분들이 있으니 한번 노조를 시작해보자' 했지요. 처음에는, 좀 빠르게 진행된 지회는 이미 직원들한테 노동조합에 대해 설명했는데 아직 노조가 설립되지 않았을 때였으니까, 없는 노동조합에 가입 아닌 가입이 된 상태였죠. 조합원 등록 절차는 없었지만 노조가 만들어지는 대로 조합원이 그냥 되는 식으로 하자고 이야기된 지회도 있었어요. 저희 지회는 그렇게 되지 않았어요. 보안 문제도 있고 이게 또 잘못되지 않을까 싶어서 지회장하고만 이야기하고 단둘이 회의에 참석했죠. 2월 14일 23명 모여서 창립 투표를 하고 지회장과 사무처장을 선출했죠. 그때 지부장에 선출되었고 지금까지 해오고 있어요.

어려웠던 점은, 보안 문제 때문에 조합원들을 만나서 설득하는 과정이 너무 짧았어요. 저는 많은 호응이 있겠지, 많이 가입하겠지 생각했어요. 왜냐하면 상황이 너무 열악했으니까. 하지만 저와 생각이 다른 사람도 있었고, 대화하며 설득하는 와중에 이해하고 동참하는 사람들이 많이 늘어나서 지금 400명 이상이 가입했습니다. 전체 인원을 고려해볼 때 1200명 이상 예상했거든요. 인원 중 3분의 2 이상이 가입했으니 조직 활동을 더 열심히 해야 하겠죠.

저는 원래 씨앤앰의 정규직이었어요. 그때는 MSO가 생기면서 지역 케이블TV가 합병되던 시기였어요. 서울 성북구의 북부 케이블TV의 정직원이 씨앤앰의 정직원이 된 거죠. 그러다가 씨앤앰이 현장직

인원, 즉 AS기사, 설치기사, 철거기사에 대한 구조 조정, 아웃소싱을 실시한 거죠. 아웃소싱을 하는 과정에서 '일이 없다, 남으려면 남고 나가려면 나가라' 하는 식으로 이야기가 나왔고. 당시에는 다들 아무것도 몰랐어요. 일을 따라간 거죠. 여기는 일이 없고 그쪽에 일이 있다고 하니까 그쪽으로 간 거예요. 현재 파트너사의 사장이 당시 분사, 아웃소싱을 주도한 사람들이에요. 씨앤앰의 팀장, 이사였던 사람이 한 회사의 아웃소싱을 주도하면서 희망 퇴직서에 팀원들의 사인을 다 받아서 나간 거죠. '싸인해, 싸인해' 해서. 팀원 30명이 직원이 되고 팀장은 사장이 되는 구조로 회사를 만들었던 거예요. 지금껏 이렇게 왔고요. 저도 정규직화에 대해 너무 몰랐어요. 사인을 하고 나와서 비정규직이 됐죠.

노동조합을 만든 지 얼마 되지 않았을 때는 언론 보도에서 접한 상식 수준 정도 알고 있었어요. 정규직과 비정규직이 싸우는 이유는 몰랐어요. 지금에 와서야 조금씩 공부를 해나가면서, 현대자동차 비정규직이라든지, 왜 정규직과 비정규직이 싸우는지, 왜 함께 하다가 부딪치는지 좀 알게 됐어요. 이익이 상충하기 때문이죠. 씨앤앰 정규직과의 관계도 장담할 수 없죠. '언젠가는'이라는 단서를 달아봐야 하죠. 하지만 시작할 때나 현재 저희가 가려는 방향을 봐도 그렇고 씨앤앰지부가 없었다면 케비지부는 조직되었다 해도 금방 와해됐을 거예요. 어쩌면 조직 시기가 더 늦춰졌을 수도, 조직되지 않았을 수도 있었죠. 서로 눈치 보느라 바빴으니까요. 연대의 힘으로 조직을 도와준 정직원들에게 고마움을 느껴요. 지금 교섭에서도 씨앤앰 정직원은 저희 비정규

직 쪽을 도와주고 있어요. 다른 사업장 이야기를 들어보면, 정규직이
자신들의 이익을 먼저 내세우면서 비정규직의 사정은 나 몰라라 해서
싸움이 난다고 해요. 그런데 저희 정규직은 '비정규직 문제부터 좀 해
결하자' 접근하고 있고, 비정규직도 '정규직들이 너무 고맙다. 그분들
이 없었더라면 어쩔 뻔했느냐' 이야기하고 있어요.

저희 사업장에선 이익이 상충하지 않아요. 원래 구조에서 업무와
사람이 빠져나왔기 때문에 요구 사항이 조금 달라서 그런 것 같아요.
정규직은 씨앤앰에 고용 보장과 급여 인상, 임금 인상을 요구할 수 있
는데, 저희는 상황이 열악하기 때문에 더 시급한 것부터 요구하죠. 근
무시간 조정, 지표와 등급을 만들어서 인력 쥐어짜는 처사에 대해 얘
기하고 있어요. 지표와 등급을 관리하면서 퇴근 안 시키고 사람 이하
의 대접을 하는, 그런 것이 크죠. 현재로서는 (정규직과 비정규직이)
요구 사항이 달라서 이익이 상충하지는 않죠. 저희도 요구 사항에 임
금 인상과 고용 보장이 있는데… 사실 소소한 부분이라고 생각해요.
인간적 대우부터 해주고, 근무시간을 근로기준법에 따라 지켜달라는
건데, 너무 어긋나 있잖아요. 60시간, 70시간 일했는데도…. 사실 돈
좀 버는 기사도 있어요. 늦게까지 일하면서 한 달에 한 번 쉬니까. 건
수로 돈을 받는 기사는 안 쉬고 1건이라도 더 맡아서 돈을 더 벌려 하
죠. 한데 그렇게는 오래 일할 수 없다는 게 문제죠. 쉬어야 해요. 다른
볼 일도 분명히 생기고요. 사람 사는 일이 혼자 사는 게 아닌데, 고향
에도 가고 친지 일에도 참석해야 하잖아요. 저희들은 주변 돌보기가
쉽지 않았어요. 연차를 내고 가려 해도 눈치 보이죠. 제가 빠지면 누군
가는 남아서 제가 맡은 지역의 일을 늦게까지 해야 하니까요. 그런 게

힘들죠.

씨앤앰지부와 케비지부가 힘을 합쳐 씨앤앰이라는 회사를 상대할 수 있지요. 지부는 다르지만 인원은 늘어나고 있고, 그런 만큼 힘을 받을 수 있고. 씨앤앰지부도 케비지부가 있어서 좀 더 단단해지고 있다, 서로 보탬이 되고 있다고 저는 생각해요. 노조를 결성하는 과정에서 정말 많은 도움을 받았고, 지금은 서로 '윈윈' 하고 있어요. 갈 수 있는 데까지 같이 손잡고 투쟁하고 싶어요. 업무 구조가 다르니 요구 사항이 다를 거라고 장담할 수는 없죠. 그래도 장담해야죠. 다음 지부장을 맡을 분에게 이런 점이 중요하다고 꼭 이야기할 거예요. 그래야 하나가 되어 같은 원청을 두고 싸우면서 윈윈 하는 전략을 찾을 수 있지요. 이익만 쫓아서는 안 된다고 생각해요.

노조가 뭔지 몰랐어요. 20대, 질풍노도의 시기를 보냈고, 군대 다녀온 뒤 어딘가에는 들어가야 한다고 생각했죠. 제가 전기과를 나왔어요. 군대에서 통신병으로 근무했으니 전기과와 상통하는 업무를 했고. 그 사이 몇 개월 못 하는 아르바이트를 많이 했죠. 그러다 자리 잡은 곳이 케이블TV예요. 17년 전 입사했는데 그러고 나서 바로 IMF 사태가 터졌어요. 노동운동은 잘 몰랐어요. 입사 초기에도 몰랐고. 선배 중에 노조 만든다고 나서는 분이 있었는데 팀장들—지금은 사용자—과 말다툼하는 걸 봤어요. 그때는 왜 싸우는지 몰랐죠. 이렇게 열악해진 다음에야 안 거죠. '어차피 갈 데가 없다, 이대로 해서는 물러날 곳이 없다, 회사를 그만두든가, 아니면 뭐…' 하는 심정으로 시작했죠. 노조를 만들어서 힘을 얻자는 생각도 못 했어요. 막연히 '노동조합을 만들어 투쟁하면 뭘 좀 바꿀 수 있다'고 들어서 시작한 거죠. 지금은 초보죠. 노동운동에 대해 배워가고 있죠. 강의를 들으러 찾아갔어요. 하종강 교수님 강의도 좀 들었고, 민주노총에서 진행하는 노동법 강의도 들었고. 예전에는 인터넷에서 최신 검색어만 눌러 봤는데 요즘엔 쌍용차 문제, 케이블TV를 검색해봐요. 제가 나온 기사도 보고. 그리고 노동가요도 듣고. 사회적 문제에 무관심하지는 않았지만 행동하지 못했죠. 의식은 있었지만 먹고살기 급급했어요. 저 나름대로는 진보적이라고 생각했었어요. 진보적 견해를 가진 사람과 싸워도 보고 이해도 해보고. 특히 선거 때 심하죠. 같은 후보를 찍더라도 찍는 이유는 다르죠. 완전한 진보라고는 말 못 하지만, 진보에 가깝죠. 진보 정치하는 분들과도 이야기해보고. 논쟁하는 과정에서 생각이 바뀌기도 하더라고요.

워낙 많아서 열거할 수 없지만… 힘들죠. 힘들더라도 이런 게 있더라고요. 운동할 때 힘들다가도 잠깐 서 있으면 시원하잖아요. 그 시원함 때문에 하고 있는 것 같아요. 그리고 조합원 한 사람, 한 사람을 보호해야 한다는 압박감이 있어요. 그만두고 싶다는 마음은 자꾸 들고, 행동은 성인군자가 되어 참아야 하고. 가장 관두고 싶을 때가 언제냐면, 열심히 했는데 몰라줄 때. 집사람과의 관계가 어긋날 때도 있죠. 일정이나 신경 쓸 일이 많고, 유지되는 노조가 아니라 사느냐 죽느냐를 두고 싸우고 있는 노조이다 보니 가정을 조금 등한시하게 됐죠.

연대 발언을 해달라는 요청이 있어서 갔었죠. 한편으로는 부담감이 너무 컸어요. 물론 대한문 앞 쌍용차 농성장 이전에 재능교육 고공 농성장에 가서 연대 발언을 한 적이 있지만. 혼자 가서 참여는 하겠는데 발언은 정말 어려운 것 같아요. '뭐라고 해야 할까. 우리는 초짜, 초보 운전하는 지부인데, 너무나 어렵게 투쟁하면서 힘든 길을 걸어온, 열사라는 이름을 갖고 있는 분도 있는 곳에 가서 제가 감히 무슨 이야기를 해야 그분들이 힘이 날까.' 그게 참 자신 없어요. 막 시작한 초짜 지부가 가서 '우린 이렇게 하고 있다' 말하기 두려운 거죠. 괜히 앞서 가는 것 아닌가. 대한문 앞 농성장에 가면서 그런 생각이 들었어요. 아직까지 집회할 때 비를 맞아본 적이 없었어요. 저희가 투쟁하고 문화제 할 때는 하늘이 도와서 날씨가 좋았는데, 재능교육 농성장에 갔을 때 비가 왔어요. 처음으로 비를 맞으면서 집회를 해봤죠. 재능교육 우비를 입은 채 어제 대한문 앞 쌍용차 농성장에서 처음으로 경찰 100여 명이 분향소를 철거하는 걸 봤어요. 그걸 보니까 잠깐 충격이 오더라고요. '이게 언론에서 말하는 거구나.' 한편 그런 생각도 들었어요. '왜 저걸 못 하게 할까.' 집회 신고를 안 했다고 하지만 사회적 문제, 이슈화된 문제인데, 요만한 향불 하나인데. 그걸 들고 나가더라고요. 100명이 와서 그거 하나 달랑 들고 나가더라고요. 참 우습기도 하고. 왜 저래야 하는지. 연대 발언한 다른 분이 이렇게 말씀하더라고요. '분향소를 철거하는 게 아니라 이 쌍용차 지부의 정신을 철거하기 위해서 저런다.' 그럴 수도 있겠구나 생각했어요.

지난주 지방노동위원회의 1차 교섭위원회가 2주 정도 연기를 해줬어요. 교섭을 한 번 더 해보라는 거죠. 사장단과 교섭이 제대로 안 됐죠. 10곳, 지방 4곳. 현재 지방노동위원회를 거치지 않고 개별 교섭 들어간 곳도 있고. 지방노동위원회가 중재하는 교섭에 사장단 10명이 들어오는데 성향이 다 달라요. 한뜻이 아니에요. '조합이 하자는 대로 할 수도 있는 것 아니냐' 하는 분도 있고, 관망하는 분, '조합이 뭔데?' 하는 분도 있으니까요. 10명 앞에서 저희가 '일하기 너무 힘들어요' 말하면 '맞아' '그래?' '뭐가?' 이렇게 다 다르게 나오는 거죠. 그런데 아무래도 '뭐가?' 하는 분이 센 거예요. 사장단도 목소리 크고, 저희처럼 맞부딪치는 사람이 이끌어가죠. 그 사람이 주도하는 거죠. '그래?' 하는 분은 '뭐가?' 하는 분이 이야기하게끔 가만히 있는 거죠. 그러다 보면 교섭이 아니라 파행이 되죠.

교섭 도중에 사장 1명이 자리를 박차고 나가버렸어요. 내용인즉 '직원이 교섭 자리에 나와 있는 걸 인정할 수 없다'는 거예요. 당시에는 한 사람이 나가니까 우르르 다 나가버린 거예요. 그다음 교섭 자리에는 아무도 나오지 않았어요. 그래서 교섭이 결렬됐죠, 대화조차 못 해보고. 지방노동위원회에 다시 들어와서 내용을 전달했어요. 듣고 난 교섭위원이 웃으며 그러더라고요. '저쪽은 몰라도 너무 모른다. 이건 결렬의 이유가 안 된다. 돈이 없어서 안 된다는 말도 아니고, 지부 간부인 당사자가 교섭권을 가지고 참석했는데, 지부 간부가 나왔으니 교섭을 안 하겠다고 하다니. 신의 성실의 원칙에서 완전히 벗어나 있다.' 교섭위원도 이런 경우는 본 적이 없고 정말 어이가 없다는 거예요. '말이 되는 이야기를 하면 중재라도 하겠는데, 사장단은 뭔가 잘못되었다.'

노사가 각자 대기실에 모여 있는데 중재하는 교섭위원이 와서 '노측은 교섭할 의향이 있느냐' 물었어요. '당연히 있다. 그러려고 지금 여기에 있는 건데.' 이렇게 말하는 데 5분도 채 안 걸렸죠. 사장단은 4시간 걸렸어요. 교섭할 의지가 있느냐는 질문에 대답하는 데 4시간 걸린 거예요. 한마디로 말하면 '삐팅기는' 거죠. 저희만 있었다면 사장단은 이미 나가고도 남았겠죠. 그런데 교섭위원회는 상급 단체이니까 얘기를 들을 수밖에 없는 입장이고, 결렬시킨 책임이 사 측에 있다고 하니 들을 수밖에 없었겠죠. 그걸 알려주고 설득하는 과정이 있었겠죠. 이해도 되는 게, 노동조합이 이번에야 생겼고 사장단도 노동조합이 뭔지 모르니 그냥 태만히 '모른다, 못 하겠다' 버티면 해결되리라고 생각한 거죠. 교섭위원이 '이미 결렬됐기 때문에 쟁의를 나가는 건 상관없다. 그런데 당신들 사장단은 그렇게 되면 더 손해를 보지 않느냐'고 나오니까 그때서야 교섭하겠다고 나온 거죠.

그런데 그게 마지막 교섭이었단 말이죠. 교섭할 시간이 없었어요. 저녁 8시에 교섭을 하자고 나오기에 저희는 내일 일정이 있기 때문에 교섭 결렬하겠다고 말했어요. 그렇게 교섭 결렬을 선언하려고 했더니 '이틀을 주면 사장단이 성실하게 하겠다'고 나오더라고요. 저희가 그랬어요. '여태까지 불성실하게 해놓고 지금 와서 이러면 어떡하느냐. 우리도 일정이 있다.' 그러고 정시 출퇴근 준법투쟁, 1인 시위 일정을 사장단에게 알려줬어요. 사장단이 많이 전향한 거예요. 그래서 이틀 더 교섭을 하고 있죠.

궁극적으로는 임금 단체협상의 승리죠. '동시 타결', '갑보다 못한 을'을 모토로 걸었어요. 지금 사회가 '을 보호하기'를 이야기하고 있는데, 저희 모토는 반론이고 역설적이기도 하죠. 씨앤앰 원청이 갑이라면 파트너사 사장이 을, 저희 같은 파트너사 직원이 병이고, 그 밑의 하도급이 정이죠. 지금은 갑이 안을 제시하고 있어요. 씨앤앰지부가 교섭 자리에서 케비 문제도 풀자고 나서서 임금 이야기도 했고, 근로 시간도 단축됐어요. 씨앤앰은 연대 투쟁해서 쟁의를 나가면 회사에 타격이 크다고 생각해서 안을 내고 협의를 하는데, 이야기를 해보고 있어요. 그런데 파트너사 사장들은 교섭도 안 하잖아요. 씨앤앰이 파트너사에 직원 복지에 쓰라고 1000만 원을 줘도 중간에서 가로챌지 모른다는 거예요. 노동조합이 투쟁해서 없던 돈을 따내더라도 씨앤앰 원청이 구조상 조합원에게 직접 줄 수 없으니 파트너사 사장은 자신이 200만 원 먹고 800만 원만 내려주려는 생각을 아직 갖고 있죠.

그렇죠. 이런 문제는 오래되었고 노동조합이 만들어졌을 때도 사측의 거부 반응이 심했죠. 중간에서 착취한 돈이 얼마인지는 자료를 제출 안 해서 몰라요. 물론 씨앤앰이 내려주는 수수료와 저희가 받는 수수료를 대충 따져보면, 파트너사 중에도 정말 어려운 곳이 있긴 해요. 그런데 대체로 중간 착취가 있다는 게 확인되었고, '기본급을 올리면 다른 비용까지 전부 오른다. 월 10~30만 원까지 올려줄 수 있다'는 논리도 있어요. 한데 올려줄 마음이 있냐는 거죠. 식대를 올리더라도 그건 기본급이 아니니까. 처음부터 회사가 성의가 있었다면 노동조합을 안 만들었겠죠. 급여는 깎고, 원청이 내려준 돈은 숨기고 안 주고. 원청이 특수한 상황을 고려해 '수수료를 주면서 일을 시켜라'고 돈을 내려주는데 사장은 그 돈을 자기 혼자 먹고 그냥 일을 시키는 거죠. 이런 구조가 많아요. 4대 보험 보장, 비정규직 철폐, 노동시간 단축이 다 투쟁의 내용이에요.

사진 출처

미디어스
노동자연대
언론노보 이기범
일상의 실천
돌곳이포럼

땅딛고 싸우기
: 케이블방송 설치수리 노동자에 대한 기록

발행일 초판 1쇄 2015년 4월 28일

지은이 박장준 차재민
펴낸이 임후성 **펴낸곳** 북콤마
편집 홍진 임후성
등록 제406-2012-000090호
주소 (413-756) 경기도 파주시 문발동 파주출판단지 534-2 201호
전화 031-955-1650 **팩스** 0505-300-2750
이메일 bookcomma@naver.com **트위터** @bookcomma
블로그 bookcomma.tistory.com
ISBN 979-11-950383-7-4   03330

, BOOKcomma